初婚関数の数理

積分方程式としての定式化・その動態化と初婚生成の予測

池　周一郎 著

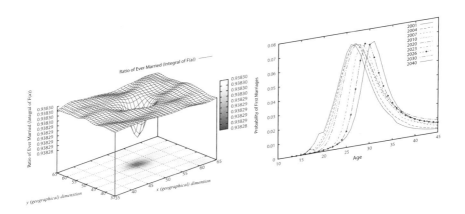

古今書院

献身的な孝子へ，感謝をこめて

目　次

本書の要約　1

序　5

第1章　既存の初婚関数 ——————————————————————— 7

1.1　初婚（結婚）関数の研究小史　7

　　1.1.1　畳み込み— Coale-McNeil 分布　8

1.2　極値統計　14

　　1.2.1　2重指数分布　14

1.3　微分方程式モデル— Hernes 関数　17

　　1.3.1　係数の問題性　17

　　1.3.2　Hernes 関数のよい点　18

第2章　初婚関数の確率論的定式化 —————————————————— 20

2.1　初婚確率と既婚確率の関係　20

　　2.1.1　初婚確率関数の積分方程式或いは和分方程式による定式化　23

　　2.1.2　初婚関数の数値解と係数　26

　　2.1.3　初期値 $F(0)$, 係数 λ の推定　27

2.2　Δt と λ の関係　30

　　2.2.1　近傍依存係数 λ の定常性　33

2.3　SDSMF（空間依存確率論的初婚関数）が妥当である証拠　34

　　2.3.1　SDSMF の初婚年齢の特性とそのテスト方法　36

　　2.3.2　平均初婚年齢によるテスト　37

　　2.3.3　平均初婚年齢の統計的検定　38

　　2.3.4　決定的な事例—1935, 1940年コウホート　43

ii　目　次

2.3.5　生涯未婚率によるテスト―相対的に高齢での初婚の生成　45

2.3.6　既婚率に関する統計的なテストの結果　47

2.3.7　初期（若年期）の結婚生成　49

2.3.8　各初婚関数の理論的な特異点問題　50

2.3.9　高齢期の結婚生成―真の平均初婚年齢は？　51

第3章　初婚関数SDSMFのWorld wideな普遍性 ―――――― 54

3.1　スイスの初婚データとSDSMF　54

3.1.1　スイスの初婚データの問題性　55

3.1.2　スイス・データへのSDSMFの当て嵌め　57

3.2　若年期の初婚の生成率を推測する　59

3.2.1　青少年の性行動から推測すると　59

3.3　初婚関数の第二の決戦場―若年期の初婚生成　62

3.3.1　JGSSからの検証　63

3.3.2　GSSからの検証　65

3.3.3　若者の性行動調査の示唆すること　67

3.4　アルジェリア・データでのテスト　67

3.4.1　Earty teensでの初婚の生成　68

第4章　確率事象としての初婚 ―――――――――――――― 70

4.1　積分可能性　70

4.1.1　初婚関数の真の姿　71

4.2　確率の事象依存性　74

4.2.1　脳の反応の事後性　75

4.2.2　時間概念と事象の生成　76

4.3　個人の行為モデルは不要である　77

4.3.1　観測可能主義　77

4.3.2　近傍既婚率への反応　78

目次　iii

第5章　コウホート・サイズが初婚過程にもたらす効果 ──── 80

5.1　コウホート・サイズの注目すべき効果　80

 5.1.1　初婚の組み合わせ―両性問題　81

5.2　小さいコウホートの効果　83

 5.2.1　単なる頻度依存ではない配偶者の選択　83

5.3　コウホート・サイズの効果は本当にあるのか？　86

 5.3.1　因果の生成と年齢区分　88

5.4　世代間の連続性―初婚関数の特異点の解消　90

 5.4.1　特異点の定常性　91

 5.4.2　早婚化の可能性―晩婚化対策　95

 5.4.3　大きいコウホートの効果　96

第6章　晩婚化の時系列変化 ──────────── 100

6.1　意外に早い我が国の晩婚化の始まり　100

 6.1.1　SDSMF と Hernes 関数から見た長期的な変化　102

 6.1.2　高度経済成長下での一時的な早婚化　103

6.2　早婚化の地理的な様相　104

 6.2.1　経済効果は中心部も作用するが外縁部に大きかった　104

 6.2.2　年代別の影響の受け方の相違　104

6.3　晩婚化の長期的な持続性の意味すること　106

 6.3.1　女性の就労化は晩婚化の原因か　107

6.4　晩婚化の始まり―戸田貞三の研究　110

第7章　初婚関数の変化則―空間構造の導入―4次元時空の初婚関数 ── 114

7.1　初婚関数のダイナミクス　114

 7.1.1　意識ではなく周囲の他者を因果の原因とする　115

7.2　晩婚化の拡散　117

7.3　4次元数としての既婚率―4次元時空の初婚確率　120

 7.3.1　3次元格子空間　120

iv　目　次

7.4　初婚確率関数の仮定する原理　121

　　7.4.1　因果則　122

　　7.4.2　個人の決定の等方性　122

　　7.4.3　時空での近接作用　123

7.5　4次元超曲面としての初婚関数　124

　　7.5.1　3次元格子空間—年齢–空間場（Age-Space field）での定式化　124

　　7.5.2　初婚率に関する差分積分方程式（NDSMDIE: Neighbouring
　　　　　　Dependent Stochastic Marriage Difference-Integral Equation）　125

　　7.5.3　反応項　126

　　7.5.4　累積初婚確率の3次元勾配　128

7.6　NDSMDIE が正しい証拠　131

　　7.6.1　伝わる「もの」は何もない　132

　　7.6.2　その他の係数　134

　　7.6.3　NDSMDIE から SDSMF へ　134

第8章　初婚率の変動と NDSMDIE の係数の推定 ————————— 136

8.1　次元の低下と1次元での係数の推定結果　136

　　8.1.1　説明すべきデータ　137

　　8.1.2　2次元空間の初婚確率　137

8.2　2次元のケースの係数の推定の手順　138

　　8.2.1　データの特性—25-29歳の既婚率　138

　　8.2.2　5歳階級データでの推定　138

　　8.2.3　定数 $\beta_k,\ \gamma_k$ について　140

　　8.2.4　NDSMDIE の当て嵌めの結果　141

　　8.2.5　NDSMDIE でとらえる各地点での初婚率の変化　144

　　8.2.6　それ以降のコウホート　151

8.3　4次元の超曲面としての計算　151

　　8.3.1　y次元を追加して3次元データでの当て嵌め　152

目 次 v

第9章　4次元超曲面は地域の出生数を予測する ───── 157

9.1　ある期間のある地域の期待子ども数　158

　9.1.1　期待子ども数の計算結果と考察　159

9.2　2005〜2010年の市区町村の出生子ども数を予測する　163

　9.2.1　ウォーミングアップ　163

　9.2.2　2005〜2010年の初婚確率から出生子ども数を予測する　165

9.3　まとめ─地域の出生力を予測する　167

第10章　マクロの初婚関数の動態化 ──────────── 169

10.1　NDSMDIE の極限状態─ MMDE　169

　10.1.1　国勢調査データへの当て嵌め　170

　10.1.2　MMDE による初婚過程のシミュレーション　173

　10.1.3　より長期的なシミュレーション─晩婚化の下限の存在　175

10.2　Swiss データと MMDE − NDSMDIE　176

　10.2.1　若年期の初婚生成はそれ以降を支配する─ Swiss の初婚確率の変化　176

　10.2.2　Vital Resistration Data of Swiss　181

　10.2.3　長期的なシミュレーション　181

　10.2.4　MMDE の限界　188

10.3　係数の値について─測定系　189

　10.3.1　測定系に依存しないコンスタント　190

第11章　4次元のシミュレーション ────────────── 194

11.1　4次元のシミュレーションのセッティング　194

　11.1.1　シミュレーションの始まり　195

11.2　計算される初婚確率 $F(x, y, a)$ の妥当性・整合性　200

　11.2.1　誰もが一致できる観測可能な事象に関する予測　200

　11.2.2　不動点（面）の問題　201

　11.2.3　特徴的な不動点の空間パターン　203

vi　目次

　　　11.2.4　$\mu,\ \alpha$ を再考する　205

　11.3　晩婚化はどのように起きるか　207

　　　11.3.1　国勢調査からの推測　207

　　　11.3.2　晩婚化が開始される—上の不動点は存在するのか　208

　11.4　晩婚化の収束点としての不動点　212

　　　11.4.1　4次元超曲面の解析的特性　212

　　　11.4.2　不動点の実態的意味　212

　　　11.4.3　早婚化という状態から晩婚化はいつ始まったのか？　213

　　　11.4.4　Undulations の定常性—非定常性　214

　　　11.4.5　不動点の変更　219

　　　11.4.6　より効率的な方法の可能性の検討　222

　11.5　NDSMDIE の未解決の課題と進行波の不在　231

　　　11.5.1　未解決の課題とその展望　231

　　　11.5.2　晩婚化の進行波は捉えられない　232

第12章　晩婚化の起源と早婚化 ————————————————— 234

　12.1　晩婚化の始まりの時点　234

　　　12.1.1　晩婚という意識（イデア）が拡散するのではない　236

　12.2　晩婚化の始まり　238

　　　12.2.1　全国での斉一的な低下　239

　　　12.2.2　晩婚化の始まりの再推定　240

　12.3　我が国における初婚確率の低下の始まり　241

　　　12.3.1　小さいコウホート効果の痕跡　243

　12.4　早婚化　246

　　　12.4.1　ヨーロッパの早婚化　247

　　　12.4.2　我が国における早婚化の可能性　248

第13章　初婚関数の予測 ————————————————————— 250

　13.1　コウホートの初婚関数予測の失敗　251

目　次　vii

13.1.1　SDSMF の枠内のみでの予測　251

13.1.2　SDSMF と NDSMDIE の複合　252

13.2　NDSMDIE の枠組みからの予測　253

13.2.1　国勢調査—1歳刻み5年間隔期間データの利用　253

13.2.2　基準年ごとの予測の変化　255

13.2.3　初期値依存性と超曲面の低既婚率　257

13.2.4　晩婚化・未婚化の収束　260

13.3　将来の TFR を予測する　261

13.3.1　稲葉の方法—年齢別既婚率から Cohort TFR を計算する　262

13.3.2　平均初婚年齢を予測する　263

13.4　将来の初婚生成を予測する　267

13.4.1　将来の TFR はうまく予測できない　267

13.4.2　将来の初婚生成　269

13.5　出生力の回復について　271

13.5.1　自然な回復の可能性　273

第14章　結　論 —————————————————————————— 275

14.1　NDSMDIE —差分積分方程式とその解の4次元超曲面としての初婚生成が正しいという証拠（Evidences）　275

14.1.1　SDSMF（空間依存確率論的結婚関数）が最もよい結婚関数であること　275

14.1.2　NDSMDIE は SDSMF の動態化であり，その変化を定式化する　276

14.1.3　NDSMDIE は地域の初婚生成を正しくトレースする　276

14.1.4　NDSMDIE は晩婚化の下限を，NDSMDIE という写像の不動点として理論化する　277

14.1.5　NDSMDIE は将来の平均初婚年齢を予測する　277

14.2　NDSMDIE の認識利得　277

14.2.1　発展段階論からの決別　277

14.2.2　背景非依存性の認識　278

viii　目　次

　　　14.2.3　定量的な認識　279

　　　14.2.4　統一したこと　280

あとがき　283

補弼─係数等　287

関連図書　292

索　引　296

表　目　次

2.1　理論的に計算された1950年コウホートの2000年時の平均初婚年齢と標本値　38

2.2　理論的に計算された1955年コウホートの45歳時の平均初婚年齢と標本値　40

2.3　理論的に計算された1960年コウホートの2005年時の平均初婚年齢と標本値　42

2.4　理論的に計算された1935, 1940年コウホートの平均初婚年齢と標本値　44

2.5　理論的に計算された1960年コウホートの45歳既婚率と標本値　47

2.6　理論的に計算された1955年コウホートの45歳既婚率と標本値　48

2.7　理論的に計算された1950年コウホートの50歳既婚率と標本値　48

2.8　理論的に計算された1935, 40年コウホートの50歳既婚率と標本値　48

2.9　1950年コウホートの50歳の初婚確率　51

3.1　スイスの Census と動態統計（届け出に基づく）の若年齢の初婚率　55

3.2　JGSS2000-2002標本の1950-1959年コウホートの初婚年齢　64

3.3　JGSS2000-2002標本の1960-1969年コウホートの初婚年齢　65

3.4　GSS 累積標本の初婚年齢　66

3.5　GSS samples in U.S.（1930-39 cohort）の初婚確率　66

5.1　丙午コウホート周辺の既婚率　85

5.2　標本から見た1995-1997年コウホートの平均初婚年齢　86

5.3　JGSS2000-2002の出生年別の若年期の結婚件数　93

6.1　SDSMF の係数と Hernes 関数の係数　102

6.2　戸田による平均初婚年齢の年度別変遷　111

6.3　明治42年〜大正12年の全國と東京市の平均初婚年齢　112

8.1　モデルの当て嵌めに用いた β_k, γ_k　141

8.2　東京圏において仮定した格子空間　152

9.1　結婚持続期間と平均出生子ども数―計算された期間出生率　159

9.2　東京郊外の DM-EC 法と婦人子ども比による2000年の子ども数　161

9.3　東京都心部の DM-EC 法と婦人子ども比による2000年の子ども数（千代田区の結婚持続時間と平均出生子ども数の関係を適用）　162

x　　表　目　次

9.4　東京郊外の DM-EC 法と婦人子ども比による2005年の子ども数　164

9.5　東京都心部の DM-EC 法と婦人子ども比による2005年の子ども数　165

9.6　東京都心部の DM-EC 法と婦人子ども比による2010年の子ども数　165

9.7　東京郊外の DM-EC 法と婦人子ども比による2010年の子ども数　166

11.1　β, γ と推定された（下の）不動点の値（outside）　202

11.2　β, γ と推定された（下の）不動点の値（centre）　204

11.3　β, γ と推定された起伏のある不動点の値　215

11.4　各年齢の嵩上げ前の不動点と上昇した不動点（既婚率）　221

12.1　1920〜1935年の国勢調査の各年齢別の既婚率　235

12.2　1920〜1940年の青森県, 群馬県, 新潟県の未婚率の推移　239

12.3　1900年から1915年までの出生数と出生率など　241

12.4　1906〜1910年出生コウホートとその前の既婚率　243

13.1　2000年から2010年の女性の平均初婚年齢　266

図 目 次

1.1　Coale-McNeil 分布　10

1.2　2重指数分布とその形状変化　15

1.3　2重指数分布，Coale-McNeil 分布と観測値　16

1.4　Hernes 関数と観測値：1920-24コウホート，U.S.　18

2.1　$\Pi[1-F(t)]$ のグラフ　25

2.2　SDSMF の数値解　27

2.3　日本の1950年コウホートの初婚関数と観測値　29

2.4　U.S. 1920-24年コウホートの初婚確率：観測値，Hernes 関数，SDSMF　29

2.5　日本の1955年コウホートの初婚関数と観測値　40

2.6　日本の1960年コウホートの初婚関数と観測値　42

3.1　スイスの15歳の初婚率と出生率1932-1996　56

3.2　スイスの16歳の初婚率と出生率1932-1996　57

3.3　スイスの1924年コウホートの観測された初婚率と SDSMF　58

3.4　スイスの1930年コウホートの観測された初婚率と SDSMF　60

3.5　スイスの1935年コウホートの観測された初婚率と SDSMF　60

3.6　スイスの1940年コウホートの観測された初婚率と SDSMF　61

3.7　スイスの1945年コウホートの観測された初婚率と SDSMF　61

3.8　Algeria 1948年コウホートの初婚関数と観測値　68

4.1　ミクロの初婚関数―もうひとつの悪魔の階段　72

4.2　見た目滑らかなミクロの初婚関数―もうひとつの悪魔の階段　73

5.1　標本からみた1965, 1966, 1967年コウホートの既婚率　88

5.2　1947〜2008年の15＋16歳の初婚件数　92

5.3　1960〜2008年の15＋16歳の初婚件数の平均の周りの頻度分布　92

5.4　1947〜2008年の15歳の初婚件数　94

5.5　1960〜2008年の15歳の初婚件数の平均の周りの頻度分布　94

5.6　1873年から2004年までの出生コウホートのサイズ　97

xii　　図　目　次

6.1　東京都の各地点の25-29歳の未婚率の推移　100

6.2　国勢調査による1920年～2005年までの25-29，30-34歳の未婚率の推移　101

6.3　1975年～2010年の TFR の変化　104

6.4　東京の1960年～1970年までの15-19歳の未婚率の推移　105

6.5　東京の1960年～1970年までの20-24歳の未婚率の推移　105

6.6　東京の1960年～1970年までの25-29歳の未婚率の推移　105

6.7　高等教育への進学率と未婚率の推移　107

6.8　高等教育へ進学した女性の就職率と未婚率の推移　108

7.1　晩婚化の拡散1960年，20～24歳　118

7.2　晩婚化の拡散1965年，20～24歳　118

7.3　晩婚化の拡散1970年，20～24歳　118

7.4　晩婚化の拡散1975年，20～24歳　118

7.5　晩婚化の拡散1980年，20～24歳　119

7.6　晩婚化の拡散1985年，20～24歳　119

7.7　晩婚化の拡散1990年，20～24歳　119

7.8　晩婚化の拡散1995年，20～24歳　119

7.9　晩婚化の拡散2000年，20～24歳　120

7.10　晩婚化の拡散2005年，20～24歳　120

7.11　3次元格子空間のイメージ　121

8.1　1975年の新宿区，中野区，杉並区，武蔵野市，小金井市，国分寺市，立川市，昭島市の観測された既婚率と NDSMDIE の計算値　142

8.2　1985年の新宿区，中野区，杉並区，武蔵野市，小金井市，国分寺市，立川市，昭島市の観測された既婚率と NDSMDIE の計算値　142

8.3　1995年の新宿区，中野区，杉並区，武蔵野市，小金井市，国分寺市，立川市，昭島市の観測された既婚率と NDSMDIE の計算値　143

8.4　2005年の新宿区，中野区，杉並区，武蔵野市，小金井市，国分寺市，立川市，昭島市の観測された既婚率と NDSMDIE の計算値　143

8.5　新宿区の1951-1955年出生コウホートの初婚確率の観測値と理論からの計算値（スプライン補間）　145

8.6　新宿区の1956-1960年出生コウホートの初婚確率の観測値と理論からの計算値（スプライン補間）　145

8.7　新宿区の1961-1965年出生コウホートの初婚確率の観測値と理論からの計算値

図 目 次　xiii

（スプライン補間）　145

8.8　中野区の1951-1955年出生コウホートの初婚確率の観測値と理論からの計算値
（スプライン補間）　146

8.9　中野区の1956-1960年出生コウホートの初婚確率の観測値と理論からの計算値
（スプライン補間）　146

8.10　中野区の1961-1965年出生コウホートの初婚確率の観測値と理論からの計算値
（スプライン補間）　146

8.11　武蔵野市の1951-1955年出生コウホートの初婚確率の観測値と理論からの計算
値（スプライン補間）　147

8.12　武蔵野市の1956-1960年出生コウホートの初婚確率の観測値と理論からの計算
値（スプライン補間）　147

8.13　武蔵野市の1961-1965年出生コウホートの初婚確率の観測値と理論からの計算
値（スプライン補間）　147

8.14　立川市の1951-1955年出生コウホートの初婚確率の観測値と理論からの計算値
（スプライン補間）　148

8.15　立川市の1956-1960年出生コウホートの初婚確率の観測値と理論からの計算値
（スプライン補間）　148

8.16　立川市の1961-1965年出生コウホートの初婚確率の観測値と理論からの計算値
（スプライン補間）　148

8.17　新宿区の1966-1970年出生コウホートの初婚確率の観測値と理論からの計算値
（スプライン補間）　149

8.18　杉並区の1966-1970年出生コウホートの初婚確率の観測値と理論からの計算値
（スプライン補間）　149

8.19　国分寺市の1966-1970年出生コウホートの初婚確率の観測値と理論からの計算
値（スプライン補間）　149

8.20　新宿区の1971-1975年出生コウホートの初婚確率の観測値と理論からの計算値
（スプライン補間）　150

8.21　杉並区の1971-1975年出生コウホートの初婚確率の観測値と理論からの計算値
（スプライン補間）　150

8.22　国分寺市の1971-1975年出生コウホートの初婚確率の観測値と理論からの計算
値（スプライン補間）　150

8.23　1975年の新宿区，中野区，杉並区，武蔵野市，小金井市，国分寺市，立川市，

xiv　図　目　次

昭島市の観測された既婚率と NDSMDIE（4 次元）の計算値　153

8.24　1985年の新宿区，中野区，杉並区，武蔵野市，小金井市，国分寺市，立川市，昭島市の観測された既婚率と NDSMDIE（4 次元）の計算値　153

8.25　1995年の新宿区，中野区，杉並区，武蔵野市，小金井市，国分寺市，立川市，昭島市の観測された既婚率と NDSMDIE（4 次元）の計算値　154

8.26　2005年の新宿区，中野区，杉並区，武蔵野市，小金井市，国分寺市，立川市，昭島市の観測された既婚率と NDSMDIE（4 次元）の計算値　154

8.27　3 次元曲面としての1970年の千代田区，新宿区，中野区，杉並区，武蔵野市，小金井市，国分寺市，立川市，昭島市，八王子市の既婚率　155

8.28　3 次元曲面としての1975年の千代田区，新宿区，中野区，杉並区，武蔵野市，小金井市，国分寺市，立川市，昭島市，八王子市の既婚率　156

10.1　1925年〜2005年の既婚率の観測値と計算値　171

10.2　MMDE が1920年を初期値として計算した1925年〜2005年の既婚率　174

10.3　1925年〜2005年の既婚率の観測値　174

10.4　1925年〜2005年の既婚率の観測値とシミュレーション値　175

10.5　1925年〜2070年の既婚率の観測値とシミュレーション値　176

10.6　Swiss の18，19，20歳の1975年からの初婚確率の推移　177

10.7　Swiss の1938年〜1996年の17，18，19歳の初婚確率の推移　177

10.8　Swiss の1987年〜1991年の初婚確率の推移　179

10.9　Swiss の1972年〜1976年の初婚確率の推移（期間指標）　179

10.10　Swiss の1948年〜1952年コウホートの初婚確率の推移　180

10.11　Swiss の1981年〜2012年の合計初婚率（女性）の推移　180

10.12　Swiss の1912年〜1996年の既婚率の推移（MMDE による計算値）　182

10.13　Swiss の1911年〜1996年の既婚率の推移（観測値）　182

10.14　Swiss の1911年〜1996年の既婚率の推移（MMDE による長期的シミュレーション。18，19歳が観測値）　183

10.15　Swiss の1911年〜1996年の既婚率の推移（観測値）＊比較用に図10.13を再掲　183

10.16　Swiss の1930年，1965年，1996年の既婚率の推移　185

10.17　Swiss の1912年〜1996年の既婚率の推移（MMDE による長期的シミュレーション。18，19，20歳が観測値）　186

10.18　Swiss の1912年〜1996年の既婚率の推移（MMDE による長期的シミュレーシ

図　目　次　xv

ョン。18，19，20，21歳が観測値）　187

10.19　Swiss の1912年〜1996年の既婚率の推移（MMDE による長期的シミュレーション。18，19，20，21，22歳が観測値）　187

11.1　50理論時間後の理論年齢25の3次元曲面としての既婚率　196

11.2　50理論時間後の理論年齢50の3次元曲面としての既婚率　196

11.3　50理論時間後の理論年齢75の3次元曲面としての既婚率　196

11.4　50理論時間後の理論年齢100の3次元曲面としての既婚率　197

11.5　75理論時間後の理論年齢100の3次元曲面としての既婚率　197

11.6　75理論時間後の理論年齢125の3次元曲面としての既婚率　198

11.7　100理論時間後の理論年齢5の3次元曲面としての既婚率　198

11.8　100理論時間後の理論年齢50の3次元曲面としての既婚率　198

11.9　100理論時間後の理論年齢100の3次元曲面としての既婚率　199

11.10　200理論時間後の理論年齢200の3次元曲面としての既婚率　199

11.11　250理論時間後の理論年齢200の3次元曲面としての既婚率　199

11.12　200理論時間後の理論年齢100の3次元曲面としての既婚率　202

11.13　250理論時間後の理論年齢100の3次元曲面としての既婚率　202

11.14　300理論時間後の理論年齢250の3次元平面としての既婚率　203

11.15　国勢調査から見た年齢別既婚率の時系列推移　208

11.16　理論年齢100の起伏に富んだ3次元曲面としての既婚率（初期値）　216

11.17　理論年齢100の起伏のある3次元曲面としての既婚率（100理論時間後）　216

11.18　理論年齢100の起伏のある3次元曲面としての既婚率（150理論時間後）　216

11.19　理論年齢100の起伏のある3次元曲面としての既婚率（200理論時間後）　217

11.20　理論年齢100の起伏が平坦化した3次元曲面としての既婚率（250理論時間後）　217

11.21　理論年齢225の起伏のある3次元曲面としての既婚率（175理論時間後）　217

11.22　理論年齢225の起伏のある3次元曲面としての既婚率（200理論時間後）　218

11.23　理論年齢225の起伏のある3次元曲面としての既婚率（250理論時間後）　218

11.24　理論年齢225の起伏のある3次元曲面としての既婚率（300理論時間後）　218

11.25　理論年齢50までの不動点の穴を突起化した後の理論年齢50の3次元曲面としての既婚率（250理論時間後）　220

11.26　理論年齢50までの不動点の穴を突起化した後の理論年齢225の3次元曲面としての既婚率（250理論時間後）　220

xvi　図　目　次

11.27　全空間に渡り理論年齢 5 までの不動点を1.5倍に嵩上げした後の理論年齢225
　　　　の 3 次元平面としての既婚率（250理論時間後）　221

11.28　3 つの突起を付けた理論年齢25の 3 次元曲面としての既婚率（25理論時間
　　　　後）　223

11.29　3 つの突起を付けた理論年齢25の 3 次元曲面としての既婚率（100理論時間
　　　　後）　223

11.30　3 つの突起を付けた理論年齢75の 3 次元曲面としての既婚率（100理論時間
　　　　後）　223

11.31　3 つの突起を付けた理論年齢100の 3 次元曲面としての既婚率（125理論時間
　　　　後）　224

11.32　3 つの突起を付けた理論年齢200の 3 次元曲面としての既婚率（250理論時間
　　　　後）　224

11.33　3 つの突起を付けた理論年齢225の 3 次元曲面としての既婚率（300理論時間
　　　　後）＊上 2 つとは俯瞰する角度を少し変更している　224

11.34　4 つの隣接した突起を付けた理論年齢 5 の 3 次元曲面としての既婚率（25理
　　　　論時間後）　227

11.35　4 つの隣接した突起を付けた理論年齢225の 3 次元曲面としての既婚率（300
　　　　理論時間後）　227

11.36　6×6 の格子空間に突起を付けた理論年齢 5 の 3 次元曲面としての既婚率
　　　　（25理論時間後）　228

11.37　6×6 の格子空間に突起を付けた理論年齢100の 3 次元曲面としての既婚率
　　　　（125理論時間後）　228

11.38　格子空間の1/4 に突起を付けた理論年齢50の 3 次元曲面としての既婚率（50
　　　　理論時間後）　229

11.39　格子空間の 1/4 に突起を付けた理論年齢100の 3 次元曲面としての既婚率
　　　　（300理論時間後）　229

11.40　格子空間の 1/4 に矩形突起を付けた理論年齢 5 の 3 次元曲面としての既婚率
　　　　（1 理論時間後）　230

11.41　格子空間の 1/4 に矩形突起を付けた理論年齢100の 3 次元曲面としての既婚
　　　　率（150理論時間後）　230

12.1　1920～1935年の国勢調査の各年齢別の既婚率　235

12.2　母親の出生年と子どもの出生年　244

図 目 次　xvii

12.3　母親の出生年と子どもの年齢　244

12.4　母親の出生年と第一子の出生年（推定値）　245

13.1　予測された1955年コウホートの初婚関数と SDSMF によって修正した観測値　251

13.2　1920年からの予測と2000年からの予測と観測値　252

13.3　SDSMF の（単一コウホートで閉じた世界の）初期値依存のコウホートの初婚関数の晩婚化　255

13.4　2000年を基準年とした予測　256

13.5　2005年を基準年とした予測　256

13.6　2010年を基準年とした予測　257

13.7　13歳時既婚率を0.0002上昇させた2010年を基準年とした予測　258

13.8　13歳時の既婚率を0.0001575と0.0003575に設定したときの年齢別既婚率　259

13.9　13歳時の既婚率0.0001575と0.0003575のコウホートの初婚確率　259

13.10　NDSMDIE による1994年–2015年コウホートの初婚関数　261

13.11　人口動態統計と NDSMDIE の計算する2001年の初婚件数　264

13.12　人口動態統計と NDSMDIE の計算する2004年の初婚件数　264

13.13　人口動態統計と NDSMDIE の計算する2007年の初婚件数　265

13.14　人口動態統計と NDSMDIE の計算する2010年の初婚件数　265

13.15　2001〜2012年の人口動態統計の初婚件数　269

13.16　NDSMDIE の計算する各年の初婚確率　270

13.17　NDSMDIE の計算する2010年〜2050年の13歳〜45歳までの初婚数　270

13.18　NDSMDIE の計算する2010年以降の各年の初婚生成数　272

13.19　3つの異なった設定での NDSMDIE の計算する2060年の初婚確率　272

本書の要約

　本書は，初婚生成の数理的かつ一般的モデルを提示し，初婚生成に関する科学的な理論を初婚関数の理論として確立することを目的としている。1950年代当時の意味では，あるコウホートの初婚の生成確率を経年変化に対応付ける関数を初婚関数といっていた。本書は，まずこの初婚関数を積分方程式として定式化し，それがあるコウホートの初婚生成確率として十分に信頼に足りる数値を計算可能であり，国勢調査よりもよく晩婚確率や超若年婚確率を計算できることを示す。

　研究は更に晩婚化／早婚化というような初婚関数のダイナミックな変化の描写を，「年齢-空間場」という新たな概念を定義し，その場での初婚確率の変化を数理的に定式化することで達成している。現代的には，初婚関数は「年齢-空間」という3次元の変数によって変化する4次元超曲面としての確率である。

　本書は，このように初婚生成のしくみを数理的に理解するという理学を第一の目的としているが，初婚関数を数理的に定式化することの意義は，もちろんそれだけに留まらない。初婚関数の数理的な定式化は，現在の出生力低下（少子化）の主要因とされる晩婚化を定量的に把握し，その将来の動向を定量的に予測可能とすることでもある。我が国の出生力の将来の変化について本書はひとつの基礎データを2070年までの予測として提供している。

　本書は，初婚関数の数理的な定式化により，晩婚化は4次元超曲面全体での趨勢として生起していることを明らかにした。我が国の晩婚化は1920年頃から始まった超長期的な現象で，高度経済成長はそれを一時的にくい止めたに過ぎない。これらのことを明らかにし，出生力の変化に対する科学的理解を一層深めることの一助としたい。以下に各章の内容を要約する。

各章の要約

　結婚の生成は確率論的な事象としてとらえることが可能である。第 1 章はこれまで提案されてきた初婚関数を批判的に検討する。第 2 章では，初婚を確率事象としてとらえて，初婚過程のモデルから初婚関数 $F(t)$「空間依存確率論的初婚関数」(Space Dependent Stochastic Marriage Function：SDSMF）を導く。既存の初婚関数より少ないパラメタの数で，それら以上の当て嵌まりをこの SDSMF は示すことができるが，更に決定的なことは，国勢調査から補正された動態統計の値よりも正確だと推定される平均初婚年齢を計算し得ることである。国勢調査のデータはすべてが正確という訳ではない。SDSMF は，社会調査で測定された平均初婚年齢と最もよく近似する平均初婚年齢を理論的に計算する。

　第 3 章では Swiss のデータへ SDSMF を当て嵌めて，その妥当性を検討した。その結果，日本と同様の妥当性が確認された。

　第 4 章では，初婚の生成を確率事象として，Kolmogorov の公理論的な確率論の上にとらえ直し，初婚関数を確率モデルとして定式化する。積分方程式としての SDSMF の正当性が確認されるとともに，初婚関数 $F(t)$ が，いたるところで微分係数 0 で，しかも全体としては単調増加関数であることが示される。$F(t)$ は不連続で微分不可能な関数であるが，ルベーグ積分可能な関数である。「初婚という事象の生成が初婚確率を変化させる」という重要な特徴が再確認され，事象の生成の頻度と時間の問題が考察される。

　第 5 章では初婚生成におけるコウホート・サイズの効果を論じる。

　第 6 章では，初婚関数自体の変化則を検討する前に，実際に我が国で初婚がどのような時系列変化を辿ったかを考察する。単純に国勢調査を遡ることで，晩婚化は1920年代に早くも始まっていることが判る。これは戸田貞三の研究からも裏付けられる。1950年代後半から1970年代初頭までの高度経済成長が一時的に晩婚化を停滞・反転させ，この一時的な停滞・反転が多くの人を幻惑したのであるが，それ以降は再び晩婚化が勢いを盛り返して進行した。

第7章では，初婚確率を空間（2次元）・年齢・時間という4次元の時空の数値として「年齢–空間場」を定義し，初婚関数自体の変化則（ダイナミクス）を定式化するために，初婚関数の理論を空間的に拡張する。晩婚化の地理的な変化をグラフィカルに確認してから，空間の初婚の状態は，少し前の近傍空間の既婚率に依存するという時空の因果性の仮定から「近傍依存確率論的初婚差分積分方程式（Neighbouring Dependent Stochastic Marriage Difference-Integral Equation:NDSMDIE）」を導く。それゆえ NDSMDIE は，自然に複数のコウホートの初婚関数への拡張となっている。1次元の空間でこのモデルの検証を行う。

第8章では，2次元空間での初婚確率の変化を NDSMDIE でシミュレーションし，係数の推定を行い，そこから得られた知見を検討する。推定された係数に基づき，東京の各地域の初婚確率を計算して，観測されたデータとの比較検討を行っている。

第9章では，NDSMDIE を応用して，東京の各地域の出生数を予測することを試みる。NDSMDIE が予測した初婚確率により，各市区町村の5年ごとの出生児数を，婦人子ども比よりよく予測することができる。これは NDSMDIE の妥当性にひとつの根拠を与えている。

第10章では，NDSMDIE を近傍空間がない状態へと極限化し，MMDE（Macro Marriage Difference Equation）を導く。これを我が国の国勢調査データに当て嵌めて，更に長期的なシミュレーションを行う。Swiss のデータへも MMDE を当て嵌めて検討を行っている。

第11章では，本来の4次元超曲面として NDSMDIE の数値シミュレーションを実施し，その特性を検討している。晩婚化は，不動点として収束することが理論的に明らかになった。

第12章では，これまでの考察から我が国の晩婚化の始まりの問題を改めて検討し，その始まりの時点が1920年頃であることから，丙午効果と日露戦争により1903年〜1906年生まれの小さいコウホートが初婚過程に入ったことから晩婚化が始まったということが推測される。次に早婚化の可能性を考察し，初婚関数の理論からは，ハイティーンの初婚を増やすことが数少ない重要な機会であ

ることを指摘した。

　第13章では，これまでの知見をもとにして，我が国の初婚関数の変化を2010年から不動点近傍まで（2050年には不動点にかなり近づく）予測した。それに先だって，コウホート単位の SDSMF による予測の限界と誤りを示し，NDSMDIE − MMDE が必要なことを論じている。2010年以降の平均初婚年齢，各歳別初婚生成数なども予測している。将来の TFR の予測も検討したが，これは現段階では困難であることが判った。

　第14章では，本稿の結論をまとめている。

序

　初婚生成には何らかの規則性があるのではないだろうか。1960年代には，Coale，Hernes 等の研究により，あるコウホートの時間経過に対する初婚生成は確率密度関数として何らかの定式化が可能なのではないかと考えられるようになった。それから，初婚関数の研究は長いこと停滞していた。幾つかの数式は得られたものの，特に抜きん出た当て嵌まりを示す関数も提案されず，画期的な実態的モデルもなく，初婚関数を定式化しようという試みは虚しい徒労のように思われた。

　その間に初婚生成の理論としては，G.S. Becker 等の家政経済学的モデルが提案された。これはペアの（期待）効用の最大化として結婚が生成するという経済合理的な人間を仮定したものである。経済合理的な人間という仮定は妥当とは思えないし，効用の最大化として結婚が生成するという論理は検証不可能な非科学的論理である。それにもまして初婚関数の研究において最も決定的な事実は，このモデルは初婚確率関数を決して導けないということである。家政経済学的モデルはむしろそれを前提とせざるを得ないのである。

　初婚確率に関する理論は，家政経済学的なモデルとは別に立てられなければならないことは認められるとしても，初婚確率に関する知見は21世紀になってもまったくと言って良い程前進しなかった。初婚確率は経験的にしかわからないものなのであろうか。それとももっと奥深い摂理が隠されているものなのだろうか。筆者はこの問題を断続的に考え続けて，あるとき一つのアイディアに出会った。本書はそのアイディアが積分方程式へと成長をとげ，更にその動態化へと飛躍した物語である。

　そこでは，初婚に関する我々の意図・動機は片隅に追いやられている。それ

には十分な正当性があると筆者は考える。意識は絶対的に受動的・事後的である。それゆえ我々はある現象という発生した事実に対してしか意識を持ち得ない。初婚生成という現象においては，ある時点においてどれだけの初婚が生成しているかが決定的事実なのであり，それに意識もまた依存しているのである。

本書は上記の，一般的な常識ではかなり認めがたいことを導きとして展開されている。数式の理解はさほど重要ではない。上記の意識の事実拘束性を理解できるか否かが別れ目である。我々は，社会を構成する自律した個人ではない。膨大な他者が積み重ねた事実を前に右往左往する哀れな2本足の獣である。それを認めると，新しい冒険が皆さんの前に開けるのである。初婚生成に関する新しい理論は，そういう意味でリアルな理論である。

初婚がどのように生成するかをリアルに定式化することなく，将来の晩婚化を問題とすることは，「闇夜に鉄砲」というような愚行ではないだろうか。我々は，我々の姿を見つめ直しクールなヘッドでこの問題へと取り組むべきではないだろうか。

筆者はいわゆる少子化対策に反対である。単純な理由で，効果がないと確信するからである。これほど効果が確かでない政策を，巨費を投じて実施することにはまったく賛同できない。必要だと思うから実施するという程度の論理で政策が行われてはならないのである。

「年齢-空間場」という道具立てを以ってしても，不動点以降の初婚関数の変化を予測することはできない。若年期の初婚生成が理論的に解明されない限り，その変化を把握することはできない。本書では，第5章で「若者の性行動の定常性」という観点から，若年期の初婚生成が絶対数的であると推論している。これは，今後検討されるべき重要な問題であるが，もしそうなら，まさに自然に，遠い将来には既婚率は上昇し，したがって出生力も回復するであろう。

第1章 既存の初婚関数

　初婚生成に関する理論は，その理論的な帰結として，一定の形状を示すことが経験的にわかっている初婚関数を導かなければならない。

1.1 初婚（結婚）関数の研究小史

　結婚関数に関する研究を切り開いたのは，A.J. Coale である。Coale は1971年に Age Pattern of Marriage [6] という論文で，世界各国の結婚関数が，最終的な既婚率（y 軸）と始点と時間（x 軸）を調整するとほぼ同じパターンを示すことを指摘して，初めてそれに数式表現を与えた。この研究以降，結婚関数の研究は活性化し，70〜80年代にかけ多くの結婚関数が提案されるに至った。

　今にして思うと，この同パターン性は同一の確率過程というキー概念を示すものであったのだが，当時は結婚関数を成り立たせるモデルを考えると言うよりは，当て嵌まりのよい，関数とパラメタのセットを探索することに重点が置かれたのであった。そして，ある意味手当たり次第に当て嵌まりのよさそうな関数が探索されたのである。

　本論では，まず，これらの提案された結婚関数を3つに分類したい。

・畳み込み（convolution）タイプ

・極値関数の外挿

・微分方程式タイプ

　実は，3つのタイプいずれも初婚の生成確率に関する方程式である点は共通している。確率密度関数でない初婚関数など構想のしようも無いのである。こ

れから検討されるべき問題は，ミクロには決定論的なモデルを仮定して確率関数を導くのか，それともミクロにも不確定な蓋然性を仮定するのかということなのである。

　学説史的に見れば，1990年代には初婚関数の研究はほとんど廃れることになる。当て嵌まりのよさを競うだけでは，どの関数もあるデータにはある程度の当て嵌まりを示すが，別のデータには良い成績を示すことができないというように，どの関数がよいかを当て嵌まりのみで評価できないことが判ったからである。

　また，データに適合させるためには，各関数の各係数の推定値を得る必要がある。結局この推定値は，初婚分布が形状変化しているからデータに適合させるために変化する必要があるわけである。しかし，係数の変化を説明するロジックがどのモデルにも欠けていたのであった。そして当時要求されていた説明というのは，家政学派的なミクロ決定論的な説明であり，それがいずれも確率密度関数であるどのタイプの初婚関数も説明できないのは極めて明白であったのである。結局，結婚過程に対するモデルとしては，既存の初婚関数は説明力が乏しいということが明らかになって，初婚関数の研究は行き詰まる訳である。

　これには，研究のそもそもの出発点にも原因があった。Coale は初婚関数の形状が，時間パラメタ t と累積確率密度パラメタ κ を調整すると普遍的であるとして，研究をスタートしたのであるが，これは初婚関数の研究のスタート地点としてはあまり適切ではなかった。時間は関数に対しては所与の独立変数としてあらねばならない。確率密度もその累積確率密度も，関数の写像として決まるべきで，これらを当初に操作したのは方針として適切ではなかったのである。

　まず，これまで提案された初婚関数の主なものを個別に批判的に検討してその問題点を明確にしてみたい。

1.1.1　畳み込み—Coale-McNeil 分布

　最初に提案された Coale-McNeil 分布は，実は，数式上は極値分布である 2

重指数分布の亜流である。Coale［6］は最初に以下の2重指数分布を初婚関数として提案している。

$$f(x) = 0.147 \exp(-4.411 \exp(-0.309x)) \tag{1.1}$$

　従って後から検討する2重指数分布の初婚関数としての欠点のすべて―マイナス時間での初婚確率の存在や，生涯既婚率が大きすぎる ≃1―を共有している。

　Coale-McNeil 分布（1.2）式は2重指数分布に比べて，1つ多いネーピア数 e に関する2つの係数 α，λ を持っている点が特徴である。そのため，初期と後期の形状描写力に優れている（これはパラメタが多いから当り前ではある）。しかし，それでも特に形状描写に優れているわけではないと大谷憲司は指摘している［26］。

　2つの係数 α，λ が何故その値なのかを合理的に示すことができないのも，2重指数分布と同様であるが，説明できない係数が1つ余計に増えていることも弱点である。それらの明白な弱点にも関わらず Coale-McNeil 分布が有力な初婚関数とみなされてきたのは，Coale-McNeil 分布が初婚過程のモデルと関連付けられた数少ない初婚関数だからである。しかし，その点にも重大な疑義がある。

Coale-McNeil 分布の不自然性

　Coale が最初の論文を発表してから，McNeil との共著で1年もたたずに，Coale-McNeil［5］の論文が出て，その中で Coale-McNeil 分布[1]が提案される。

$$f(t) = \frac{\lambda}{\Gamma(\alpha/\lambda)} \exp(-\alpha(t-\mu) - \exp(-\lambda(t-\mu))) \quad \text{Coale-McNeil 分布} \tag{1.2}$$

　その論文の最初に彼ら自ら記しているが，East-West Population Center の数理人口学の学会で G. Feeney から初婚関数を正規分布と指数分布の畳み込みとして表現できるのではないかという指摘を受けたという。そして彼等は（1.2）式を提案するのである。ここで，「畳み込み（convolution）[2]」というアイディアが登場する。正規分布は結婚可能年齢（attainment of marriageable

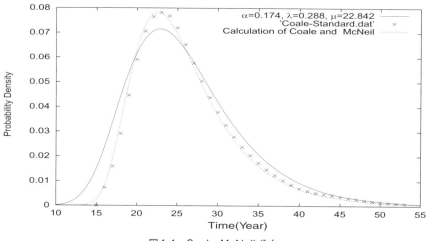

図1.1 Coale-McNeil 分布

age) に対応し，指数分布は，「知り合い」・「婚約」・「結婚」までの待ち時間に対応するのである。そして彼らはこれを standard schedule と呼ぶのである。

これは一見実態的な過程と辻褄があっているように感じられるが，実は根拠薄弱である。結婚可能年齢 (attainment of marriageable age) とは，第二次性徴期なのかと言えばそうではない。その証拠は，彼らがフランスで推定している結婚可能年齢の平均が (1959年：16.6歳) とスウェーデンの平均 (1865-69年：11.36歳) と大きく異なるからである。また，彼らが推定している結婚可能年齢の標準偏差は2歳くらいだが，これもだいたい8〜18歳という第二次性徴期とうまく合わない。

畳み込みは本当に Coale-McNeil 分布か？

詳しく検討すると，Coale-McNeil 分布は他にも問題が多い。例えば，正規分布に似た分布とされる

$$g_m(x) = \frac{\lambda}{\Gamma(m+\alpha/\lambda)} \exp(-(\alpha+m\lambda)(x-\mu) - \exp(-\lambda(x-\mu))) \qquad (1.3)$$

は，McNeil も論文で認めているように m がある程度大きくならないと歪んで

(skewed) 正規分布へ近似しない。$m \to \infty$ のときに，$g_m(x)$ の平均は 0 となり，標準偏差は $1/\lambda^2$ の正規分布になるとされる。しかし，問題はその近づき方である。Coale-McNeil が推奨している $m=3$ 程度では，それ程よい近似ではない。

　何故，正規分布ではなく<u>正規分布に似た分布</u>でなければならないのか。それは正規分布では指数分布の級数 $(\alpha + m\lambda)e^{-(\alpha + m\lambda)}$ と畳み込みができないからではないだろうか。正規分布を加工して 2 重指数分布のようなものを導出することはできないようである。

　彼らが取り上げている1959年のフランスのデータでは，$\alpha = 0.249$，$\lambda = 0.413$ と推定されている。それゆえ，正規分布に似た分布と 3 つの指数分布の平均値は，$16.6 + 4.02 + 1.52 + 0.93 = 23.07$ と計算される。Coale-McNeil はこれを平均初婚年齢としている訳だが，これは $m = 0$，1，2 までに対応している。$m \geq 3$ に関して平均待ち時間を計算すると，

$$\frac{1}{(\alpha + 3\lambda)} = 0.672, \quad \frac{1}{(\alpha + 4\lambda)} = 0.526, \quad \frac{1}{(\alpha + 5\lambda)} = 0.432, \cdots\cdots$$

となり，実は待ち時間の収束は極めて緩慢である。実際，待ち時間の平均値は $m = 9$ でも目に見えて増加する。であるから，$m \to \infty$，$\overline{g_m(x)} = 0$ は仕方なくもある。つまり，Coale-McNeil 分布である（1.2）式と，正規分布に似た分布 $g_m(x)$ と 3 つの指数分布の畳み込みはずれているし，結婚可能，知り合い，婚約，結婚という 4 つのエポックを対応させる彼らの解釈も，数理的に幾分の隙もないという訳ではない。3 つ以上から指数分布の解釈が不能だから $m = 3$ とした感もなくはないが，実は解釈はかなり御都合主義的なのである。

　例えば，$m \to \infty$ として，本当の Coale-McNeil 分布である（1.2）式を考えると，彼らの推定値では，スウェーデンでは，$\sigma = 1/\lambda^2 = 12.06$ である。ところが 3 つの指数分布の畳み込みを想定したときの正規分布に似た分布の平均は $\overline{g_m(x)} = a = 11.36$ であるから，0 歳以下で結婚可能年齢となる。Coale-McNeil 分布とされる（1.2）式と正規分布に似た分布と 3 つの指数分布の畳み込みは，現実データでは奇妙に矛盾する。極限操作で得られる（1.2）式と正規分布と似た分布と 3 つの指数分布の畳み込みはやはり別の分布である。

12   第1章　既存の初婚関数

　そもそも，結婚可能，知り合い，婚約，結婚というプロセス自体が当時のメ
ジャーな社会規範に囚われすぎではないだろうか。生物的・生理的に結婚可能
でなければならないことは認めるとしても，それは彼らの結婚可能年齢とピッ
タリ重なる訳ではない。知り合い＝結婚というケースは極端かもしれないけ
れど，婚約をしないケースや同棲というケースも，初婚として考えるべきなの
ではないか。「できちゃった婚」や未婚の母という存在も，出生力の水準を検
討するという観点からは，広い意味で初婚と見做すべきだと筆者は考える。

　厳密に言えば，(1.2) 式で表される Coale-McNeil 分布は，正規分布と3つ
の指数分布の畳み込みではなく，その極限でしかない。そして3つの delay が
想定される必然性も怪しいのである。というのも，Population 毎に α, λ, a
or μ が大きく異なりその違いをリーズナブルに説明できないからである。例
えば α の逆数として知り合いまでの平均待ち時間は計算されるが，彼らの推
定値を信用すれば，何故，1860年代のスウェーデンは結婚可能になってから知
り合いまでに平均5.747年かかり，1959年のフランスはそれが4.016年なのか
（スウェーデン人は「のろま」なのか？），それを合理的に説明する枠組が彼ら
にはない。

　何故，指数分布は $(\alpha+\lambda)e^{-(\alpha+\lambda)}$, $(\alpha+2\lambda)e^{-(\alpha+2\lambda)}$, …という級数でなけれ
ばならないのか，筆者にはその必然性がどうしてもわからない。畳み込みのた
めにそのような級数が要請されたとしか思えないのである。

　何故 Γ 関数を使って $\dfrac{\lambda}{\Gamma(\alpha/\lambda)}$ という係数が付かなければならないのかもよ
くわからない。畳み込みをするために必要だからという気がしてくる。実際，
同じような関数でないと畳み込みは解析的に計算できない。

既婚確率は1へと収束すべきなのか

　Coale-McNeil 分布は（極値統計も），50歳までには既婚率がほぼ1に近似す
る分布である。初婚関数の形状を普遍的にするために，確率密度を調整する必
要から，Coale は御丁寧にも生涯未婚率を引いた人口に対して，初婚関数を考
えている。しかし，それは初婚過程に対する説明力を落とすことになっている。
どのくらいの女性が再生産可能な期間に初婚をするのかという問題に初婚関数

は答えるべきなのだ。Coale の生涯未婚率を差し引いた人口という操作は，その可能性を放棄している。そしてそれは初婚の実態への理解を低めている。

晩婚化は Coale-McNeil 分布ではどのように説明されるのか

　Coale-McNeil 分布では，数式上は，晩婚化は α，λ 両係数どちらか，或いは両方の低下で表現できる。既に述べているように，この α，λ はその実態的な解釈が困難であり，晩婚化がどのような原因で起きているかについて現実的な対応を見出すことは甚だしく困難である。

　数式上は λ の低下の効果の方がより大きいように思える。仮に λ が低下すると，各時点の確率密度はその分低下し，例えば40歳の既婚率はそれに応じて低下する。これは，結婚可能になるのも遅れ，知り合いになるのも，婚約するのも，結婚するのも，つまりすべての局面で遅れることになる。しかし，我々が経験的に知っているのは，晩婚化は後期では幾許か回復すること—catch up—があることである。知り合うのが遅ければ，その分婚約や結婚は幾らか早くなるのである。

　結局，Coale-McNeil 分布は，そういう初婚が生成するという経験的な現象を理論化できていないのである。その他の理由からも，初婚過程を4つの確率事象の畳み込みとする試みは，実際は破綻していると判断できるだろう。例えば，知り合っても婚約しないケースが存在する。婚約しても結婚しないケースも確かに存在する。待ち時間が無限遠ではなく，別の出会いが有り得るのである。これが有り得ないと主張するなら，結局，結婚は最初の出会いで決まるということを認めざるを得ず，4つの事象の畳み込みを考えることと矛盾してしまう。これらが Coale-McNeil 分布で適切にとらえられているとは言い難い。わざわざ4つの確率変数の畳み込みという複雑なモデルを持ち込んでみても，説明できないケースが多く存在することは重大な矛盾点と言えるだろう。

　Coale-McNeil 分布は，結婚過程を行動レベルで描写しているという理由で，パラメタが他のモデルより余計であるにも関わらず認められてきたが，その描写力は筆者の判断では瑕疵の多いものである。

1.2 極値統計

極値統計は，以前からそのひとつである Gomperz 曲線が死亡率の当て嵌めに応用されており，人口学者には馴染深いものであったので，形状の近似から初婚関数への当て嵌めに使われるのは当然の成行きであった。

極値統計は，製品の故障（時間）の分布，材質の疲労による破壊（時間）の分布に主に使用されている。というのも，製品の寿命は，製品全体の平均的な性質とは関係なく，最も弱い部品が壊れると製品全体の故障をもたらすので，正規分布を中心とした統計学の知識が役に立たない。この問題では，最もクリティカルなイベントが生ずる確率の経過時間に対する分布が問題となっている。

このような問題では，以下の Weibull 分布がよく使われる。

$$f(t) = \frac{m}{\alpha} t^{m-1} \exp\left(\frac{-t^m}{\alpha}\right) \tag{1.4}$$

m は形状母数（shape parameter）であり，α は尺度母数（scale parameter）と関係する。

極値統計が初婚関数に応用され，それが一定の近似を示すということは，結婚の生成は多要因の充足の結果ではなく，唯ひとつのイベントの生成の結果であるということを暗示するものであったが，その含意は長らく見逃されていたのである。

Coale-McNeil 分布の妥当性を検討して明かになったように，複数の段階的事象の畳み込みとして初婚過程をモデル化すると，その過程で頓挫したケースの扱いが困難となる。したがって，我々は事実婚としてただ一つの決定的な事象が起きることを，届出があっても無くても，初婚と考えた方がよいと思われる。

1.2.1 ２重指数分布

初婚関数の研究で実際によく使用されたのは，２重指数分布の一種であり，

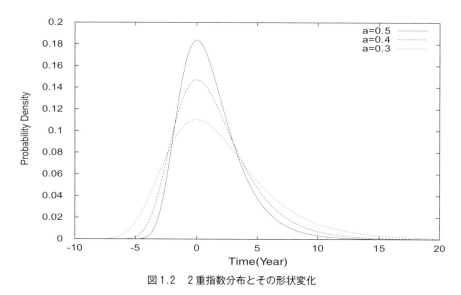

図1.2　2重指数分布とその形状変化

以下の確率密度関数である．数式上は，Coale-McNeil 分布も2重指数分布の一変種である．μ は時間軸を調整するパラメタでだいたい初婚年齢のモードに一致する．α は初婚の生成テンポを決める係数である．

$$f(t) = a\exp(-a(t-\mu) - \exp(-a(t-\mu))) \tag{1.5}$$

大谷憲司の研究 [25] では，2重指数分布の当て嵌まりは Coale-McNeil 分布と遜色ないものであると報告されている．

Gomperz 関数の微分も一種の2重指数分布である．

$$f(t) = \exp(-c(\exp(\alpha t - 1))) \tag{1.6}$$

G. Hernes [11] によると，Gomperz 分布は初婚分布としてもまずまずの当て嵌まりを示すと報告されている．

2重指数分布の問題点

しかし，筆者の見解では，極値統計には初婚関数として致命的な難点がある

16　第1章　既存の初婚関数

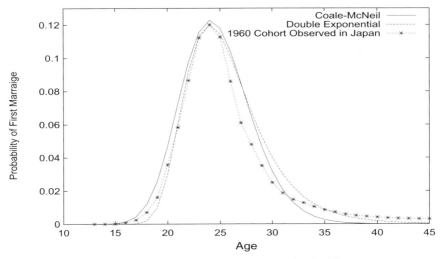

図1.3　2重指数分布，Coale-McNeil 分布と観測値

と感じられる。その第一の難点は，時間 $t \leq 0$ でも確率密度を返す点である。つまり，赤ん坊でも結婚確率があることになる。これは数式上の矛盾点である。

　第二は，2つの係数 a, μ がどのように決まるかに関するロジックがないことである。極値統計は，形状の近似から初婚関数として用いられたのであり，確たる実態的なモデルとの関連を欠いている。それゆえ係数は統計学的に推定するしかない。

　第三は，2重指数分布の Coale-McNeil 分布と同じ欠陥なのであるが，モードを適合させると積分値が容易に $>.99$ になってしまうことである。これは，2重指数分布の分布形状が，初婚の頻度分布と似ているが微妙に異なっていることと関連がある。図1.3を見ると判るが，観測された頻度分布の方が尖度が大きいのである。指数系の分布は，正規分布がそうであるように，頂点が丸みを帯びている。しかし，図1.3から判るように，初婚の頻度分布はそれより尖度の大きい尖った分布である。特に分布の右側が2重指数分布の方が厚すぎるのである。また，分布の右裾は反対に観測値に対して薄すぎる。

　極値分布は，2重指数分布でも Gomperz 分布でも Γ 分布でも，そしてCoale-McNeil 分布でもある程度の当て嵌まりを示し，どれがよいかを選ぶこ

とができない。これは極値分布がある程度の近似でしかないことを示唆している。

　そして実際に，単純で実態的モデルから，極値分布より当て嵌まりのよい初婚関数を導くことができるのである。

1.3　微分方程式モデル—Hernes 関数

　初婚過程に関するユニークな微分方程式を1972年に提案したのは，G. Hernes [11] である。単なる確率分布の当て嵌めではなく，単純な説明モデルとその数式表現を社会学がこの時点で持っていたことは，社会学者にとってとても誇らしいことである。Hernes 関数は，当て嵌まりにおいても，相対的に優れていることが，大谷憲司によっても報告されている [26]。

　G. Hernes は初婚分布関数が

$$\frac{dM}{dt} = Ab^t(1-M_t)M_t \tag{1.7}$$

という微分方程式でうまく近似できることを報告している。Hernes の説明では，A は結婚可能性の平均初期値（the average initial marriageability）である。$b<1$ であり，b^t は経年による結婚しにくさ（deterioration）を表している。M_t は結婚の増加による結婚への圧力とされる。率直に言って，これらのパラメタ A，b^t の設定やその解釈が妥当だとは思えない。Hernes 関数が相対的に優れた当て嵌まりを示しながら広く受け入れられなかったのもこの理由に尽きる。

1.3.1　係数の問題性

　結婚可能性の平均初期値と言いながらも，それが本当はすべての時間を通じて作用しており，b^t との複合でないと意味をなさないこともかなり問題である。Hernes 関数は当て嵌まりはかなり良好であるが，その解釈の妥当性に問

18　第1章　既存の初婚関数

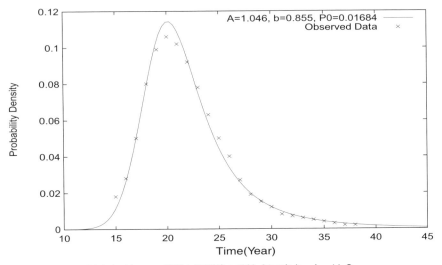

図1.4　Hernes 関数と観測値：1920-24 コウホート，U. S.

題があるために，Coale-McNeil 分布より低い評価に甘んじているのである。

微分方程式における単調減少な要素の必要性

　初婚関数を観測値へ当て嵌めた経験がある者なら誰でも気が付くことなのだが，単なるロジスティック・モデル $(1-M_t)M_t$ だけでは，よい近似とはならない。単調減少な要素がそこに付け加わらないと初婚関数へのよい近似とはならない。

　Hernes が b^t，$b<1$ を導入したのもそれゆえなのであるが，それゆえに，取ってつけた感が拭えない。15歳より前に経年変化による結婚しやすさが最大であるというのも，性的な成熟を無視したかなりナンセンスな仮定である。

1.3.2　Hernes 関数のよい点

　Hernes 自身がその論文の脚注（p.181）で指摘しているように，Hernes 関数は人口から予め生涯未婚者を差し引いておくという余計な操作もないため，

生涯未婚率を計算できる優れた特性を有している。また，パラメタの数も2個と，陽表的には Coale-McNeil 分布よりも少ない。

　注目すべきは，Hernes 関数は結婚 M_t の増加それ自体が初婚関数を決定しているという点である。これこそ，Hernes による初婚関数研究への最大の貢献であり，「初婚関数の背景非依存性」に繋がる重要な視点である。

　本論では，当面，この Hernes 関数を当て嵌めの達成水準の目標とし，これ以降は，本論で提案する「確率論的な初婚過程のモデル」と並行的に Hernes 関数に関して検討を加えることとしたい。

注

1) 図1.1に示しているが，Coale 等の計算した初婚確率と Coale-McNeil 分布とされる（1.2）式は，筆者の計算では一致しない。

2) 畳み込みとは，2つの確率密度関数に従う確率変数 x，y が，x が生じてから y が生ずる確率を計算する規則である。

第2章 初婚関数の確率論的定式化

本論では D. Hume［12］に基礎を置き，時間的・空間的に近接した因果性のみを認める。つまり行為の生起はこの時間的・空間的に近接した事象の因果連鎖であると論理的に認める。

そして，ある程度の長さの近接した時間間隔 Δt で，次の時点にある女性が結婚するか否かは確率論的な事象であるが，前の時点の影響を受けて事象が生成する確率が変化するというのが本論の立場である。

それゆえ，結婚という事象の生成には時間的に先行する因果事象―「結婚していない」$(\overline{M})$ という連鎖がある。まったく自明だが，t 時点の結婚生成にはそれ以前の時点での非結婚という人口がなければならない。

$$\cdots \to \overline{M}_{t-2} \to \overline{M}_{t-1} \to \overline{M}_t \to M(Marriage) \tag{2.1}$$

対象とする空間のコウホートについて，この結婚していないという人口が時間とともに減少することが，Hernes 関数で想定された単調減少な要素 b^t の正体なのである。

2.1 初婚確率と既婚確率の関係

初婚確率を時間 t に応じて変化する関数 $F(t)$ として考える。初婚確率関数 $F(t)$ は累積初婚確率（≒既婚率）関数 $M(t)$ の微分である。或いは一定の時間間隔 Δt を想定すれば差分である。言い換えれば，$\dfrac{dM(t)}{dt}$ は，累積初婚確

率関数の瞬間の変化（増）分であり，それは瞬間の結婚生成確率であり，それ即ち初婚確率関数 $F(t)$ である。

差分から極限移行してみよう。$t+1$ 時の累積初婚確率はその前の時点 t の累積初婚確率とその期間での初婚確率の和である。

$$M(t+1) = M(t) + F(t) \tag{2.2}$$

これを $M(t)$ を移項し，かつ時間を微小時間 h と置き換えて M の短い時間での変化率を考える。

$$\frac{M(t+h) - M(t)}{h} = F(t) \tag{2.3}$$

ここで $\lim h \to 0$ と極限移行すれば，

$$\frac{dM(t)}{dt} = F(t) \tag{2.4}$$

が得られる。

つまり，既婚率の微分方程式は初婚確率関数である。これはあくまでも近似的なものである。本当は初婚確率関数は滑らかなものではないが，ここでは，ある程度の時間間隔と非常に大きな集団を考えればよい近似となっていると考えて貰いたい。

既婚率の微分方程式は初婚確率関数であるとすれば，初婚確率関数はそれ自身の積分として定式化できるのではないかと考えることができる。積分の場合は，微分可能性などを仮定しなくてもよいのでむしろ都合がよいのである。

Hernes モデルの弱点は，その微分方程式の解釈が不自然であったり極めて漠然としていることである。まず，結婚可能性（marriageability）が単調減少であるという―b^t という仮定は支持し難い。**単調減少という要素は，t までに結婚していない人口である確率が単調に減少することから導かれるべきである。**

また，結婚可能性の平均初期値（the average initial marriageability）とされる A の推定値が1.046と1を超えているのも解釈に苦しむ点である。これは，大谷が我が国のデータにさまざまな初婚関数（と提案されている関数）を当て

嵌めた研究［26］では，見合婚に限れば $A<1$ である。これも解釈に苦しむ点である。

また，Hernes が用いた U.S. のデータでは，$b \fallingdotseq 0.855$ が推定されているが，結婚可能性が損耗するためには $b<1$ が必要なのはモデル上当然としても，.855である意味の解釈が難しい。最初から結婚可能性がここまで落ちているのは，モデルとしての整合性に何らかの問題があると感じられる。$Ab^{t=0}=1.046$ で，0 時点で結婚可能性が 1 より大きく，1 年経過で 1 以下へ落ちるというのは理論モデルとして不整合である。

$(1-M_t)M_t$ のロジスティック項は，比較的受け入れ易い仮定であるが，それを結婚への「社会的圧力（social pressure）」とまとめるのは理論を曖昧にしてしまう。瞬間・瞬間の結婚へと至る行動（デートを申し込むとか，電話するとか，ラブレターを書くとか…）の生起確率に周囲の既婚状況が影響を与えるという仮定の方がよりリアルである。

つまり，「社会的圧力（social pressure）」ではなく，空間の既婚率がダイレクトに初婚確率に影響を与えることを想定する。これを「**初婚の空間既婚率依存性**（**Dependence of First Marriages on Married in a space**）」と呼ぶことにする。

意識の変化という媒介は必要ない

それゆえ，我々の空間依存性の仮定のもとでは，空間の晩婚化が晩婚化の原因なのである。結婚への「社会的圧力（social pressure）」が具体的に存在するのではない。結婚への「社会的圧力（social pressure）」が低下したというのは主観的に想定される偽りの要因である。近傍の晩婚化に反応して，我々の多くが瞬間・瞬間の結婚へと至る活動レベルを低下させることにより結婚確率は低下するのである。

もっとも重要でかつ多くの人に理解しがたいことは，我々の意識や考え方が変わるということを想定することはまったく必要ないということである。瞬間・瞬間の行動が周囲の既婚率の影響により少しずつ変われば良いのである。我々は意識では，ある程度の大まかな時間的な遡及を行い，我々の意識的な変

化があったと後付で納得しているに過ぎない。

2.1.1 初婚確率関数の積分方程式或いは和分方程式による定式化

初婚確率は，基本的には男女の選択の積事象である。それゆえどちらかの性が近傍既婚確率に依存して選択の確率を大きくしても，単純にそれに比例して結婚確率は大きくはならない。何故ならその空間には他の選択可能な他のコウホートの未婚者が存在するからである。あるコウホートの者が相手に選択される確率は時間経過とともに減少していくからである。逆に，初婚過程の初期には，空間には多くの選択対象が存在するので初婚確率はその分大きいのである。方程式には $(1-M_t)$ が要素として必要である。

ここでも「空間」という決定的な要素がやはり必要だということが判る。人間の行動に関しては，「空間」と「時間」—「時空」に関連付けた定式化が決定的に重要である。つまり，空間での被選択性の確率である $(1-M_t)$ と未婚人口である確率 $(1-M_t)$ は 2 重に作用しているのである[1]。男女同数という素朴な仮定があることにも注意してもらいたい。

これまでの考察から，初婚確率関数 $F(t)$ を既婚率 M_t から定式化する。

$$\frac{dM_t}{dt} = F(t) = \lambda M_t (1-M_t)(1-M_t) \qquad (2.5)$$

これを再び Hernes の微分方程式（1.7）と比較してみよう。

$$\frac{dM}{dt} = A b^t (1-M_t) M_t$$

A と λ，b^t と $(1-M_t)$ を対応する要素と考えれば，実は非常に類似したものと考えられる。しかも b^t と比べると，$(1-M_t)$ の部分は微妙な変化を有している。つまり，b^t が t に依存してまったく単調にしか減少しないのに対して，初婚生成のテンポに応じて減少率が変化し得るのである。

微分方程式から積分方程式へ

ここで，M_t を瞬間の既婚確率の変化 $M_t dt$ により書き換える。純粋には

24　第2章　初婚関数の確率論的定式化

$M_t dt$ の変化にはこの空間での M_t の変化しか関与しない。M_t を変化させるのは M_t の変化のみである。それゆえ単純な初婚関数 $F(t)$[2] の時間発展が定式化できる。

ここでの基本的な仮定は，t 時点での既婚率 M_t が大きくなると結婚に帰結する行動をとる確率が高まるが，あるコウホートに属するものが選択される確率は $1 - M_t$ で減少するということ。及び，任意の個体がそれまでに初婚していない確率は各時点でその時点の未婚率と等しいということである。

更に，「結婚はコウホートの既婚の大きさの影響を係数 λ で受けて，確率論的に生起する」。これは男女の選択は相互に不確定なもので，結婚に至る行動は必然的に結婚を生起せしめるのではなく，その頻度に依存して確率論的に生起するものと考えるのである。

まず微分方程式（2.5）を $M_t = \int_0^t M_t dt$ の関係から書き換える。

$$\frac{dM_t}{dt} = F(t) = \lambda \int_0^t M_t dt \left(1 - \int_0^t M_t dt\right)\left(1 - \int_0^t M_t dt\right) \tag{2.6}$$

これを $F(t) = \frac{dM}{dt}$ という関係から書き換えれば，

$$F(t) = \lambda \int_0^t F(t)(dt)\left(1 - \int_0^t F(t)(dt)\right)\left(1 - \int_0^t F(t)(dt)\right) \tag{2.7}$$

$F(t)$ は積分可能な確率変数である。これを和分に書き換えると，

$$F(t_{t+1}) = \lambda \sum_{t=0}^t F(t)\left(1 - \sum_{t=0}^t F(t)\right)\left(1 - \sum_{t=0}^t F(t)\right) \tag{2.8}$$

これらの結婚関数を以降，**空間依存確率論的初婚関数**（SDSMF: Space Dependent Stochastic Marriage Function）と呼ぶことにしよう。何故なら任意の空間の既婚率 $\int_0^t F(t)(dt)$ に依存して初婚率 $F(t)$ が決まるからである。なお，λ は，空間の既婚率に対応してどれだけ初婚が生成するのかを決める既婚率依存係数である。

SDSMF は（2.7）式からは積分方程式と考えることもできる。また（2.8）式からは和分方程式と考えることもできる。

誤った初婚関数と2重指数分布

筆者は，(2.7) 式の初婚関数に辿り着くまでに，「それまでに初婚していない確率」という自らが書いた言葉に迷って，以下のように方程式を書いていた期間があった．

$$F(t) = \left[\lambda \int_0^t F(t)(dt)\left(1 - \int_0^t F(t)(dt)\right)\right]\prod_0^t [1-F(t)] \qquad (2.9)$$

(2.7) 式と (2.9) 式の数値計算の結果の違いは，初期のうち（20代まで）は僅かなもので，筆者は数式 (2.9) が妥当でないことになかなか気が付かなかったのである[3]．

しかし，(2.9) 式には決定的な誤りがある．直積部分 $[1-F(t)]$ は最初の初婚発生時のみは正しいが，それ以降は正しくない．

コウホートの人数 N を掛けてみるとはっきりするが，例えば，第2時点でも初婚しない人数は，コウホート人数 ー（マイナス）初婚者数プラスアルファであり，これは明らかに誤っている．未婚者は過剰である．

$$N(1-F(1))(1-F(2)) = N[1-F(1)-F(2)+F(1)F(2)]$$

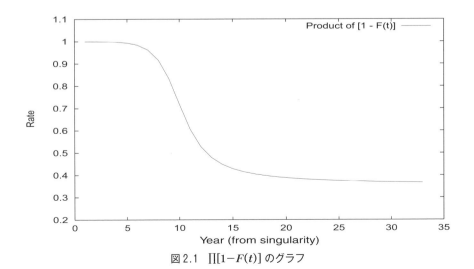

図2.1　$\prod[1-F(t)]$ のグラフ

26　第2章　初婚関数の確率論的定式化

$$N(1-F(1))(1-F(2))(1-F(3))$$
$$=N[1-F(1)-F(2)-F(3)+F(1)F(3)+F(2)F(3)$$
$$+F(1)F(2)-F(1)F(2)F(3)] \tag{2.10}$$

　(2.10) 式を見ると容易に想像できるが，(2.9) 式の直積 $\prod$ の部分は，交代級数のような余計な部分が成長して，ほとんど減少しなくなる。

　つまり，(2.9) 式は未婚者割合を過剰に計算するために，初婚過程の中期以降で初婚確率 $F(t)$ が過大になる傾向がある。これは2重指数分布と共通する顕著な特徴で，結果として最終的な既婚率 $\int_0^t F(t(dt)) \simeq 1$ となってしまう。既に指摘したように，これは致命的な現象との矛盾であり，(2.9) 式を経験的に否定するに十分な根拠である。

　翻って考えれば，2重指数分布にしても，その亜種の Coale-McNeil 分布にしても，リスクの対象となる集合が時間とともに変化しない類の関数であったのである。初婚関数は，リスク対象がリスクの発生とともに減少していく関数でなければならないのである。

2.1.2　初婚関数の数値解と係数

　方程式は複雑に見えるが，係数は陽表的には λ の1つだけである。時間間隔 Δt を観測時間へと変換するもうひとつのパラメタが陰で必要である。これは Hernes の微分方程式が A, b という2個の係数であることと比較すると，遜色ない。

　(2.7) 式または (2.8) 式の解析的な解を求めることはおそらく容易ではないが，数値解は図2.2にように簡単に求めることができる。2重指数分布やCoale-McNeil 分布と比較すると，SDSMF の特徴は尖度が大きいことと，後半の確率密度が相対的に大きく容易に0へと収束しない点である。

　初婚関数の尖度が大きいことは，図1.4からも見て取れる特徴である。正規分布に似た関数との畳み込みによる初婚関数ではこのような尖度を表現できないであろう。後半の確率密度が大きいことは決定的な特徴なので後で詳しく検討したい。

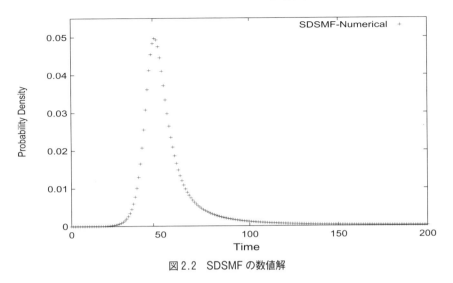

図 2.2 SDSMF の数値解

　微分方程式や差分方程式は，初期値 $F(0)$ が必要である。従って，極値統計の確率分布と比べれば隠れたパラメタを有していると評価することができる。しかし，Hernes 関数や SDSMF が隠れたパラメタを持つことは，2 重指数分布や Coale-McNeil 分布が，マイナス無限大の t にも確率密度を有することに対して，初期値（特異点）を設定することによりその問題を回避している代償でもあり，後で述べるように一方的な欠点ではない[4]。

2.1.3　初期値 $F(0)$，係数 λ の推定

　観測データと SDSMF を適合させるに際しては，初期値 $F(0)$ と周囲からの影響を受ける程度を示す近傍依存係数 λ と時間間隔 Δt を推定する必要がある。当初，この 3 つは共変関係にあると予想したのであるが，実はそうではなかった。

　当初の推定の方針は，$F(0)$ と λ の初期値を決めて，Δt が累積確率から実時間へと関連付けられ，$F(0)$ と λ の最適値が探索される。次にその $F(0)$ のもとで，Δt の値を変化させ，新たに $F(0)$ と λ の最適値を探索する。この手続

28　第2章　初婚関数の確率論的定式化

きを幾つかの初期値から繰り返せば，ある程度よい推定値を得ることが期待できるのではないかと思われた。しかし，私の目論見はまったく誤っていたのであった。

変曲点（mode）からの推定

　高齢期の累積確率から Δt を決めて係数を推定する方法は，あまりよい当て嵌まりをもたらさなかった。これは後で判ったことなのであるが，観測される累積確率はその後期においてそれほど正確な値ではないことにも一因がある。つまり，観測される累積確率は真の値よりかなり低く，そのため λ を低く推定することになるか，或いは λ を固定すれば，Δt を大きく推定してしまう。これは総体的には観測値への fitness の低下に帰結する。

　そこで，初婚関数の変曲点がひとつしかないという点に注目し，しかも，その値が相対的にはかなり正確で他の調査からの補正もし易いということから，λ を初期値として固定し，変曲点から Δt を推定し，逐次両側へ観測値へ適合させていく方法をとった（変曲点法）。この方法により SDSMF は，観測値に対して概ね他の初婚関数よりよい適合を示すことができる。

　図 2.3 は，非常によい fitness を示したものである。13歳から50歳までの平均絶対誤差では .00093173で，1971年のアメリカ合衆国のデータに対する Hernes の平均絶対誤差 .0021125 を遥かに下回るよい成績である。SDSMF と変曲点法は，我が国のデータに関しては，再生活動に寄与するだろう45歳までの初婚確率をほぼ完璧に記述することができる。

　しかし，Hernes 関数と Hernes が用いている Prescott の推定法[5]という組合せは，変曲点を低め／高めに推定するクセを有しているのであるが，Hernes が使用したデータに関して，Hernes モデル以上の fit を達成することはできなかった。Hernes 関数の絶対誤差和 .0504に対して，SDSMF は .13程度が限界である。その理由は幾つか考えられる。

・累積確率からの推定が，各時間ごとの確率密度からの推定よりも有利であること。

・Hernes のデータ（U.S. 1920-1924年出生コウホート（白人女性））は，ベ

2.1 初婚確率と既婚確率の関係　29

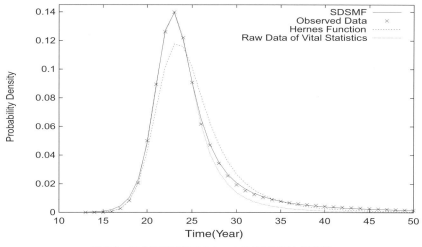

図 2.3　日本の1950年コウホートの初婚関数と観測値

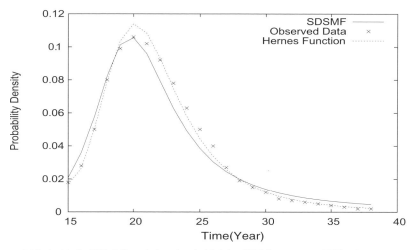

図 2.4　U. S. 1920-24年コウホートの初婚確率：観測値，Hernes 関数，SDSMF

ビーブームの影響を20代後半から受けて，結婚確率が上昇して，その後の低下が相対的に急速であるが，単一空間の確率モデルはそれを表現できないこと．

30　第2章　初婚関数の確率論的定式化

・SDSMF は晩婚の確率（分布の右裾）を大きく見積もるクセがあるが，観
　測値ではこの点のカウント漏れがあること。

SDSMF は，U.S. 1920-24年コウホートの初婚確率に関しては，当て嵌まりは
Hernes 関数に劣るが，実態の把握では本当は優れていると思われる。その理
由は後で説明したい。

$F(0)$ は SDSMF を変化させない

　そして，SDSMF においては，$F(0)$ は比較的任意性を持っていても一定の
分布へと帰結することが数値的な解析より推定されている。というのも，
SDSMF は近傍依存係数 λ のみでその形状が完全に決まる。後はその時間配分
の問題である。

　特異点[6]は13歳～14歳の間に 10^{-5} 以下の確率で生成していると推定される
が，特異点の規模と時点は若干の「ゆらぎ」を有していると考えるのが自然で
ある。特異点が小さい確率値であれば，それは特異点発生の時間 t_0 が若干早
いことになるが，それは観測時点までに時間 Δt が余計に経過することを意味
する。特異点が比較的大きい確率値であれば，それは特異点発生の時間 t_0 が
若干遅いことになるが，それは観測時点までに時間 Δt が少ないことを意味す
る。

2.2　Δt と λ の関係

　あるコウホートに限定すると，Δt と λ の推定値は概ね比例関係にあると思
われる。

$$\lambda = const\ \Delta t \tag{2.11}$$

つまり，Δt と λ は一意に決まるものではなく，任意に設定可能な係数である。
Δt を大きく設定すれば（時間間隔を大きくとれば），λ も大きくなる。λ を小
さく設定すれば，Δt は小さくなる（つまり時間間隔は小さくなる。）。単一の

コウホートに関しては，（2.7）式では，λは，ある意味，任意な係数なのである。

　我々の感覚も，時間間隔を大きくとれば，その間の初婚の生起する度数が多くなること，そして時間間隔を反対に小さくすれば，その間の初婚の生起する度数が減少することを自然とする。

　しかし，（2.11）式の *const* は，複数のコウホートを通じて不変ではない。早婚化／晩婚化という現象が指し示すことは，*const* 自体の変化である。そして *const* 自体はまったく社会学的実態のない唯の数値である。それゆえ，Δt またはλのいずれかを定数として想定し，どちらかを可変と設定せざるを得ない。

　この場合，λを変化させるのが妥当とは筆者は考えない。Δt は観測者が任意に選び得る時間間隔であり，これを固定することには社会学的な意義がまったくない。観測者は可能なかぎりで好きな Δt を選択できてよい。それゆえ消去法的にλを定数として考える。この理由については，次節であらためて論じることにしたい。

　実は，さまざまなλの当て嵌まりを視覚的に観察すると，大きなλ（大きなΔt—大きな時間間隔との組合せ）も小さなλ（小さな Δt—小さな時間間隔との組合せ）も，分布初期の当て嵌まりが悪い傾向があると思われる。それゆえ，λは以下の間にある定数と予測する。

$$0.2 < \lambda < 0.5 \tag{2.12}$$

本論では，当て嵌まりも良好な$\lambda \simeq 0.22$ を採用する。感覚的にも我々の結婚を目標とした行動の成功率は，1 に近くない。また 1 に近いと，その頻度が極めて低くなるので実態と合わないと思われる。一方，λ が小さい場合（例えば0.05）では，1ヶ月に 1 回以上の結婚を目標とした行動を行っていることになるので，これは多すぎるであろう。またこの場合は，当て嵌まりも相対的には低下する。

晩婚化とは―伸縮する時間間隔

コウホートがその既婚率から受ける影響 λ を変化させるのは常識的であるが，それを変化させるロジックを考えることは容易ではない。晩婚化はある空間での結婚生成率の低下であるが，これを近傍依存係数 λ の低下とすることは，ある意味同義反復である。むしろ，影響の受け方自体は定常で，周囲の低既婚率の影響から結婚へと帰結する行為自体が減少すると考えた方が実態的な対応があってよい。

晩婚化の要因は，結婚へ帰結する行為の減少である。では何がその行為の減少をもたらすのかと言えば，それは近傍空間の晩婚化―結婚へ帰結する行為の減少なのである。既に我々は，単一空間での初婚の生成の問題を超えた問題へと足を踏み入れているのである。これは本格的には後章で扱わざるを得ないが，単一空間を想定せざるを得ない今の段階では，近傍空間の影響は，時間間隔 Δt の伸縮として現れると考える。

そして，ある年のコウホートを基準として λ を定数として設定し，それに対する Δt の変化を時系列で考察する。このとき Δt は明らかに変動している。

ホモ・サピエンスの常として，他者からの影響の受け方自体は不変である。ただ，周囲の他者自体の行為の変化―具体的には結婚へと帰結する行為の減少―により，自己の行為も変化していくのである。これが時間間隔 Δt の伸縮のリアリティなのである。

通常我々は，時間間隔 Δt が大きいと，それに比例してその分その間の結婚確率が大きくなるように想像しがちである。筆者もそう思っていた。しかしこれは誤った先入観に基づくものである。我々がそう思うのは，一定のペースで結婚が生起すると暗黙のうちに想定しているからである。それならば晩婚化も早婚化も起きない。空間の結婚確率は，刻々変化している筈である。ある既婚率に到達するまでに時間がよりかかるときに，我々はそれを晩婚化と呼ぶのである。つまり，晩婚化はある空間での初婚生成のペースの遅れである。

時間間隔 Δt が大きいというのは，ゆっくりとしたペースで初婚過程が進行しているということを意味している。例えば，1935年コウホートは，平均時間間隔 Δt は0.26年程度であったと推定される。1950年コウホートは0.21年程度

へと短縮化している。つまり，1935年コウホートより1950年コウホートの方が
より早いペースで初婚過程が進行したのである。

　実際には，SDSMF の当て嵌めの計算結果では，初婚過程のペースはかなり
変動している。つまり，「のろのろとした初婚過程」と「忙しない初婚過程」
が有り得る。このことが示唆するのは，「天文学的な時間」は「個人的な時間」
のひとつの物差しに過ぎず，「個人的な時間」―「個人の行動の頻度」それ自体
は伸縮するということである。

　ある地点の近傍の相対的な低既婚率は，ある地点の初婚過程を遅延化するよ
うに作用する。つまり，近傍の相対的な低既婚率があれば，それがなかったと
きの既婚率水準を達成するのにより時間がかかることになる。

　個人レベルでの感覚的時間は，このように変化する性質をもっている。「怠
惰の冬日の何ぞ其の長きや」とはまさに正しい感覚なのである。とはいえ，多
くの場合，我々はそのような変化に自覚的ではない。晩婚化は，近傍と同調す
るように「個人の行動の頻度」が減少し―「個人的な時間」が伸長するので，
我々は何故晩婚化したかについては，明確な自覚を持ち得ないのである。実際，
何故晩婚化したかについて，個人的に明確な説明を与え得る人は誰もいないで
あろう。

2.2.1　近傍依存係数 λ の定常性

　時間間隔 Δt の可変性に相対して，コウホートの既婚率の影響率―近傍依存
係数 λ は定常であると本論では主張したい。当初は λ を変化し得るかもしれ
ないと予想していたが，これは誤った予想であった。

　数値的な検討により，$\lambda \simeq .22$ 近辺で SDSMF は観測データに最も近似する
傾向があることが判明している。これは，日本の各コウホート，アメリカ
（Hernes の使用したデータ），Swiss，アルジェリアのムスリム人口（非常にノ
イズの多いデータ）等，当て嵌めを試みたすべてのデータで一貫した傾向であ
る。

34 第2章 初婚関数の確率論的定式化

推定結果のまとめ

整理すれば，SDSMF は，特異点 $F(0)$ の時期にほとんど依存せず，近傍依存係数 λ は定数である。陽表的には可変なパラメタを持たない。単一空間では，初婚関数の形状変化は離散時間間隔 Δt が伸縮することによって表現される。これは，結婚活動の頻度が増大／減少することと関連している。これには行動レベルの単純な解釈可能性がある。Coale は1971年に初めて初婚関数の形状の普遍性に気付いたのであるが，初婚関数の形状の普遍性は，SDSMF の上記の特性より説明されるのである。

1971年に Coale は時間調整と確率密度の調整によって形状の普遍性へと辿り着くのであるが，確率密度は離散時間間隔 Δt の伸縮により時間調整と統合して説明できるのである。つまり，初婚関数の形状が普遍であるというよりは，SDSMF が初婚過程を説明する方程式として普遍であるゆえに，形状の普遍性が観察されたと言えると思われる。

既に我々の思索は，単一の空間を超えて拡がり，初婚関数のダイナミックスもそこではじめて真に検討可能となるのであるが，その前に，SDSMF（空間依存確率論的初婚関数）が妥当な結婚関数であることの経験的な検証を行うこととしよう。

2.3　SDSMF（空間依存確率論的初婚関数）が妥当である証拠

SDSMF は実際に観測された初婚率にかなりよく fit する。しかし，Hernes 関数と Prescott の推定法による形状描写力も強力で，SDSMF は Hernes の用いたデータでは fitness では負けている。日本のデータでは概ね勝り，アルジェリアのムスリム人口でも勝っているが，結婚関数としての善し悪しを評価する別の視点はないものだろうか。確かに SDSMF はパラメタが陽表的に近傍依存係数 λ 1つしかなく，それも定数だろうという理論的に圧倒的に優れた点を持っている。変化可能性もうまく内在させているという優れた点もある。それとは別に SDSMF が初婚関数として経験的に決定的な点がないであろうか。

2.3 SDSMF（空間依存確率論的初婚関数）が妥当である証拠　35

　Hernes 自身が以下に述べているように，「当て嵌まりのよさ」はモデルの強いテストではない。

　　The general problem with our type of analysis is that the fit between the
　　observed and calculated curve of first marriages in itself is not a strong test
　　of the model. Since the model is the only link between the data and the
　　assumed substantive casual processes（measured by the parameters），it is
　　hard to tell whether the resulting estimates actually reflect the casual forces
　　involved.

　　　　　　　　　　　　　　　　　　　　　　　　　　　　　　G. Hernes［11］，p. 180

　Hernes 関数は，（SDSMF も含めてその他すべての初婚関数が）データに適合するようにパラメタを推定しているのであり，いくらモデルとして fitness がよくても，実態的にそのようなプロセスが進行していることの確証にはならないのである。

　Hernes は自分のモデル（本論では Hernes 関数と呼ぶことにしているが）と logistic 曲線，Gomperz 曲線や 2 重指数分布との適合度の比較を行い，logistic 曲線は明らかに当て嵌まりが悪いことからそれを斥けている。Gomperz 曲線については15コウホートについて Hernes 関数と比較した結果，5 つは Gomperz 曲線の方がよい fit を示したことが報告されている。しかし，それで結論をくだすには premature であるとしている。Hernes が以下に指摘するように，

　　A much stronger test of the causal forces represented by the parameters
　　would be to derive alternative measures of them, or to confront other
　　empirical consequences of the model with data.

　　　　　　　　　　　　　　　　　　　　　　　　　　　　　　G. Hernes［11］，p. 181

モデルの適合度とは別の経験的な帰結によって妥当性をテストすることが必要なのである。本節では，その別のテストを提案してみたい。

2.3.1 SDSMF の初婚年齢の特性とそのテスト方法

SDSMF は補正なしの動態統計のデータと比べて，30代後半からの結婚確率を高めに見積もる特徴を有している。我が国のデータに関しては，届け出に依存する人口動態統計と事実婚を含む国勢調査を比較すれば，届け出がない事実婚が相当数あることは歴然としている。もちろん，本研究でも，国勢調査のデータと整合するように動態統計にそれらしい補正を加えて観測値としている訳である。

しかしながら，国勢調査は5年間隔で行われるのであるから，その間の初婚生成に関するデータは所詮推定に過ぎない。更に，国勢調査の配偶関係についての回答は「留め置き法」による自己申告なので，事実婚を含まない可能性がある。勿論，統計には誤差も付きものである。それゆえ，真の各年別の初婚確率は本当は誰も識り得ない値なのである。動態統計をどのように補正すべきかは，実は理論的に如何なる根拠もないのである。

しかし，一貫して経験的な補正値と SDSMF がよく近似しているということは，SDSMF が事実を捉えていることを示唆しているのではないだろうか？事実婚としては，動態統計や Hernes 関数以上に30代で生成しているのは勿論であるが，何らかの理由で国勢調査にも事実婚として記載されない初婚が実は相当数あるなら，SDSMF の計算する高年齢者の初婚率の方がより正しいこともあり得ることであろう。つまり，SDSMF が正しければ，平均初婚年齢は国勢調査に適合するように補正した観測データより大きいのである。

国勢調査のデータと雖も無前提に信用すべきではない[7]。SDSMF が正しければ，SDSMF が計算する初婚年齢の方がより正確な値なのである。つまり，当て嵌まり（fitness）も重要ではあるが，SDSMF の計算する初婚年齢がより正しければ，SDSMF の方が正しい初婚関数であろう。

初婚関数を評価するには，

1. 平均初婚年齢をより精密に推定できる。

2.3 SDSMF(空間依存確率論的初婚関数)が妥当である証拠 37

この場合「結婚」の定義も問題となるが，事実として同棲を開始した年齢と定義したい。妊娠→出産へと繋がるということで再生産活動の始まりであるからである。

2. 生涯未婚率を正しく推定できる。

より正しい初婚関数は，40歳前後から各歳毎の既婚率を正しく推定できなければならない。この点において，Coale-McNeil 分布，2重指数分布等は既に失格である。これらの分布の既婚率（累積初婚率）は，40歳で99％以上に達していて正しくないことが判っているからである。そもそも Coale の研究方針は生涯未婚者を引いた人口を対象にしているので，研究方針自体が誤っている。

等々の基準が考えられる。以降，上記 2 つの基準に関して SDSMF やその他の関数及び観測値（動態統計から計算される初婚確率），更にその補正値の妥当性を，個別訪問面接法を採用していることにより，ことによったら国勢調査より正確な初婚年齢を収集している可能性が大きい大規模社会調査の結果を利用して検討してみよう。

2.3.2 平均初婚年齢によるテスト

届け出により構成される動態統計自体は真に正確な出生行動の資料ではない。そこから計算される平均初婚年齢や TFR 自体は届け出をしない人々を含まないという偏りを有している。したがって，高年齢に初婚する程届け出をしない，或いは，国勢調査でも未婚と回答する傾向があると仮定すれば[8]，平均初婚年齢を高めに推定する SDSMF は正しく，相対的に低く平均初婚年齢を計算する動態統計や Hernes 関数は誤っていると考えることができよう。

1955年コウホートを観察しても，SDSMF は後期の初婚率を一貫して観測値より大きく計算していることが判る。Hernes 関数は35歳くらいまでは観測値を忠実にたどり，それから観測値を下回るようになる。

初婚関数 $F(t)$ は確率密度関数であるから，それをもとに平均初婚年齢を求

38   第 2 章　初婚関数の確率論的定式化

めるのは容易い。

$$\text{Mean Age at First Marriage} = \int_{15}^{45} t\,F(t)(dt) \qquad (2.13)$$

計算に即した差分表現では，

$$\text{Mean Age at First Marriage} = \sum_{15}^{45} t\,F(t) \qquad (2.14)$$

となる。つまり推定された SDSMF や他の初婚関数[9]は，一意に平均初婚年齢を予測できる。実際には，真の平均初婚年齢は誰も観測して知ることができない。動態統計は届け出が過少である。そして，所詮統計に過ぎない。つまり，平均初婚年齢は理論的に計算して推定する価値のある数値なのである。

2.3.3　平均初婚年齢の統計的検定

1950年コウホート

　29頁の図 2.3 を見ると判るが，SDSMF は観測値（国勢調査へと適合するように補正した動態統計を元にした初婚確率）にほぼ重なり合うようにフィットしている。眼で見るとほとんど重なって見えるが，SDSMF の計算する平均初婚年齢と観測値の平均初婚年齢は異なっている。

　個別訪問面接法を採用している JGSS[10] の標本平均は $\bar{x} = 24.066667$ であるから，SDSMF の計算する平均初婚年齢は恐ろしいほどに近い。観測値（修正済動態統計）よりも確からしいことは確実である。標本値から計算された95%信頼区間は，$\sigma \fallingdotseq s = 3.057$ とすれば $[23.600,\ 24.533]$ であり，動態統計から計算される初婚年齢はその中から外れる。動態統計が計算する平均初婚年齢はもちろん正確な値ではない。

表 2.1　理論的に計算された1950年コウホートの2000年時の平均初婚年齢と標本値

SDSMF	修正済動態統計	Hernes 関数	動態統計	$\bar{x}$	n	(s)
24.054649	23.83830	23.655556	20.711291	24.066667	165	3.0566468

2.3 SDSMF(空間依存確率論的初婚関数)が妥当である証拠　39

　統計的仮説検定の問題として，SDSMF の計算する初婚年齢と，国勢調査と適合するように補正済のデータから計算された平均初婚年齢とを比較する[11]。対立仮説が意味のある点仮説となっていることに注意していただきたい。点仮説を H_0, H_1 として立て得ることは，検定力（第二種の過誤を見破る力）を計算できることを意味し，社会科学としては画期的である。

$$\begin{cases} H_0 : \mu = 24.054649 \\ H_1 : \mu = 23.838300 \end{cases}$$

を考える。$\sigma = 3.1$ として有意水準 5 ％で H_0 の棄却域を計算すると，$[-\infty, 23.5816]$，$[24.5277, \infty]$ となり，$\bar{x} = 24.066667$ であるから H_0 は棄却されない。

　次に検定力を計算する。第二種の過誤（H_0 が本当は間違っているのに，誤ってそれを棄却せず，H_1 を採択しない誤り）を犯す確率 β は

$$\frac{23.5816 - 23.838300}{3.1}\sqrt{165} \fallingdotseq -1.06 \Rightarrow P\{z > -1.06\} \fallingdotseq .855 \qquad (2.15)$$

計算すると $\beta \fallingdotseq .855$ である。つまり検定力は .145< 程度である。であるから，国勢調査と適合するように補正したデータと比較するためには，標本がもっと必要である。とはいえ，標本の平均値からは SDSMF の方がよりよい値だと推定することができるであろう。しかし，補正しない動態統計となら検定力は極めて大きい。

$$\begin{cases} H_0 : \mu = 24.054649 \\ H_1 : \mu = 20.711291 \end{cases}$$

こちらの第二種の過誤を犯す確率 β は

$$\frac{23.5816 - 20.711291}{3.1}\sqrt{165} \fallingdotseq 11.89 \Rightarrow P\{z > 11.89\} \fallingdotseq 0.0 \qquad (2.16)$$

つまり検定力は .9999< で自信を持って動態統計の値を棄却できるのである。それに対して H_0 が真である可能性はかなり大きく，したがって，SDSMF が初婚関数として現実の初婚過程をよりよく記述している可能性は1950年コウホ

ートに関しては大きいのである。

1955年コウホート

1955年コウホートは，50年，60年コウホートと比較すると当て嵌まりはよくない。予想通り SDSMF の初婚年齢は観測値よりある程度高い。肝心なのはどの値が最も真の値に近いかという問題である。1970年代から平均初婚年齢は24歳を超えているから，24歳の方が正しいように感じられるが，標本調査と比較することである程度決定的な答えに辿り着くことができる。

JGSS の2000-2002年のデータの1955年出生の女性80の標本から得られた平均初婚年齢は24.05程度であり，標準偏差は2.64776である。この標本から95%信頼区間［23.2018, 24.736］を計算すると，やはり動態統計の値はそこから外

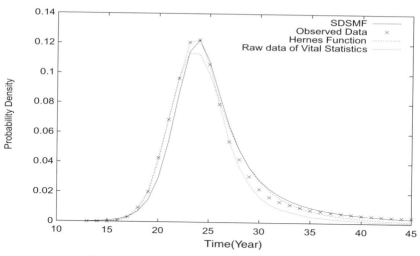

図 2.5 日本の1955年コウホートの初婚関数と観測値

表 2.2 理論的に計算された1955年コウホートの45歳時の平均初婚年齢と標本値

SDSMF	修正済動態統計	Hernes 関数	動態統計	JGSS $\bar{x}$	n	s
24.33462	23.88098	23.408453	21.124249	24.05	80	2.64776

2.3 SDSMF(空間依存確率論的初婚関数)が妥当である証拠　41

れる。観測値[12]も，Hernes 関数の値も中に入っているが，もちろん SDSMF の方が非常に近似した値である。

標本を JGSS2006 から追加して，$n=100$ とすると，$\bar{x}=24.16$，$s=2.773$ となる。ここで以下の仮説検定を実施する

$$\begin{cases} H_0 : \mu = 24.33462 \\ H_1 : \mu = 23.88098 \end{cases}$$

母集団の婚姻年齢分布の σ が判らないと，この問題には解答がくだせないが，大きめに見積もって $\sigma \doteqdot 2.8$ として考えよう。棄却域を両側とし，有意水準 $\alpha = .05$ とすると，棄却域は $[-\infty,\ 23.786]$，$[24.883,\ \infty]$ である。この場合，$\bar{x} = 24.16$ では，H_0 は棄却されない。第二種の過誤（H_0 が本当は間違っているのに，誤ってそれを棄却せず，H_1 を採択しない誤り）の確率 β が計算できる。

$$\frac{23.786 - 23.88098}{2.8}\sqrt{100} \doteqdot -.34 \Rightarrow P\{z > -.34\} \doteqdot .86693 \qquad (2.17)$$

計算すると $\beta \doteqdot .86693$ である。つまり検定力は .13程度である。第二種の過誤を検出する力は不足している。しかし，H_0 の方が確からしいことは明らかであろう。

そこで，個別訪問面接法を採用して標本からデータを収集している NFR98, NFR01, NFR03[13] から追加して，$n=161$ とすると，$\bar{x}=24.34783$，$s=2.770967$ を得る。この場合，$\sigma \doteqdot 2.8$ とすれば，95%信頼区間は $[23.915,\ 24.780]$ である。SDSMF しかその中に入っていない。棄却域は $[-\infty,\ 23.902]$，$[24.767,\ \infty]$ である。H_0 は棄却されない。第二種の過誤については，

$$\frac{23.902 - 23.88098}{2.8}\sqrt{161} \doteqdot .10 \Rightarrow P\{z > .10\} \doteqdot .15866 \qquad (2.18)$$

計算すると $\beta = .15866$ である。つまり検定力は .84程度である。第二種の過誤を検出する力は増加している。標本数の増加とともに次第に検定力も増加していくことが予想できる。

1960年コウホート

1960年コウホートに関しても同様の検討を続ける。1960年コウホートはSDSMFが絶対誤差総和＝0.052610644，平均絶対誤差0.00159426というかなりよいfitnessを示したケースである。このコウホートの平均初婚年齢をテストの対象としてみよう。JGSSの場合，$n=73$で，標本平均$\bar{x}=24.8219$であるから，SDSMFも小さすぎるのであるが，もちろん観測値よりも確からしいと言えるであろう。標本値から計算された95%信頼区間は，$\sigma=3.5$とすれば[24.019, 25.625]であり，SDSMFだけがその中に含まれている。

仮説検定の問題として

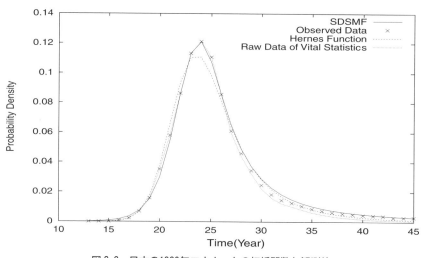

図2.6 日本の1960年コウホートの初婚関数と観測値

表2.3 理論的に計算された1960年コウホートの2005年時の平均初婚年齢と標本値

SDSMF	観測値	Hernes関数	動態統計	$\bar{x}$	n	s
24.329481	23.424371	23.007036	21.765234	24.8219	73	3.42119
				24.7883212	137	3.5405854

$$\begin{cases} H_0 : \mu = 24.329481 \\ H_1 : \mu = 23.424371 \end{cases}$$

を考える。JGSS2000-2002,JGSS2006,NFR98[14)]から1960年出生コウホートを選び出して初婚年齢を計算した。その結果,$\overline{x}=24.7883212$,$s=3.5405854$,$n=137$を得た。$\sigma=3.6$としてH_0の棄却域を計算すると,$[-\infty,\ 23.727]$,$[24.932,\ \infty]$となり,H_0は棄却されない。

検定力を計算する。第二種の過誤を犯す確率βは

$$\frac{23.727-23.424371}{3.6}\sqrt{137}\fallingdotseq.98\Rightarrow P\{z>.98\}\fallingdotseq.16354 \qquad (2.19)$$

計算すると$\beta\fallingdotseq.16354$である。つまり検定力は$.83<$である。つまり$H_1$よりも平均初婚年齢が大きい可能性はかなり大きいだろう。SDSMFが初婚関数として現実の初婚過程をよりよく記述している可能性が大きいのである。

2.3.4 決定的な事例—1935, 1940年コウホート

SDSMFの妥当性は1935,1940年出生コウホートで決定的となる。1935,1940年出生コウホートに関しては,動態統計と国勢調査の乖離はあまりにも大きい。それゆえ,適切な補正も非常に困難である。従ってfitnessを無視して,SDSMFの当て嵌めを行ってみる。これはSDSMFが係数λの推定を関数の最大値(=変曲点)を基準として行っているからできる芸当である。

変曲点のt,$f(t)$に関しては,動態統計と国勢調査の乖離は小さくはないが,変曲点に対応する数値に乖離分を付け足してみる。1965年の20-24歳の既婚率は国勢調査で0.319程度である。一方,動態統計は24歳までで0.236程度で優に0.083程度の既婚率の過少となっている。そこで1935年コウホートには0.018を変曲点に加算して0.144として初婚確率を推定した。

1935, 40年の平均初婚年齢

そして1935,1940年コウホートの平均初婚年齢を,これまでのように

44　第2章　初婚関数の確率論的定式化

表2.4　理論的に計算された1935，1940年コウホートの平均初婚年齢と標本値

	SDSMF	Hernes 関数	動態統計	$\bar{x}$	n	s	95%信頼区間
1935年	23.98936	14.581692	16.273207	23.984	250	3.5113	[23.548，24.383]
1940年	24.03502	17.552526	18.030901	23.749	291	2.96339	[23.408，24.089]

SDSMF，観測値，Hernes 関数に関して計算してみた。観測値も Hernes 関数も平均初婚年齢は低すぎてまったく妥当ではない。ただ SDSMF のみが，標本平均と近似する値を計算可能なのである。これは SDSMF が単なる観測値への当て嵌めを超えた初婚過程に関する理論的なモデルであり，観測値以上のことを物語る能力を有していることを示している。

　更に SDSMF には，唯ひとつのパラメタ λ しかない。しかもそれも .22近辺であることが既に判っているので，モードの初婚確率が判っていれば，初婚関数を推定することが可能なのである。時間間隔 Δt が変曲点の高さに応じて推定されるに過ぎない。この Δt にしても，既に述べているように，その実態的な意味は極めて明確である。それは結婚生成のテンポであり，具体的には一年につきどのくらいの初婚への試行が平均的に行われるのかを示しいてる。

事実婚―戸田貞三の研究

　戸田貞三は『家族と婚姻』[34] の中の「事実上の婚姻と法律上の婚姻」という章で，当時の事実婚と法律上の婚姻について当時のデータを元に分析を加えている。また，その分析は当時の事情についても貴重な記録となっている。
　戸田は次のように述べている。

　　併し茲に尚注意して考へなくてはならないのは，此等内縁婚者の総ての者が生涯内縁関係に止まり，又法律婚者が悉く婚姻成立の初めから法律上の手続きを経て居るのではないと云ふ事である。多くの婚姻関係にあっては内的に緊密なる共同関係が成立したとしても，直ぐそれが法律上の手続きによって排他的封鎖の婚姻関係として一般的に是認せられるのではなく，當事者間に事実上の婚姻関係が成立する時と，それが一般的に第三者によって是認せ

らるべき法律婚となるときの間には，或る程度の時間的差異がある。多くの
婚姻は（特に我國に於いては）最初は内縁婚として成立するが，或る程度の
時間経過後法律婚となる様である。即ち年齢の低い者には内縁に止まる者多
く，有配偶者の年齢の高まると共に，法律婚は次第に増加するものの様であ
る。

戸田貞三，『家族と婚姻』[34]，pp. 54-55

戸田の掲示しているデータから，大正14年には大正9年と比べれば内縁関係に
ある割合が高まっていた事が分かる。

　戸田によると，大正9年頃には，実に有配偶者のうち男子17%，女子16%が
内縁関係までに留まっているのである。ちなみに，1940年の国勢調査では，有
配偶者を届出のあるものと無いものとに別けて集計しているが，それによると
全国の総数では女子の7.4%までに低下している。とはいえ，20歳以下の有配
偶者の内では35%以上が届出をしていない。

　つまり，届け出に基づく人口動態統計は昭和の中頃まで事実婚を含めた初婚
のデータとしてはまったく不十分なものであり，その実態は標本調査の方がよ
くとらえており，標本調査に極めて近い値を計算しうる唯一の初婚関数である
SDSMF が事実婚を含めた初婚の状況をもっともよく記述すると評価できるの
である。

2.3.5　生涯未婚率によるテスト─相対的に高齢での初婚の生成

　45歳までのデータでは，各コウホートに関して，SDSMF は当て嵌まりもか
なりよく，平均初婚年齢というテストでは，既に検討したように，ベビーブー
ムのアメリカを除けば，SDSMF はかなり有利である。

　上記の結果は，30代以降の初婚確率を厚く見積もることができることに大き
く依存している。Coale-McNeil 分布や2重指数分布は，関数の減少が急速す
ぎて観測値の範囲内でのパラメタの推定では，相対的に高齢期の初婚生成が少
なすぎる。実際，届け出された「動態統計」より小さな確率しか計算できない。

46　第2章　初婚関数の確率論的定式化

それも，優に1桁以上小さい場合もある。

　既に検討したように，動態統計は実際の生成量の下限であり，この量以下の初婚確率しか計算できない関数は初婚関数としては失格なのである。この観点から，Coale-McNeil 分布などの2重指数分布ファミリーはほとんど除去できる。

　Hernes も報告しているが，2重指数分布は明らかに当て嵌まりが悪い。特に変曲点を過ぎてから（20代後半から35歳くらいまで）の確率が厚すぎ，そのためそれ以降の減少が急激であるという欠点を有している。この点は平均初婚年齢の推定では有利となっているが，それも生涯未婚率を過少に見積もるという致命的な欠点（45歳で0.001以下となってしまう）と裏腹であり，生涯未婚率という基準で失格するのである。

　Coale 達にも言い分はあろう。Coale-McNeil 分布は生涯未婚率を差し引いた残りの分を確率1として構成された分布であるという主張である。しかし，生涯未婚率—生涯既婚率が予め判っていることを前提とした結婚関数というのは，何処かおかしくはないだろうか。それは結婚関数が説明すべきことを前提としているのである。しかも，実際は生成した結婚数に絶対に到達し得ない関数という自己矛盾を抱えている。優れた結婚関数とは，生涯未婚率を予め前提とすることなく理論的に推定できなければならない（できる方が優れた結婚関数である）。そして，Coale-McNeil 分布はその能力に欠けている。

　Coale-McNeil 分布にしても2重指数分布にしてもその係数には形状描写としての意味しかなく，初婚過程の具体的なモデルをまったく欠いているので，生涯未婚率をモデルから導く能力もないのである。

　Hernes 関数は，初婚過程に関するモデルには基づいているが，係数が固定的な意味しかなく，それゆえ平均初婚年齢をかなり低めに計算することから予想されるように，既婚率が小さすぎる＝生涯未婚率が大きすぎるのである。また，形状的にも外れている感もある。それ故，Hernes 関数もここで完全に初婚関数としては脱落するのである。

2.3.6 既婚率に関する統計的なテストの結果

ここでも，先程のようにちょっとした統計的なテストを既婚率に関してしておこう。

1960年コウホートの既婚率（表2.5）

1960年出生コウホートの未婚率を対象とする。JGSS2000-2002 の $n=119$ のデータから（生涯）既婚率の推定値 $1-.05882=.94118$ を得た。$\sigma^2 \doteqdot 0.9 \times 0.1 = 0.09$ と大きめに想定して，既婚率 p の95%信頼区間を計算してみると，[0.88728, 0.99508] と，動態統計と2重指数分布の値が外れるのみである。

119の標本数は割合 p の標本値 $\hat{p}$ の分布を正規分布で近似するには，若干少なすぎるので，JGSS2006，NFR98，NFR01，NFR03，SSM95から，1960年出生の標本を掻き集めて標本数 $n=445$ にまで増やしてみた。95%信頼区間は [0.90696, 0.96270] となり，動態統計，2重指数分布と Hernes 関数の計算する既婚率がその中から外れる。

仮説検定の問題として，$n=445$ のとき，観測値に対しては

$$\begin{cases} H_0 : p=0.93929 \\ H_1 : p=0.91332 \end{cases}$$

と，2重指数分布に対しては

$$\begin{cases} H_0 : p=0.93929 \\ H_1 : p=0.99670 \end{cases}$$

表2.5　理論的に計算された1960年コウホートの45歳既婚率と標本値

SDSMF	観測値	Hernes 関数	動態統計	2重指数分布	JGSS	n
0.93929	0.91332	0.90494	0.86778	0.99670	0.94118	119
JGSS2000-2, 2006, NFR98, 01, 03, SSM95					0.93483	445
（参考値）国勢調査2000年40-44歳，45-49歳					0.91418	0.91795

48 第2章 初婚関数の確率論的定式化

表2.6 理論的に計算された1955年コウホートの45歳既婚率と標本値

SDSMF	観測値	Hernes 関数	JGSS	n
0.93997	0.93700	0.92472	0.96032	126
JGSS2000-2, 2006, SSM95			0.95699	186
（参考値）国勢調査2000年45-49歳			0.93731	

表2.7 理論的に計算された1950年コウホートの50歳既婚率と標本値

SDSMF	観測値	Hernes 関数	JGSS	n
0.95944	0.94731	0.93649	0.98089	157
JGSS2000-2, 2006, SSM95			0.97059	238
（参考値）国勢調査2000年50-55歳			0.94708	

表2.8 理論的に計算された1935, 40年コウホートの50歳既婚率と標本値

	SDSMF	観測値	Hernes 関数	JGSS＋SSM95	n	国勢調査（50-54）
1935年	0.94890	0.67638	0.67525	0.93567	171	0.95650
1940年	0.95318	0.74968	0.74773	0.98077	208	0.95941

を考える。$\sigma^2 \doteqdot 0.09$ と大きめに見積もり，有意水準（両側）0.05として棄却域を計算すると，[0, 0.91142] と [0.96716, 1] が棄却域となり，$\hat{p}=0.93483$ では，どちらのテストでも H_0 は棄却されない。検定力はそれぞれ0.429，0.984である。2重指数分布に関しては，かなり自信を持って初婚関数として妥当ではないと判断できるのである。もちろん SDSMF が最も尤もらしい値であると感じられる。

1955年コウホート（表2.6）

　正しくないことが明らかな動態統計と2重指数分布は除外して，SDSMF と国勢調査に適合するように補正した観測値と Hernes 関数について，1955年コウホートについても同様に検討すると，標本調査から推定される既婚率はかなり大きい。標本調査の欠損値の処理には問題があるものの，おそらく国勢調査

の既婚率[15]よりも実際の既婚率は若干は大きいのではないだろうか。従って，SDSMF の計算する既婚率の方が正しいと推測することもできよう。

1950年コウホート（表2.7）

1950年コウホートは，1955年コウホートと同じ傾向を示している。標本調査の結果は，既婚率が国勢調査よりも大きいことを示唆しており，やはりSDSMF の妥当性は動かない。

1935，40年コウホート（表2.8）

真実味のある既婚率は SDSMF しか計算できない。

2.3.7 初期（若年期）の結婚生成

30代後半での結婚生成の不適合が見過ごされてきたのは，それが或るコウホートの出生力水準の推定にほとんど影響を与えないと判断されてきたからであろう。しかし，30代後半の結婚生成は，晩婚化が進行した現在，本来無視できない問題なのである。

初期（若年期）の結婚生成も，それが絶対数としては僅かであるということから同様に無視されてきたのである。しかし，初婚関数の妥当性を評価する上では，数値的にも論理的にも決定的な重要性を持っている[16]。

数値的な乖離

Hernes 関数も SDSMF も，観測値より，若干大きめの値を推定するクセがある。これは国勢調査とは整合性があるので致命的な欠点とは考えられない。おそらく，届け出以上の初婚がある筈なのである。そして SDSMF では，そうした初期の初婚の生成自体がそれ以降の全体的な結婚の動向を決めていくのである。

それに対して，2重指数分布や Coale-McNeil 分布は，初期の結婚生成が少なすぎる。指数的な増加は急激すぎて，初期値を抑制しないと分布全体の傾向

50　第2章　初婚関数の確率論的定式化

を再現できないのである。（そうした犠牲を払っても全体的な fit はよくない
が）従って，分布の立上りの乖離は極めて大きい。大きいと言っても，絶対量
としては小さな確率なので出生力水準の推定という実際問題では無視できたの
である。

　Hernes 関数と Prescott の方法は観測値の初期の分布をかなり忠実になぞる
ことができる。しかし，その代償として，推定された mode（変曲点）の確率
密度には誤差が大きい。

2.3.8　各初婚関数の理論的な特異点問題

　Hernes 関数も SDSMF も何らかの特異点を若年期のある時期に必要として
いるので，それを設定するしかない。early teens の何時かにある程度の結婚
が生成することを仮定することは自然である。各コウホートともだいたい同じ
年齢での特異点の生成から結婚が時間経過とともに進行する。Hernes 関数は，
a, b という 2 つのパラメタが関与するが，何度も指摘しているようにこれら
のパラメタは当て嵌めて推定するしかなく，理論的な根拠が乏しい。特異点は
Hernes 関数の第 3 のパラメタとなる。SDSMF は特異点と他に時間間隔 Δt と
既婚率依存係数 λ というパラメタを有している[17]。

　2 重指数分布や Coale-McNeil 分布には，理論的に特異点が存在しない。正
規分布と 3 つの指数分布の畳み込みを想定する Coale-McNeil 分布にも，2 重
指数分布にもマイナス無限大に分布は拡がっている。赤ん坊も極極微小な初婚
確率を有しているのである。解釈の仕方は人其々にあるだろうが，筆者はこれ
を理論的に正当なこととは考えない。むしろナンセンスと考える。

　特異点を多く想定することは，一般的に考えてもちろん好ましいことではな
いが，時間的なプロセスの開始において，特異点（始まり）を想定することは
むしろ自然であり，始まりがないことの方が問題なのである。マイナス無限大
の開始点を想定するよりは，適切な特異点を想定することの方が理論的には妥
当だと筆者は考える[18]。

2.3.9　高齢期の結婚生成—真の平均初婚年齢は？

　平均初婚年齢，生涯未婚率，そして高齢期と若年期の結婚生成という3つの観点から初婚関数を吟味すれば，SDSMFのみが妥当な初婚関数であり，その他の関数のその理論的な寿命は尽きたと判断できよう。

　そして，それ故次のような予想に導かれる。これまで，45歳までのデータは出生力の動向を知る上では十分なように思われたので，筆者も暫くそこまでで安住していたのである。しかしSDSMFは，必要なら70歳まででも80歳まででも初婚確率を計算できる。

　そして，その初婚確率は想像以上に厚いのである。動態統計の数値の優に1桁以上ある確率である。例えば，1950年コウホートの50歳での初婚確率は，動態統計，SDSMF，Hernes関数は，表2.9のものである。それゆえ，我々は以下の推論に導かれざるを得ない。つまり「高齢期の事実婚は我々の想像以上に遙かに多い」という予測なのである。しかも，多いとは雖も，これは現在の社会調査の観測レベルでは捉えることができないほど少ない。

　例えば，JGSS2000-2003は，6740の有効標本（女性）であり，NFR98は3662である。その他JGSS2006，NFR01，NFR03を合算しても標本総数は2万を超えない。その中に1935年コウホートの含まれる確率は，調査は20歳以上70歳までを対象とするとして，ざっと見積もって1/50程度としよう。その内の0.001781585であるから，50歳での初婚者が標本となる確率は$1/50 \times 0.001781585 = 0.0000356317$であるから10万分の4以下である。したがって，標本として存在しないのも無理はない。1935年コウホートの50歳以上の初婚者

表 2.9　1950年コウホートの50歳の初婚確率

	50歳初婚確率
動態統計	0.0001918180
SDSMF	0.0015714082
Hernes 関数	0.000482729

52   第2章　初婚関数の確率論的定式化

の被標本確率は0.000286程度に過ぎない。したがって，個別の有効標本が女性
では3000程度では，それらの人々が標本となることはほとんどないのである。

　高齢期の初婚がどれだけあるかということを，100万人程度の標本から調べ
るか，或いは国勢調査の特定課題として設定すれば，SDSMF が初婚関数とし
て妥当であることの結論も得られよう。

晩婚化の始まりは？

　気の早い読者は，では何が1950年コウホートやその周辺の晩婚化をそもそも
もたらしたかを明らかにせよと不満に思うであろう。それには晩婚化が何時か
ら始まったということが明らかにされなければならない。

　日本の晩婚化は1955年コウホート頃から漸進的に進展したものと思われてい
るのではないだろうか。つまり1970年代の後半が晩婚化の始まりであろうと多
くの人々は考えているのではないだろうか。

　おそらく，高度経済成長の終りとドルショック，石油危機などの経済的な理
由から，男性の求婚活動が遅れたことがきっかけとなり，この流れが始まった
と筆者は無反省にも信じ込んでいたのであった。これが大きな誤りであったこ
とを，初婚関数の動態化を目指した研究過程において発見していくことになる。

　その前に，SDSMF の初婚関数としての普遍性を日本以外にも確認し，その
次に確率事象として初婚をとらえることの意義を検討しておきたい。初婚関数
の動態化はそれからということになろう。

注
1)　筆者はこのことに気付くのに多くの年月を要した。Hernes の b^t に引きずられて長い
　　間誤った関数を提案していたのであった。
2)　初婚関数よりも初婚確率関数の方が正確な表現かもしれないが，以降は初婚関数
　　$F(t)$ を同義として使用する。
3)　なんと4次元のシミュレーション（11章）の段階でやっと気が付いたのである。また，
　　当初は別の直積を用いた誤った定式化を行っていた。その定式化については混乱するの
　　で本書では触れないが，やはり未婚者を過大に計算する性質を有していた。
4)　SDSMF の特異点は連続するコウホートを考慮すると消失する。90頁を参照のこと。
5)　R.D. Prescott の推定法はデータを3区間に分割して係数を推定する方法で，分布の

2.3 SDSMF(空間依存確率論的初婚関数)が妥当である証拠 53

両裾の影響を受けた推定値を返すクセがある。それゆえ最尤法などの推定法では異なった推定値があり得よう。

6) 単一コウホートを SDSMF の枠内で考えていると特異点となるが，空間内の世代の連続性を考えると特異点ではなくなることが後に判った。これに関しては90頁を参照して戴きたい。

7) 国勢調査は事実婚を既婚とするのが原則であるが，その判断は回答者本人に任されているので，配偶関係のデータは正確ではない可能性が大きい。事実婚であるにもかかわらず，婚姻届を出していないために未婚であると回答する者がいることにより，既婚率の過小評価となっている可能性がある。むしろ，訪問面接法による標本調査の方が正しい可能性がある。

8) 実際，正しい仮定である。「成婚で退会したカップルのうち婚姻届を出すのは2割程度ではないか」（日本青年結婚相談所，坂本洋子専門相談員，2011.2.4朝日新聞朝刊「シニア婚伸び盛り」より）

9) マイナス方向の確率密度を無視する。仮りに計算に入れたとしても平均初婚年齢はそれほど変らない筈である。

10) 日本版 General Social Surveys（JGSS）は，大阪商業大学比較地域研究所が，文部科学省から学術フロンティア推進拠点としての指定を受けて（1999-2003年度），東京大学社会科学研究所と共同で実施している研究プロジェクトである（研究代表：谷岡一郎・仁田道夫，代表幹事：佐藤博樹・岩井紀子，事務局長：大澤美苗）。東京大学社会科学研究所附属日本社会研究情報センター SSJ データアーカイブがデータの作成と配布を行っている。

11) ここでの μ は母平均という意味であり，近傍依存係数のことではない。

12) 国勢調査データから補正したもの。主に後期（30歳以降）の初婚確率が大きくなるように補正している。

13) NFR98，NFR01 の平均初婚年齢は高めである。ワーディングに必ずしも初婚ではないと解釈させる余地があるからだと思われる。ワーディングの重要性を改めて認識した次第である。

14) NFR03，NFR01 は平均初婚年齢がどうも高すぎるようなので，分析から除外した。H_1 に対して有利なセレクションである。また JGSS2005 は結婚年齢を収集していない。

15) 観測値は国勢調査に合致するように補正しているので，極めて近い既婚率を計算するのは当然である。

16) この若年期の初婚生成の問題については次章でより詳しく検討する。

17) 理論的には Hernes 関数，SDSMF は2つのパラメタを有しており，特異点は暗黙のうちに仮定されている。しかし，係数の推定には両方とも特異点を特定する必要がない。

18) この特異点問題は，別の視点から後章で解決されて特異点としては除去される。

第3章 初婚関数 SDSMF の World wide な 普遍性

　SDSMF は日本のデータにはよい Fit を示す。それは偶然日本の特殊事情が作用してよい結果をもたらしたものかもしれない。現にアメリカのデータに関しては，僅かに Hernes 関数の方がよい Fit を達成している。我々は，他のデータでもその適合性をテストしなければ，枕を高くして眠れないのである。

　本章では，まずスイスのデータを使用して，SDSMF が初婚関数として普遍的に妥当であることを示してみたい。実はスイスの届け出に基づくデータも，そのままでは，SDSMF に適合しない。しかしながら，スイス統計局の初婚のデータは，出生データとの整合性が失われており，明らかに若年期の初婚が過少である。ある仮定に基づいて補正を加えたデータは SDSMF に適合する。

　官庁統計に把握されない若年期の初婚生成の国際的な普遍性は，初婚関数として SDSMF が妥当であることを示す強力な証拠となっている。

3.1　スイスの初婚データと SDSMF

　スイスでは，スイス人らしい几帳面さを発揮して早くから出生・死亡などの統計が整備されている。Gérard Calot 等による労作である1998年の *Two centuries of Swiss demographic history — Graphic album of the 1860-2050 period* [3][1) により，初婚データの場合，期間データでは1932年から年齢別に初婚率の変化を追うことができる。

3.1 スイスの初婚データと SDSMF　　55

3.1.1　スイスの初婚データの問題性

　どんなに権威あるデータでも，その妥当性を吟味することなしに使用することは良くないことである。出生力の水準を記述する理論を求める我々にとっては，多くの出生の前提として事実婚があると考えるべきだから，出生データとの整合性がない初婚データは注意して用いる必要がある訳である。

若年齢の初婚―出生率との不整合

　Two centuries of Swiss demographic history ― Graphic album of the 1860-2050 period [3] に収録されている動態統計には，1876年～1996年の初婚率データが収録されているが，15歳でも0が多いので，当然，13歳，14歳の初婚率は0であるが，これは本当に初婚件数が0なのだろうか。それとも制度的に許容されていないから，0とされたのだろうか[2]。1970年代でも0と記録されている年が幾つかある。また，Census と比較して届け出過少であることは当然としても，Census ですら15歳で0が記録されている年もある。Census にしても，16歳や17歳での若年齢の初婚は少なすぎないだろうか。

　1996年でも15歳の初婚率は0であるが，出生データと照らし合わせると，事実婚が本当は存在していることが推測できる。1996年の15歳の初婚率は0であるが，15歳の既婚と婚外を合せた年齢別出生率は0.000146であり，婚外出生率は0.000189である。データは明らかに矛盾しているが，事実婚は，15歳では0.000189を下限として発生しているのである。

表 3.1　スイスの Census と動態統計（届け出に基づく）の若年齢の初婚率

	1930		1950		1970		1990	
	Census	Vital Register	Census	Vital	Census	Vital	Census	Vital
15	―	―	―	.000030	.001200	.000219	.000215	.000047
16	.000109	.000081	.000031	―	.000136	.004014	.001178	.000277
17	.001365	.001047	.002024	.002879	.015547	.006886	.008241	.001139

各年で，おそらく15歳での出生が記録されているからには，14歳での事実婚がある程度生成しているのであろう．スイスでも日本でも，若年齢での事実婚はなかなか把握し難い．しかし，14歳の事実婚はやはり存在している筈である．

図3.1, 3.2を見ると明らかであるが，事実婚による出生率と初婚率の不整合は，出生データが利用できる1932年から一貫してみられる傾向で，16歳の出生率は常に16歳の初婚率より大きい．15歳の出生率は常に15歳の初婚率より大きい．論理的には全ての結婚で出生が生ずる筈はないのに出生の方が多いのだから，本当は事実婚が出生数マイナス初婚数以上はある筈なのである．そして事実16歳の出生のかなりの部分が婚外出生である．つまり，15歳に事実婚が相当数生じている訳である．15歳の出生率がある程度あるということは，14歳の事実婚が生成していることを意味する．

重要な事実は，このような事実婚が他の年齢でも一定数生じている可能性なのである．それゆえ，スイスのデータには補正が必要である．この場合もCensusとの整合性を基本に補正を行うことになる．CensusデータはperiodデータなのでコウホートFに対応関係をつけることは簡単ではない．Census

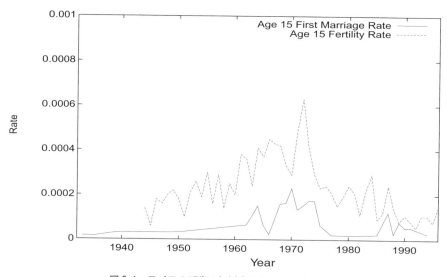

図3.1　スイスの15歳の初婚率と出生率1932-1996

3.1 スイスの初婚データと SDSMF　57

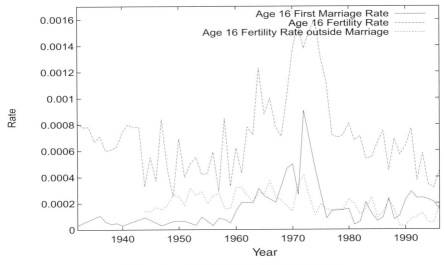

図 3.2　スイスの16歳の初婚率と出生率1932-1996

との対応関係が追えかつ出生データとの関連が観察できるという条件では，1932年の period のデータからしか使えない。

スイスの場合，1941年に[3]一時的に，Census の既婚率が届け出の既婚率を下回るという現象が見られ，かなり厄介である。それ以前と以降の既婚率は概ね Census＞Vital が成り立っている。

3.1.2　スイス・データへの SDSMF の当て嵌め

1924年出生コウホートの初婚確率観測値（Census に適合するように修正済）と SDSMF のグラフが図 3.3 である。SDSMF の方が若年期の結婚が多く，高齢期の結婚も SDSMF の方が多い。この傾向は日本においても観察されるが，スイスにおいては一層顕著である。

図 3.4 も，スイスの1930年コウホートの観測された初婚率に国勢調査とのデータの対応関係から補正を施しかつ出生率との矛盾を解消したものと，SDSMF の値をグラフ化したものである。25歳から28歳まで観測値が大きく分

58　第3章　初婚関数 SDSMF の World wide な普遍性

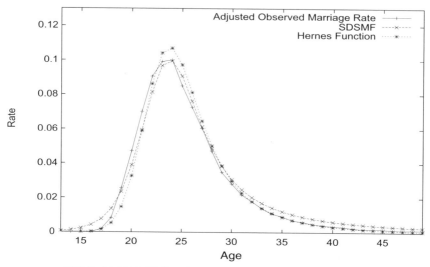

図 3.3　スイスの1924年コウホートの観測された初婚率と SDSMF

布が膨らんで見えるのは，ベビーブームによる初婚増であろう．SDSMF は，ベビーブームのような初婚関数それ自体に内在しない要因に関しては，当然予測できないのである．しかし，それは理論の欠点ではない．SDSMF は初めてベビーブームの効果を計量的に捉えることを可能としたのである．1935年コウホートでは，ベビーブームの効果の膨らみは消えているが，変曲点の確率密度は上昇している．即ち，初婚の全般的な増加が生じているのである．

スイスにおいて，ベビーブームは，初婚の早期化による全般的な初婚確率の増加の結果と，20代後半の初婚増の複合により生じている．スイスの場合，第二次世界大戦に参戦していないので，遅延された結婚効果は極めて小さいはずで，図3.3で見る限り，1924年コウホートにはそれらしい痕跡が見られない．

1940年コウホート（図 3.6）では，ピークは最高化するが，1945年出生コウホートでは，20代後半の追加的な初婚の増加がなくなっていることが見て取れる．つまり1970年頃には，第二次大戦後の好景気も終わり，経済効果による初婚の追加が無くなっている．

後章で述べる SDSMF の一般的拡張である NDSMDIE は，もちろんベビー

ブームの変化も理論的に捉えることができる。しかし，ベビーブームで，どれだけある時点で初婚が増加するかについては NDSMDIE の守備範囲ではない。それは経済学の仕事である。NDSMDIE は，時空での初婚率の変化がその後どのような変化を遂げるのかを予測する理論なのである。

3.2 若年期の初婚の生成率を推測する

図 3.3 から 3.7 を見ると明らかなことは，SDSMF は，観測値と比べると，或いは Hernes 関数に比べても，若年期と高齢期の初婚率の観測値からの乖離が著しいことである。

高齢期の乖離については，既に日本で検討したように，SDSMF の方を信じてよい十分な根拠があると思われる。では，若年期の初婚生成はどちらが正しいのだろうか。

スイスの動態統計が記録している15歳の出生率は，1996年の時点でも，0.000059で約6/10万程度でしかない。しかし，事実婚は本当はもっと多いのではないだろうか。

まず，14歳の事実婚がおそらく15歳の出生率の近辺であると推測することができるだろう。同様に，16歳の出生率が15歳の事実婚がプラスされた初婚率の近似であると推測できるだろう。しかし，SDSMF はもっと大きな初婚確率を計算する。

3.2.1 青少年の性行動から推測すると

そして，14歳，15歳の事実婚はもっと多いと考えうる根拠も存在する。我が国において性教育協会によって行われている「青少年の性行動全国調査」では，1987年で中学生の女子に性交の経験がある者が1.8%（男子2.2%）と推定されている。1999年に実施された第5回青少年の性行動全国調査 [44] では，中学生の女子の3.0%がセックスの経験有と回答している。その約5割が初体験が

60　第3章　初婚関数 SDSMF の World wide な普遍性

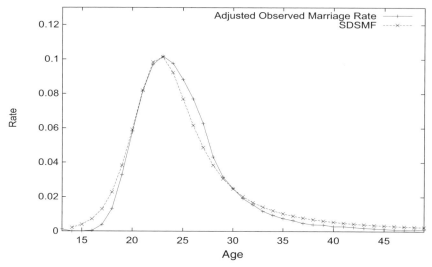

図 3.4　スイスの1930年コウホートの観測された初婚率と SDSMF

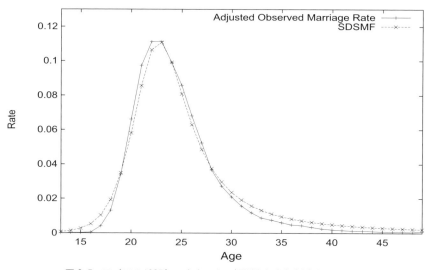

図 3.5　スイスの1935年コウホートの観測された初婚率と SDSMF

3.2 若年期の初婚の生成率を推測する 61

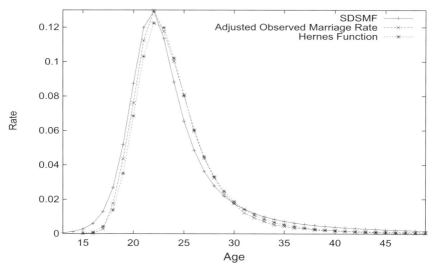

図 3.6 スイスの1940年コウホートの観測された初婚率と SDSMF

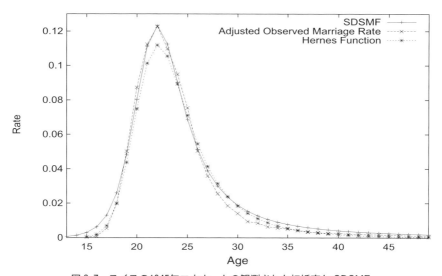

図 3.7 スイスの1945年コウホートの観測された初婚率と SDSMF

14歳以下と答えている。また高校女子の23.7％がセックスの経験有と回答している。そのうち初体験が16歳以下のものが7割を超える。

このうちの幾らかが継続的な（steady）関係になることは有り得ることであり，14，15歳の性交経験者のうちの10％程度の初婚生成は可能性があると思われる。我々の予想以上に，事実婚が生成している可能性は大きい。しかし，それらは届け出統計である Vital Statistic では記録されていないのである。また，世帯を形成するまでに至らないので，Census にもひっかからないのである。

SDSMF はスイスにおいては，$\frac{1\sim2}{1000}$ 程度の14歳の初婚生成を予測するが，性教育協会の調査結果から推測すれば，ヨーロッパ居住民の相対的な生理的早熟性を勘案すると，これはかなり控え目な推定値ですらある可能性もあるだろう。スイス人は大層形式を大切にする国民である[4]ために，法定外の事実婚が届け出されなかったのではないだろうか。

我が国では，1930年コウホートは，13歳からの初婚生成が動態統計に記録されている。1955年コウホートでは，15歳では観測値より一桁大きい初婚率をSDSMF は予測している。

3.3 初婚関数の第二の決戦場―若年期の初婚生成

高齢期の初婚生成は，初婚関数の妥当性に関する決戦場であると先に述べたが，**若年期の初婚生成は第二の決戦場**なのである。初婚関数の理論であるSDSMF は，若年期の初婚生成（事実婚として）が観測値よりかなり多いことを予測する。これは，綿密に計画された社会調査で検証可能な予測である。

この場合，「何を以って結婚とするか」が重要な問題となる。単なる「性交」では，性教育協会の調査結果から明らかであるが，初婚率は遥に大きくなってしまう。ある程度の継続性と生活実態及び本人の意識がメルクマールとなるであろう。

3.3.1 JGSS からの検証

　決定的な解答は，そのために企画された社会調査が決着を着けてくれるであろうが，若年期の初婚生成という第二の決戦場でも，JGSS から SDSMF の妥当性に肯定的な証拠を探してみたい。

　我が国のデータは，1950年出生コウホートでは，若年齢（16歳）の初婚は観測値は0.0006553未満である。Hernes 関数にしても0.0003980程度である。SDSMF は，0.0019を超える。JGSS の2000年-2002年の1950-59年出生コウホートの初婚年齢を調べてみると，有効回答数831人（欠損値359で合計1190標本）中16歳と答えた者が <u>1 人だけ存在している</u>。この度数に基づく生成率は有効票を分母とすれば，0.0012程度だから，SDSMF の値は若干大きすぎるし，欠損値も含めば低すぎるくらいである。観測値や Hernes 関数が正しければ，このサンプル・サイズでは，度数は1人も存在しない（期待値0.5545543）かもしくは1人が普通である。

　同様に，1960-69年コウホートの16歳の初婚生成を，1960年の初婚関数から評価してみよう。SDSMF は0.0017524，観測値は0.0007855，Hernes 関数はそれ以下である。有効標本数は711（欠損値328）である。標本数から計算される期待値は，SDSMF は1.25，観測値は0.5585である。JGSS では，16歳の結婚は度数1を記録している。

　同様に，1940-49年コウホートの16歳の初婚生成を，1940年の初婚関数から評価してみよう。SDSMF は0.0038779714，観測値は0.00076896，Hernes 関数はそれ以下である。有効標本数は991（欠損値433）である。標本数から計算される期待値は，SDSMF は3.843，観測値は0.762である。JGSS では，ここでも16歳の結婚は度数1を記録している。この結果だけ見ると，観測値の方に幾らか有利かもしれないが，既に前章で検討したように，1940年以前の動態統計のデータは，国勢調査による補正が意味をなさないほどに信憑性を欠くデータである。平均初婚年齢によるテストで，1930，40年の観測値及び Hernes 関数はまったく信頼できないことが判っているので，SDSMF の妥当性は失われない

64　第 3 章　初婚関数 SDSMF の World wide な普遍性

表 3.2　JGSS2000-2002 標本の1950-1959年コウホートの初婚年齢

初婚年齢	度数	確率	確率（有効）	累積確率
16	1	.00084	.00120	.00120
18	7	.00588	.00842	.00963
19	10	.00840	.02030	.02166
20	51	.04286	.06137	.08303
21	65	.05462	.07822	.16125
22	86	.07227	.10349	.26474
23	120	.10084	.14440	.40915
24	118	.09916	.14200	.55114
25	98	.08235	.11793	.66907
26	80	.06723	.09627	.76534
27	44	.03697	.05295	.81829
28	35	.02941	.04212	.86041
29	26	.02185	.03129	.89170
30	16	.01345	.01925	.91095
31	6	.00504	.00722	.91817
32	11	.00924	.01324	.93141
33	6	.00504	.00722	.93863
34	6	.00504	.00722	.94585
35	5	.00420	.00602	.95187
36	4	.00336	.00481	.95668
未婚	36	.03025	.04332	1.0000
Total	831	.69832	1.0000	
欠損値	359	.30168		

のである。

　1920-29年のコウホートでは，16歳の初婚生成は JGSS2000-2002 の525サンプルには含まれていない。しかし，15歳の初婚生成が 1 ケースのみ含まれている。観測値のレベルでは 1 万分の 3 程度の確率でしかなく，SDSMF は千分の 1 程度の確率を計算するので，やはり SDSMF の方が確からしい。

　比較的最近に初婚行動をとった我が国の1970-79コウホートの568標本中にも，16歳での初婚者が 2 名も含まれているのである（0.002433）。16歳の初婚率を $\frac{1\sim3}{1000}$ 程度に予測する SDSMF は，$\frac{5\sim6}{10000}$ 程度と計算する観測値や Hernes 関数と比較すれば，依然として正しい理論であり続けている。

3.3 初婚関数の第二の決戦場—若年期の初婚生成　65

表 3.3　JGSS2000-2002 標本の1960-1969年コウホートの初婚年齢

初婚年齢	度数	確率	確率（有効）	累積確率
16	1	.00096	.00141	.00141
18	9	.00866	.01266	.01406
19	9	.00866	.01266	.02672
20	26	.02502	.03657	.06329
21	44	.04235	.06188	.12518
22	54	.05197	.07595	.20113
23	70	.06737	.09845	.29958
24	86	.08277	.12096	.42053
25	77	.07411	.10830	.52883
26	60	.05775	.08439	.61322
27	61	.05871	.08579	.69902
28	31	.02984	.04360	.74262
29	41	.03946	.05767	.80028
30	21	.02021	.02954	.82982
31	11	.01059	.01547	.84529
32	12	.01155	.01688	.86217
33	11	.01059	.01547	.87764
34	4	.00385	.00563	.88326
35	5	.00481	.00703	.89030
36	2	.00192	.00281	.89311
未婚	76	.07315	.10689	1.0000
Total	711	.68431	1.0000	
欠損値	328	.31569		

3.3.2　GSS からの検証

U.S. の GSS の累積データは，標本数が大きく若年齢の初婚生成を調べる上で好適である。まず，全サンプルを対象として初婚年齢を見てみる。まず，12歳からの初婚が記録されていることに注目してもらいたい。

13，14，15歳の相対頻度から見ても，スイスの1930年コウホートに関してSDSMF が推定している初婚確率が決して荒唐無稽でないことが判る。この場合，アメリカ人が「お盛んな国民」という訳ではないだろう。アメリカ人のか

66　第3章　初婚関数 SDSMF の World wide な普遍性

表 3.4　GSS 累積標本の初婚年齢

初婚年齢	度数	確率	確率（有効）	累積確率
12	4	.0001348	.0002595	.0002595
13	37	.0012468	.0024003	.0026598
14	103	.0034709	.0066818	.0093416
15	263	.0088627	.0170613	.0264029
16	783	.0263858	.0507947	.0771976
17	1247	.0420219	.0808952	.1580928
⋮	⋮			
Total	15415	.5194608	1.0000	
IAP	14147	.4767313		
DK	5	.0001685		
NA	108	.0036394		

表 3.5　GSS samples in U.S.（1930-39 cohort）の初婚確率

	度数	初婚確率	初婚確率（有効）	スイス（1930）estimated by SDSMF
13	6	.0017187	.0025762	.000925
14	15	.0042968	.0064405	.001715
15	43	.0123174	.0184629	.003224
16	149	.0426812	.0639760	.005940
17	213	.0610140	.0914556	.010764
合計	2329	3491		

なりの部分がキリスト教原理主義者で，配偶問題に関しては度々大統領選挙の候補者が問題となっているようなお国柄であり，その深い宗教性からも考えれば，どのような性的な関係も自由に許されるという国ではない。それでも，12歳，13歳の初婚は記録されているのである。

　若年期の初婚生成を1930-39コウホートに限定して観察してみよう。SDSMFがスイスに関して計算する初婚確率もかなり控え目な値であると感じられる程のアメリカの若年期の初婚確率である。印欧語族の生理的な成熟のテンポでは，この程度の初婚テンポが生じ得るのである。これは実は Hernes が用いた1960年の U.S. データの15歳の初婚率が0.018とかなり大きいことからも予想される

べきことであった。筆者は，若年期の問題の重要性に気付くのが遅かったのである。

　我々が今や想像できることは，SDSMF の若年齢の初婚確率が，かなりリアリティがあることなのである。官庁統計の精度は一般的には高いが，若年齢や高年齢の結婚の把握には問題があることを認めなければならないだろう。

　JGSS や GSS データが示唆することは，SDSMF が推定する若年齢の初婚率はかなりリアリティのある数字だということである。特に，SDSMF を仮定すれば，若年期の初婚確率は今後の初婚の動向において決定的に重要である。これからの初婚の変化を知るうえでも，若年期の初婚生成を把握する社会調査が望まれる。

3.3.3　若者の性行動調査の示唆すること

　「第5回青少年の性行動全国調査」［44］によれば，女子中学生でセックスの経験有と答えた者が全体の3.0％いるが，そのうち，その相手の89.5％が恋人であり，避妊をいつもしていると答えた者が63.2％いる。

　つまり12歳〜14歳では全体の0.015が，かなり事実婚に近い形態にあること（既婚率として）が推測される訳である。もちろん，避妊をいつもしているから事実婚とも言えないだろうが，かなりの割合が予想以上に事実婚へと迫っていることは事実と言えるであろう。SDSMF の理論から重要な点は，2人が事実婚であることが他者に認知されることなのである。

　法的な手続きは，実際に生成している事実婚を隠蔽しており，実際に生成している量は SDSMF の計算値に近いものと推測することができるであろう。

3.4　アルジェリア・データでのテスト

　次に，Henry［10］が記載している1948年のアルジェリアのムスリム人口にSDSMF と Hernes の初婚関数を当て嵌めてみよう。（図3.8参照）ここでも

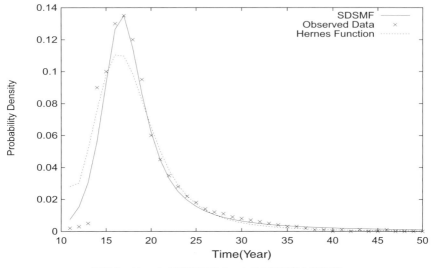

図 3.8 Algeria 1948 年コウホートの初婚関数と観測値

SDSMFと変曲点法は，頂点から初婚分布後半を極めてよく記述している。Hernes 関数が後半を合わせると，頂点から前半がまったくおかしくなってしまうのと好対照である。観測値は13歳から14歳に考えられないジャンプが生じているが，SDSMFはこのジャンプを適切に埋めることができる。つまり，ムスリム社会で過小にしか申告されていない13歳以下の初婚を適切に計算し，それらを足し合わせた数が14歳に申告されていることを計算から予測することができる。

3.4.1 Early teens での初婚の生成

アルジェリアのデータで興味深い点は，1948年の人口において，11, 12, 13, 14歳での初婚生成が記録されていることである。これを総計すると約10％の初婚生成ともなる。これが必ずしも全てが出生力に直接寄与する結婚ではないだろうが，相当数の初婚が Early teens で生成しうるものであることを示している。

3.4 アルジェリア・データでのテスト　　69

　1948年のアルジェリアのムスリム人口に SDSMF を適用して判ることは，SDSMF はノイズに頑健な推定ができることである。これも，より具体的かつシンプルな初婚過程のモデルに基づいているからである。

注

1) 札幌市立大学の原 俊彦先生から教えていただき，コピーさせていただいた。ここに感謝したい。

2) 現在のスイスの法定婚姻可能年齢は，男性20歳，女性18歳，両親の同意があれば男性18歳，女性17歳。

3) 1940年には Census が行われず，1941年に実施されている。第二次世界大戦の影響だろうか。

4) 『スイス人のまっかなホント』[40]

第4章 確率事象としての初婚

　初婚関数 SDSMF は積分によって表記されているが，それが可能なためには初婚という事象を，コルモゴロフの確率の定義に基づいて定義することが必要である。前章までは，SDSMF の経験的な妥当性を示すことに追われて，そのことが疎かになっていたのである。コルモゴロフの確率論とは，ルベーグ測度を以って積分することである。

　そして本章では，初婚関数をよりミクロな時間から詳細に確率事象としてモデル化してみる。初婚という人間の行為を確率論的にとらえることは，単なる経験的な妥当性を超えた深い洞察へと我々を導くのである。事象の生成が事象の生成を変化させ，そこに時間の流れが遅速と伴に概念化される。

　初婚確率を確率論の定義に則って測度としてきちんと定義すると，初婚生成という確率 F は，$[0, 1]$ に値をとる可算空間 Ω の部分集合の集合関数として定義されなければならない。しかも，それはかなり風変わりな関数である。

4.1 積分可能性

　初婚確率 F は可算集合として定義されている。時刻 t によって決まる $F(t)$ は確率変数である。コルモゴロフに拠れば抽象ルベーグ積分では，「すべての有界な確率変数は積分可能である」[16] のだから，$F(t)$ の積分可能性は疑わない。あるコウホートの初婚数を数え上げることが，たとえ現実には困難であっても理論上は可能なのだから，これは実態的にも正しい仮定である。

　積分の部分は，積分方程式として $F(t)$ が立てられているが故に，ある時 t

に $F(t)=0$ であっても，微分不可能であっても，積分可能だと考える。初婚
は可算な確率変数であるから，連続時間 t のどこかで離散的に生じているので，
積分を非可算な実数 t に対して考える必要はない。我々が考える確率空間は，
初婚という事象が生成した時に限られる。初婚という事象が生成した時 t だけ
に，確率が計算され積分は増加するのである。

4.1.1 初婚関数の真の姿

連続時間 t に関して $F(t)$ は，いたるところで 0 で，初婚生成の時のみ正の
値を持つ微分不可能な確率関数である。

$$\begin{cases} F(t)=1/c & t=初婚生成のとき。c はコウホート・サイズ \\ F(t)=0 & t=\text{otherwise} \end{cases} \qquad (4.1)$$

ディリクレ関数が，x が有理数のときにのみ $y=1$，x が無理数のときには
$y=0$ と定義されるように，初婚関数 F は，真のミクロでは t を変数として解
析的に表現されるものではない。

$$F(t)=\lambda\int_0^t F(t)(dt)\left(1-\int_0^t F(t)(dt)\right)\left(1-\int_0^t F(t)(dt)\right) \qquad (2.7式\ 再掲)$$

初婚は時間軸上にランダムに可算な事象として生成する。それは初婚の生成の
現象の正しい把握であろう。それゆえ既初婚率 $\int F(t)(dt)$ は，いたるところ
で微分係数 0 である。

ミクロの初婚関数—もうひとつの悪魔の階段

とは言え，$F(t)$ に関する数理的な表現は，ある時間区間を前提とすると可
能である。

$$\begin{cases} t_{i+1}-t_i=\lambda e^{\lambda t} & 初婚生成の間隔は生成率（到着率）\lambda の指数分布 \\ \lambda=\wp*\int F(t)(dt)\left(1-\int F(t)(dt)\right)\left(1-\int F(t)(dt)\right) \\ \wp は空間の広さに関するパラメタ \end{cases} \qquad (4.2)$$

つまり，近似的には指数分布にしたがって初婚は生成し，生成間隔が初婚生成に依存して変化するのである．初婚の生成の変化は，やはり生成のテンポの変化なのである．空間パラメタ s は，生成のテンポに比例するが，均一な大きさの空間を想定していれば，コンスタントである．

この $\int F(t)(dt)$ を，比較的小さな人口に関してグラフ化したものが以下の図4.1である．このグラフは，空間パラメタを固定して何回もシミュレーションすると，マクロ的には類似した図形が出現するが，実は真のミクロでは毎回毎に異なった軌跡を表す．つまり，現在は過去のパターンの反復でありながら，しかも同一ではない．この「一回限り性」が我々個々の人間が生きるということの限りない固有性をどこかで想起させる．

比較的大きな人口に関して同様のシミュレーションを実施すると，見た目滑らかな $\int F(t)(dt)$ が現れる．これも時間の尺度を細かくして観察すれば，実はギザギザの悪魔の階段となっているのである．社会現象として，至るところで微分不可能でかつ単調非減少な関数を見出したことは意義深いことに感じられる．

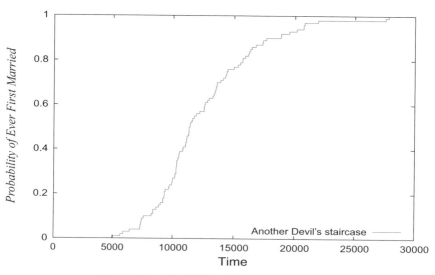

図4.1　ミクロの初婚関数—もうひとつの悪魔の階段

4.1 積分可能性　73

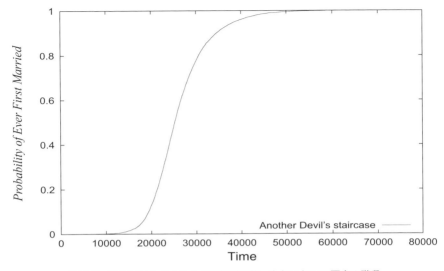

図 4.2　見た目滑らかなミクロの初婚関数—もうひとつの悪魔の階段

確率過程としての積分方程式

　この時間 t を有限の一定の区間で分割して，区間内の初婚数の増加数を数え上げて確率を計算したと考えると，(2.7) 式が定義できる．確率過程は，$t_2 > t_1$ のときに，t_1 の状態に対応して t_2 の状態が実数値の確率値として指定されていればよいのだから，一定の時間区間に対しては，(2.7) 式は確率過程に関する方程式である．

　(2.7) 式を微分することはできないが，初婚の数を足しあげることが可能なのであるから，加算性があり積分は可能だと定義される．これは実態と合致している．そしてこの積分値 $\int_0^t F(t)(dt)$ は可算集合の t に対して確定値を持つ．
　それゆえ

$$F(t) = \lambda \int_0^t F(t)(dt) \left(1 - \int_0^t F(t)(dt)\right)\left(1 - \int_0^t F(t)(dt)\right) \quad \text{(2.7式 再掲)}$$

は [0, 1] に確定した値を持つ．

　ある瞬間 t に $F(t) \neq 0$ で事象が生じなくてもそれは矛盾ではない．それはよくあることである．どんなに大きなコウホートを考えても，結婚が生じない

74 第4章 確率事象としての初婚

無限小の瞬間 t というものは幾らでも存在する筈であろう。初婚という確率論的事象の加算性を前提とする限り，安心して積分方程式を考えることができる。

4.2 確率の事象依存性

結婚という事象の可算性は明らかであるから，事象に対応する確率変数 $F(t)$ の加算性も明らかである。ここで我々は「近傍依存性」に関する極めて重要な性質に，あらためて気付くことになる。すなわち，事象の発生があって始めて確率が変化するという性質である。

　Principle 4.2.1（初婚確率の事象依存性）　初婚事象の生成が，初婚事象の生成確率を変化させる。初婚事象が生成しなければ，ある区間の確率値は変化しない。即ち，ある初婚事象が生成するまである区間では同じ確率値が継続している。

事象が非連続的にポツポツとランダムにある時間 t で生じると考えるから，(2.7) 式の確率は，ある時間区間での平均値として考えるべきである。確率はある時間区間で事象が起きる確率であり，本当は時間変数 t に対して連続的に値が対応している訳ではない。t を可算な区間と考えるときに，積分値を計算するのである。その意味で，(2.8) 式の和分方程式の方が本質的なのかもしれない。

　本論は，既婚率依存係数 λ の定常性を偏執狂的に主張しているが，これも矛盾を生じない。SDSMF の離散表現である (2.8) 式は，一定間隔の長さの時間を想定しており，それ故に頻度から計算される確率値と整合する。連続時間である場合は，瞬間的には初婚の生成は多くの場合は 0 で，或る時にのみ 1 である。したがって，既婚率依存係数 λ が本論の想定するように ~ 0.22 とかなり大きくても，$F(t)$ は実は瞬間的には（いたるところで）まったく変化しな

い。

4.2.1　脳の反応の事後性

　このような初婚確率の事象依存性は，我々の脳の生理的な特性に起因するものであろう。脳の機能の解明を目指す計算論的神経学の専門家である川人は，以下のように指摘している。

> 「動物が動物たるゆえんは外界からの刺激に応じて適切な行動を起こすことである。その意味で，逆モデルがその情報処理と方向は一致している。しかし下等動物ではすべての運動が，あるいは高等動物でも脊髄を介する固定的な行動パターンは，図に示した反射弓によって実現されている。前庭動眼反射などのように目標軌道が感覚器官の情報として与えられる場合には，反射弓の中に逆モデルが含まれる場合もある。順モデルと逆モデルを介する行動は目標軌道を自律的に生成できるという意味で，反射弓で引き起こされる固定的行動パターンより普遍性と適応性を兼ね備えたものとなっている。」
>
> 『脳の計算理論』[42]，川人光男，pp. 397-398

すべての人間の行動は，人間が動物でしかない以上，外界からの刺激に対する反応として生起する。結婚—求愛といえども外界からの刺激に対する反応として生起するのである。それゆえ，その生起は外界の刺激に対する頻度依存と推測することができよう。結婚の生成自体が外界からの刺激となり，求愛活動を惹起するのである。

　つまり，事象の生成こそ（のみ）が事象生成のテンポを変えるのである。我々が主体的な意志で行為を生成するのではない。我々は受動的に事象生成に反応して自己の行為を変化させる存在である。ただし，我々の脳は「私」にそれを主体的な選択と感じさせているのである。

　結婚の将来については誰も予測することができない。要するにいつ結婚するのが最適かは誰にも判らないのである。いつ結婚するかを我々は，自分自身で決めていると考えるのは錯覚である。空間での他者の初婚生成という出来事が

76 第4章 確率事象としての初婚

あって，その後に決めているだけなのである。

　我々は，晩婚化という現象に個人の意図を読み込もうとする。しかし，Principle 4.2.1が示すことは，事象の生成の増加・減少なくしては，確率値の増加・減少はあり得ないことである。それ故，個人の意図より晩婚化それ自体が先与的である。ある空間の初婚の遅れそれ自体が，初婚の遅れをもたらしている。

4.2.2　時間概念と事象の生成

　ここで既に我々は，単なる時計としての時間概念から飛躍し，事象の生成によりダイナミックに変化する時間概念へと足を踏み入れている。

　初婚という事象が確率として非連続的にポツポツと生じるが故に，そこに因果的な時間の経過（時間の流れ）が生ずるのである。つまり，時間とは様々なドラマがそこで繰り広げられる悠久の舞台ではもはやない。事象が非連続的にある間隔を隔てて生起していく経過自体が社会的な時間の経過なのである。

　初婚が確率論的に生成し，初婚生成が初婚生成を引き起こすという因果則を仮定すれば，時間は自然に一方向へと不可逆に流れる。決定論的な意識による生成を仮定すると，初婚生成の因果則は，意識が原因となるので，原理的には起こってもよいし起こらなくてもよくなるので，事象の連鎖の必然性が崩れ，時間が滑らかに流れない。つまり，ある時に急に多く初婚が起きて，その次にまったく生じないということもあり得ることになる。つまり，そういうことが起きないように理論的な工夫が必要になる。

　これはどういうことなのかというと，例えばゲームの理論では，ある集団を構成する各個体が何回相手と出会い何回ゲームをするのかを，シミュレーションする理論家が決めておかなければならない。つまり，ゲームの背景となる時空は理論家がすべて決めている訳である。それに対して，初婚生成は初婚生成自体が時空を内在させている。最小限の因果律の定義から，時間と空間的拡がりがそれ自体から創発する。これは初婚関数の生成の理論SDSMFが「背景非依存（background independence）」[1]な理論であることを意味する。

初婚生成が「背景依存」の理論とは，初婚生成が背景とする時空の変化に—例えば社会経済的な変化に—密接に依存することを仮定した理論である。これは一見尤もらしいが，このような理論では，背景の変化をきちんと理論的に予測できないと初婚生成も予測できないのである。つまり，背景依存の理論では何も予測できない。社会経済的な変化を予測できる理論はないからである。

家政学派が晩婚化を考えるときにも，晩婚化を説明する時には，結婚から得る期待利得が晩婚化して最大となるように，社会経済的な条件付けを予め時間に与えなければならない。このような理論では，何時結婚するか，どのように晩婚化するかを予測する理論には決してなれないのである。

背景非依存な理論である SDSMF は，初婚生成を初婚生成だけで説明する特性を有しているが故に時間的な発展法則を内在させているのである。

4.3 個人の行為モデルは不要である

個人の行為モデルから方程式は演繹されなければならないのだろうか。個人行為モデルがないとリアリティを感じられないという指摘もある。とは言え筆者は，SDSMF が個人の行為モデルでないとは思っていない。少なくとも SDSMF は，空間の初婚の密度に依存した諸個人の初婚確率についての因果的な記述である。

個人の意識や意図的な選択に言及しないのが SDSMF の特徴である。個人の行動のモデルから社会的現実が構成されなければならないのだろうか。この古くからの「方法論的個人主義」と「方法論的集団（全体）主義」の対立にも関わる問題について，本論では，別の原理から立場を明らかにしたい。

4.3.1 観測可能主義

初婚生成に関する限り，科学的な理論というものは，誰もが同意できる観測可能な事象の因果関係について立てられるべきである。社会が諸個人の選択よ

り成り立っているというのは，デモクラシーという尊重すべきイデオロギーに曇った仮説であり憶測である。我々は社会が何であるか本当はよくわからない。「社会の仕組み」など我々には全くと言ってよいほどわかっていない。それは比喩に過ぎないのである。観測可能な事象に対して因果論的な推論を行うことが，社会学にとって遥かに重要なのである。

つまり本論では，「観測可能主義」という原理を標榜して，理論構成に邁進するのである。ある出来事が起きてから次にどのような出来事が起きるのかを観察するときに，我々は「因果性」という概念をそこに付与するのであり，その構成単位が個人である必然性はまったくない。その出来事の連鎖の説明に論理性があれば，そこに個人のミクロの意図や意識が介在する必要も全くない。

また，個人の意識は，脳が事後的に生成している虚偽的な性質を持つもので，真の因果的な原因ではない可能性が大きいのである。これを科学的な知識の検証において重要視することは，致命的な錯誤へと導かれる可能性がある。観測可能な対象に関して因果的な推論がなされることが最も重要であり，我々が主観的に納得できるかどうかは，まったく重要ではない。主観的納得が重要と考える人には，近代以来の科学はその重要性を否定したところに成立していることを強調しておきたい。

4.3.2 近傍既婚率への反応

「子ども数の反応拡散モデル」［14］に対しては，拡散するものがなくてリアリティが無いというご意見が多かった。しかし，拡散するものは本当に何もないのである。あるのは周囲の影響を相互に受け合う因果的な事実だけなのである。

近傍の既婚率への反応として我々が行為を行い，その連鎖があることが決定的に重要なのである。この連鎖を如何にリアルに定式化できるかが重要なのである。このリアルさは，意識にとってではなく，観測可能な事実に対してリアルな反証可能なものとして立てられなければならない。

実際，我々は個人の行動を詳細かつ正確な事実として把握することはできな

い。調査票調査で識ることができるのは，大まかな出来事のだいたいの時期であり，個人の意識などを行為・行動の瞬間瞬間に即して識ることは事実上不可能である。これらを重要な要因として設定する理論は，本質的に反証不可能な理論となってしまう。

注

1) Lee Smolin の『迷走する物理学』[31] から拝借した概念である。

第5章 コウホート・サイズが初婚過程にもたらす効果

5.1 コウホート・サイズの注目すべき効果

これは男性の初婚関数を調べる過程で発見したことであるが，小さいコウホートは，それ自身の初婚確率とそれ以降のコウホートの初婚確率に思いがけない効果をもたらしている。1957年の出生は相対的に少ない。それゆえ1957年コウホートは男女共に前後に対して相対的に小さいコウホート（約95％程度の縮小）である。これは「なべぞこ不況」と呼ばれるものの影響である。すると奇妙なことに，1957年コウホートの生涯既婚率は，その前後と比較すると若干大きくなり，そして次の1958年コウホートが男女共に全年齢において全般的に低い初婚確率を示すのである。これは非常に面白い現象である。

小さいコウホートといったら，丙午—1966年コウホート（約83％程度の縮小）である。そしてこのコウホートの前後を調べると，やはり翌年のコウホートは男女共に全年齢において全般的に急に低い初婚確率を示している。そして，その次のコウホートも影響を受けていると言うことができよう。

皮肉なことに，丙午の女性は幾分か高い初婚確率を達成しているのである。これは丙午の男性も同じである。しかし，次のコウホートは気の毒なほどに低初婚率に見舞われている。あたかも「小さいコウホートは次のコウホートを食い殺す」という観を呈している。

この現象は，各年の各年齢同士の結婚がどのように生成しているかを考える上で，実は貴重なヒントを与えてくれている。両性の選択を考慮して結婚の生成を数理的にモデル化することはとても難しい課題である。Marriage

Squeeze[1] で予想されたように，コウホート・サイズは確かに影響を与えている。しかも，それは思った以上に意外・巧妙なメカニズムだということが予想されるのである。

　両性の初婚過程に関するモデルは，このような現象を説明するものでなければならないし，同時に初婚の年齢別の組み合わせを説明するものでなければならないのである。しかし，本書ではとてもそこまでは探求が届かないのである。年齢別組み合せの理論は今後の理論的な課題として，本論ではまず主に定性的な問題に解答を与えたい。

5.1.1　初婚の組み合わせ—両性問題

　本書で提唱する初婚関数の理論は，本来，対称の性からの選択は年齢に関わりなくランダムに行われている[2]と仮定している。そう仮定して，かなりよく初婚過程へ近似する初婚関数が得られるのだから，ランダム選択という仮定はそう簡単に疑うことができない。主観的にこの仮定を疑うことは容易だが，ランダム選択を放棄すれば確率論的な関数の定式化という途が途絶えてしまう。だから主観こそを疑うべきである。

　ランダムな選択に基づく初婚関数でも，定性的には結婚に関する規範の変化や選好の変化くらいは説明できる。「女性の年上の男性への選好」或いは「男性の年下の女性に対する選好」と言われる現象も，男性の性的な成熟の女性への相対的な遅れにより，男性の初婚のモードが女性より後ろにあることに起因する。つまり，男女の初婚関数のそれぞれ2つのモード（女性は男性よりも前の年齢にモードがある）の積が一番大きい故に，年下への選好があると想定されているに過ぎない。

　晩婚化による初婚確率の平坦化は，このモード同士の積を相対的に小さくし，このような組み合わせの相対的な減少をもたらしている。

男性年長規範

　我々は，このように考えることで，「男性年長規範」という規範が存在（本

来どこにも存在しないので「存在する」という動詞を使うことは誤りであるが，慣用的な表現としてここでは使用している）しながらも，何故「姉さん女房」が存在したかが説明できる。つまり，ここでも規範は「私」に想像された幻である。そして，このような規範のなしくずしの崩壊も説明できるのである。つまり，晩婚化の進展により，初婚関数が相対的に平坦化することが，さまざまな組み合わせの確率を大きくしているが故に，現実のさまざまな組み合わせの生成により，規範が「私」に想像されにくくなってきたのである。

「ロマンチック・ラブ・イデオロギー」とは

「ロマンチック・ラブ・イデオロギー」とは，見合い婚（媒介婚と戸田貞三は呼んでいる）が減少した現象と対応している。そもそも，出会いが媒介によるものであろうとなかろうと，それがロマンチックであるかないかとはまったく別の次元の話であろう。我々は，見合い婚の減少の要因を「世話好きのおばさんの減少」などという主観的要因に還元しがちであるが，晩婚化それ自体と媒介婚の減少には，晩婚化を原因とし媒介婚の減少を結果とする因果関係がある。

媒介婚は，差し迫った必要性がある時に意味があり，同時に成立する可能性がある。媒介される双方に短期的に結婚する意志がなければ，媒介することには意味がない。つまり，「世話好きのおばさん」がいくらお見合い話を持っていっても当人達にその気がなければ，媒介婚は成立しない。晩婚化は SDSMF では Δt の伸長である。即ち我々は少しずつ結婚活動への活動レベルを低下させているのである。これも，周囲の結婚生成が徐々に少なくなり，晩婚化していることに起因するのである。つまり，決断を先延ばしにする傾向があると媒介婚は徐々に減少するしかない。

短期的に結婚する意志がない人々は，自分が誰かよい人との出会いがあれば結婚するということから，「ロマンチック・ラブ」を待っていることになるのである。まさにイデオロギーである。これも単に周囲の結婚動向に依存しているだけであるから，ひとつの仮想的な主観的な理由であり，かつ多くの人々が同じことを想像しているということから極めてリアリティのあるイデオロギー

なのである。

　見合い婚の減少が晩婚化の原因なのではなく，晩婚化が見合い婚を減少させているのである。「見合い」自体の社会的な需要は減退せず，むしろ商業的な「お見合い産業」は一定の業績をあげている。

　初婚関数の理論は，モデルそれ自体から演繹的に規範それ自体の存在や変化を説明可能であり，主観的な意識を超越した理論である。主観的意識や規範に依存した説明は誰にも判りやすいが[3]，アドホックで理論化できない。その時々に脳により想起されるという意味で存在証明が不可能な「規範」という概念に依存するか，それとも，数々の検証可能な計量的予測を出し，数十年に渡る初婚過程を説明するモデルを選択するかは自ずと明らかとなるであろう。

5.2　小さいコウホートの効果

　1966年コウホートは各歳での初婚確率が前年1965年に比べて大きく上昇している。それに対して1967年コウホートは1995年と比べても低下している。そして1968年の初婚確率は若干回復しているのである。

5.2.1　単なる頻度依存ではない配偶者の選択

　1966年コウホートの女性が15歳になって結婚を開始したときに，各歳（多くが）の男性は初婚関数で決められたリクエストのうちのある部分を15歳女性に発行するようである。しかもそれは多分に一方向的で相手のご都合にお構い無しなのである。ハイティーンの頃は，若くして結婚する人口が謂わば先食いされるのである。小さなコウホートである1966年女性コウホートは，それゆえ初婚確率が大きくなる。次の1967年コウホートは，1966年の女性のように初婚リクエストを発行するのだろうが，その相手のうち大きな割合を占める1966年の男性が少数なので，なかなか初期の初婚確率が大きくならない。

　「近傍既婚率依存性」は正確に表現すると，「少し前の近傍既婚率に依存して

84　第5章　コウホート・サイズが初婚過程にもたらす効果

現在が決まる」という因果性を含んでいる点が原理たる所以なのである。筆者
は困った時には，自分で提案した原理を，それがどんなに尤もらしく思えなく
ても，信じて推論を進めてみようと思うのである。両性の組み合わせの問題は
小綺麗に解こうとすると難しく，原理にすがるしかないようである。

　ごく若年期の結婚生成は過去の結婚生成に依存して起きるとして初婚関数は
導かれていたのであるが，それならば，どのような相手を選ぶのかという問題
も「近傍の過去」に依存すると想像することもできる。まさかどの年齢の相手
を選ぶのかという問題も近傍依存であるというのは信じられない気もするが，
それを仮定してみよう。

　ハイティーンの集団は通常非常にローカル（局所的）である。配偶対象の選
択も仲間内で行われている。しかし，ローカルでない相手を選ぶことが誰にで
きようか[4]。それゆえに，対象の年齢差などがある程度コピーされることは起
こり得ることであるだろう。

　これを仮定すると，丙午コウホートの効果は簡単に説明できる。1966年の女
性には過去のコウホートがそうであったような同じような年齢差の男性からの
リクエストがあるはずである。少ないコウホートであることは初期の局所的な
生成自体にはあまり意味がない。しかし，コウホートサイズの小ささは此処で
意味を成す。つまり，生成した同程度の数の事象をより小さな数で割るので初
婚確率自体は大きくなるのである。この初期の大きさが初婚関数の性質上これ
以降の初婚の生成を大きくするように作用する。

　実際，動態統計の年齢別組合せを検討すると，1966年コウホートに対しては，
リクエストはおそらくどの年齢からも前と同じように発行されているようであ
る。

　一方，次の大きな1967年コウホートの女性は，（反応項の効果を無視すると
すれば[5]）前のコウホートと同じように結婚する。しかし，同じ数結婚が生成
したとしても，大きな数で割られるのだから，初婚関数は小さくならざるを得
ない。しかも，1歳年上の男性が少ないので，初婚確率は常に低下圧力を受け
ているのである。

表 5.1　丙午コウホート周辺の既婚率

| | 女　　性 | | | 男　　性 | | | |
	出生 サイズ	15歳 初婚率	16歳 初婚率	40歳時 既婚率	出生 サイズ	17歳 初婚率	18歳 初婚率	40歳時 既婚率
1964	833,837	0.0000623	0.0009527	0.8276	882,924	0.0002163	0.002103	0.7216
1965	888,331	0.0000467	0.0008861	0.8150	935,366	0.0002199	0.002275	0.7111
1966	655,511	0.0000903	0.0012926	0.9596	705,463	0.0003160	0.002817	0.8026
1967	942,869	0.0000584	0.0008778	0.7319	992,778	0.0001953	0.001945	0.6293
1968	903,843	0.0000894	0.0010147	0.8071	967,996	0.0002112	0.001983	0.6818

男性の相対的にマイルドな初婚確率の低下

　男性もほぼ同じであるが，これは一歳年上の女性が少ないという低下圧力を受けることになる。であるから，男性の低下の方が若干女性よりマイルドなのかもしれないと予想が立つ。そこで，女性は40歳時の既婚率を調べると，1966年コウホートは0.9596，1967年は0.7319である。つまり0.2277の低下である。男性も40歳時の既婚率を調べると，1966年コウホートは0.8026，1967年は0.6293である。つまり0.1733の低下である。一応予想通りの結果である。小さいコウホートはこの丙午コウホート以外にも，戦後の混乱が著しい1946年となべぞこ不況の1957年にも観察されるが，同じようにそのコウホート自体は，生涯既婚率（初婚確率）が高くその次のコウホートが生涯既婚率（初婚確率）が低いという事実が観察される。男性の方がよりマイルドな低下であることも同様である。

　此処に我々は対称の性の選択に関してある手懸かりを得るのである。我々の選択が完全な頻度依存なら，コウホート・サイズは，そのコウホートの初婚確率に関しては何ら変化を引き起こさない筈である。単なる頻度依存ではない配偶者の選択が，少なくともごく初期の時には行われていると想像することができる。

5.3 コウホート・サイズの効果は本当にあるのか？

　それでもなお，小さいコウホート（丙午コウホート）の初婚率は本当に低下しているのだろうか。年央人口を分母とし各歳別婚数を分子とすると，初婚率の低下はほぼ消えてなくなる[6]。確かに，ある各歳別年央人口は，1966年コウホートを多く含むが，実はその前後のコウホートを含んでおり，純粋なコウホート効果を示すことができない。よって，各歳別初婚件数の分子の方をコウホートの初婚件数に近くなるように調整して用いる必要がある[7]。

　このように調整しても，小さなコウホート効果は無くならない。むしろ若干激しくなるようである。

　また，大規模標本調査のデータから調べても，1966年の初婚年齢は前後と比べて低いことが明らかである。この集計では，未婚と回答した者や回答していない者を除いている[8]。1965年の欠損値が35.2%，1966年が38.7%，1967年が35.8%であり，若干丙午コウホートが欠損値が多い気もするが，相対的に小標本な為であろうか。

　JGSSの標本からは，1966年コウホートの初婚年齢が相対的に低いことは理解できると思われる。ここで統計的なテストを一つ行ってみよう。初婚年齢の σ が判らないと統計的なテストができないが，1960〜1969年の σ を持って代替する。JGSS2000-2002 が $\sigma \fallingdotseq 3.45365$，$n=635$，NFR03 が $\sigma \fallingdotseq 3.568$，$n=599$，JGSS2006 が $\sigma \fallingdotseq 4.09564$，$n=173$ であるので，3つの調査の1965〜1967年の標本の平均が真の平均 $H_0 : \mu = 25.64746$ とし，$\sigma \fallingdotseq 3.6$ とし統計的なテストを行

表 5-2　標本から見た1995-1997年コウホートの平均初婚年齢

コウホート	JGSS 2000-02		NFR03		JGSS 2006		Total	
1965	25.4848	66	26.27	71	26.5714	21	25.98206	158
1966	24.8750	40	25.19	43	24.7778	9	25.01272	92
1967	24.5942	69	26.25	60	27.8500	20	25.68456	149
							25.64746	399

うと，

$$
\begin{cases}
H_0 : \mu = 25.64746 \\
H_1 : \mu = 25.01272
\end{cases}
$$

有意水準 .05の片側検定で，棄却域は，

$$
25.64746 - 1.64\frac{3.6}{\sqrt{92}} \fallingdotseq 25.03192
$$

$[-\infty, \ 25.03192]$ となり，25.01272は有意に低いことになる。もちろん σ を大きくすれば棄却域は拡がり，有意に低くはなくなる。しかし，$\sigma < 4.0$ は確かであろうが，$\sigma = 4.0$ でも限界確率は0.07以下である。

　第二種の過誤を犯す確率 β は

$$
\frac{25.03192 - 25.01272}{3.6}\sqrt{92} \fallingdotseq .051153 \Rightarrow P\{z > .05\} \fallingdotseq .48006 \tag{5.1}
$$

計算すると $\beta \fallingdotseq .48$ である。つまり検定力は .52程度である。反対に，近年の標本を増やすことができれば，1966年コウホートの初婚年齢が相対的に低いことは一層確かなものとなるのではないだろうか[9]。JGSS2000-02 のみが1967年の平均初婚年齢が1966年より低いが，67年出生コウホートが当時約33〜35歳でこれから初婚が追加されることを考慮すれば，反例とは言えないであろう。

　各調査の標本を累積したものから計算した既婚率からも同じような推論ができる。もっとも，未婚者や欠損値（この場合，配偶状態について回答していない者）の処理により微妙な点もあるので，確信を持つとまではいかない。

　図5.1を見ると判るが，1966年は，前後の1965, 1967年の上に既婚率が存在し，相対的に早婚で既婚率の上昇が早いことが判る。母比率の検定を実施するには標本数が不足気味で，特に1966年コウホートの標本数が小さく，比率の検定に慣習的な水準で引っかけるのは難しいが，30歳での既婚率は有意水準 5 ％の片側棄却域のギリギリまでに迫っている。各コウホートにつき300標本程度揃えば，ある程度確定的なことも言えるであろう。

　この1965, 66, 67年コウホートは2005年頃まではかなり頻繁に初婚活動があった筈なので，それ以前に実施された調査を使用することは困難である憾みが

88　第5章　コウホート・サイズが初婚過程にもたらす効果

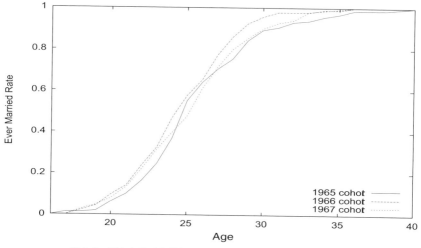

図5.1　標本からみた1965, 1966, 1967年コウホートの既婚率

ある．しかし，状況証拠は，「小さいコウホート効果」をかなり明確に示唆していると言えよう．

5.3.1　因果の生成と年齢区分

　もちろん我々が近傍空間の初婚率に影響されていることは否定できない．同じ a_{k+1} 歳を refer していることも動かしがたい．つまり，t_ℓ の時間間隔が極めて短いものであることが，結論として推理されるのである．
　本論では，これまで世代とかコウホートとか同時期出生集団とかいう概念を無反省に用いてきたのであった．しかし，これらの概念は，科学的な十分に吟味された概念であろうか？　同年齢は必ずしも同コウホートでは無い．同年齢は同学年でもない．我々はある現象を考察する時に，極めて大雑把にコウホートという概念を用いて，分析の為の変数や基準としてきた．しかし，ある現象を考察するに一定の人為的・便宜的区分が妥当であることの何らの根拠にもならない．

ある年の4月1日〜3月31日までの出生集団が準拠枠なのか，それとも1月1日〜12月31日までが妥当な準拠枠なのか。翻って考えれば，どのような区分にも特権的な妥当性は無いのである。また，1年間という長さにも実は何ら意味は無い。年齢やコウホートは，あくまで慣習的な便宜的区分であり，そこには科学的な意義が希薄であることを我々は認めなければならない。

「小さなコウホート効果」を前にして考えることは，事象生成の因果的な時間経過は極めて小さいのではないだろうかということである。もし長ければ，どこまで長いのかという問題が解決不可能・定義不可能である。極めて短い連鎖の連なりとして因果生成があることを仮定することが最も問題がない。長期的な感覚的因果性も無理なく説明できる。また数理的にもしっくりするのである。

我々は，ほんの少し前の我々の姿を現在として把握して事象の連鎖を紡いでいくようである。大きくても数ヶ月以下の時間間隔，おそらくは，1分以下の間隔の連鎖の繋がりが我々の行為・行動の形成なのであろう。

これからは，ある現象を考察する時に，どのような時間区切りが適切かを十分に吟味する事なしに科学的な分析はなし得なくなるであろう。我々は余りにもナイーブであったようである。

個人の初婚確率という概念が計測上意味をなさないので，我々はある集団を初婚率の考察の対象とせざるを得ない。しかし，この集団が1月1日〜12月31日の出生と区分される必然性は本来無いのである。「丙午コウホート」が対象として好都合なのは，1月1日〜12月31日までの出生が特異的に少ないということに尽きる。それゆえ，その初婚プロセスを，その前後のコウホートと比較するという研究課題が現れる。

近接した年齢からしか影響を受けない

個人の空間の周りには，多様な年齢の者が存在するはずなのに，何故非常に近接した年齢の者の影響しか受けないのであろうか。それは，初婚という問題においては，我々が他者から受ける影響というものが，非常に近接したものであり，同時に生理的なものであるということに起因する。

90 第5章 コウホート・サイズが初婚過程にもたらす効果

我々がもし普く他者の既婚率に影響を受けるとしたら，父や母の世代は言う
までもなく祖父・祖母の世代の影響までも受けるとしたら，初婚はいつ始まっ
てもおかしくない。つまり，赤ん坊でも初婚を始めてしまう可能性すらある。
それは，有り得ないことである。それゆえ，信じがたいことではあるが，我々
は，非常に近接した年齢の既婚状態からしか影響を受けないと，脳にプログラ
ムされていると考えるべきであろう。

我々が結婚の衝動に無限定に駆られるのは，生物としてかなり都合が悪い。
子どもを育てるのに必要な能力が備わった状態で衝動は「発火」しなければな
らない。脳はそれを客観的に知る能力をおそらく備えていないのではないだろ
うか。我々は，我々だけに依存して「自己を客観的に知る能力」を備えてはい
ない（備えていたらとても哀しくて惨めで生きてはいけないだろう）。仮に，
脳がその個体の生理的な能力を完全に知り得たとしても，環境がそれを許さな
いこともあるだろう。

つまり，同年齢の周囲に依存して「発火」するようにプログラムしておけば，
大体間違いはないだろうというヒューリスティックな方法が取られているので
はないだろうか。

それにしても，1年前後のコウホートの影響をも現実的には殆ど受けないと
いうのは，かなり驚くべきことである。しかし，よく考えると，それは必然的
な限定なのではないだろうか。1年前の影響を受けるとすると，初期の生成は
抑制される。1年後の影響を受けるとすれば，結婚は促進される。これらの影
響は互いに相殺されてキャンセルされるのである。それゆえ少し前の現在の同
年齢の影響のみが取り出されるのである[10]。

5.4 世代間の連続性―初婚関数の特異点の解消

初婚関数の理論 SDSMF は，我が国の女性ならば13歳の終わりあたりに特異
点を想定していた。しかし，各コウホートの連続性を考慮すれば，それも必要
なくなる。つまり，前の世代の初婚発生が次の世代の初婚発生を誘発するとい

うように結婚生成が決まっているのであるから，実はそれは特異点でも何でも
ない。初婚組み合わせを考えていて，SDSMF の特異点もうまく処理できた。
そしてその特異点の大きさは前のコウホートの生成量の絶対的な大きさに依存
しているようである。

初婚関数は，社会全体での初婚の生成をある出生年の集団に関して観察した
ものに過ぎないのである。この自明な事実と並行して，近接した年齢の影響の
みを受けるという点が鍵である。

我々が隣接する年齢 a_{i-1}，a_{i+1} の影響を本当は受けておりながら，通常は相
互にキャンセルして，ほぼ同年齢の影響しか現れないと仮定しても，14歳頃の
特異点を，特異点として取り除くことは困難である。

初婚生成は，ミクロでは「悪魔の階段」的に生成しており，既婚率
$\int F(t)(dt)$ は連続的に変化するものではない。それゆえ若年期（13歳の末頃）
のある瞬間には，実は少し上の年齢の初婚生成のみが生じて一方的な影響を及
ぼすことができる。

つまり，年齢 a 歳では，a_{i-1}，a_i においてはまだ初婚が生成していないが，
a_{i+1} では初婚が生成しているとすると，a_i には初婚生成にはプラスの影響し
か作用しようがないので，次時点には初婚生成が期待できる。この作用は局所
的（ローカル[11]）な近接作用なので，実は非常に強い影響力を持っている筈
である。世代間の連続性と非常に局所的な我々の行為・行動の特性が事実上特
異点を解消しているのである。

5.4.1 特異点の定常性

そこに小さなコウホートが結婚し始めると問題が生ずる。対称の性は前の結
婚の生成した年齢別分布に近い割り合いで結婚しようとする。そしてそれに近
いものを実現するのである。つまり，小さいコウホートからも前とほぼ同数の
結婚を生成させるのであろう。なぜなら資源は欠乏していないのである。コウ
ホートの初婚過程のごく初期の時点では，絶対数としての前時点の継承が行わ
れるのである。これを「特異点の定常性」と呼ぼう。

92　第5章　コウホート・サイズが初婚過程にもたらす効果

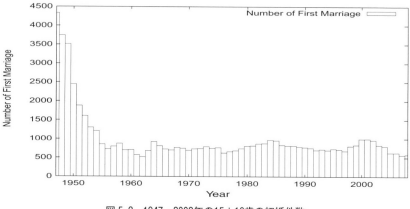

図 5.2　1947～2008年の15＋16歳の初婚件数

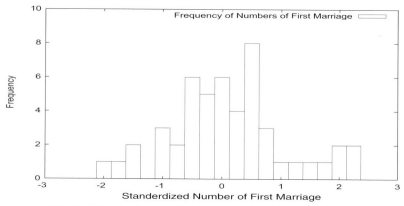

図 5.3　1960～2008年の15＋16歳の初婚件数の平均の周りの頻度分布

　この特異点の定常性は，データからある程度確認できる。1947年から2008年までの女子の15歳と16歳の初婚者数の和をグラフ化したものが，図5.2である。1955年には若年期の初婚生成数は現在のレベルまでに低下していることが判る。1960年頃には若年期の初婚生成は下限に達し，後は"ゆらぎ"を持って安定していることが見て取れる。つまり，日本の晩婚化は既に1960年代には，ある下

限を目指して進行中であったのである。これは，174頁の図10.2の理論的な計算値が示すところである。ところが現実は，次の図10.3の観測値が示すように，高度経済成長が20代中葉から30台前半の初婚率を劇的に増加させたため，晩婚化は一息つくことになる。しかし，この高度経済成長期には若年期の初婚生成は増加していない。

　つまり，若年期の初婚生成は絶対数として安定的なのである。現在の晩婚化は既に1960年代には運命付けられていたのである。動態統計によると[12]，1960年〜2008年の15＋16歳の初婚数は平均$\bar{x}=760.33$と標準偏差$s=110.35$である。頻度分布を検討すると（図5.3），若年期の初婚数の生成数の分布は，正規分布というのには両裾が広すぎるが，平均の周りに誤差が付加された分布と推定することができよう。

標本調査から

　JGSSのような標本調査からも，この若年期の結婚の定常性は見て取れる。本書でよく使用したJGSS2000-2002では若年期の女性の初婚件数は各出生年毎にきれいに散らばっている。母集団の絶対数が小さいので，出生年も所々しか捉えられていないが，捉えた各年ではほぼ均一に若年期の初婚が生成してい

表5.3　JGSS2000-2002の出生年別の若年期の結婚件数

出生年	初婚年齢		
	15	16	17
1919	0	1	0
1926	1	0	0
1930	0	1	1
1945	0	0	1
1946	0	0	1
1956	0	1	0
1969	0	1	0
1971	0	1	0
1976	0	1	0
1980	0	0	1

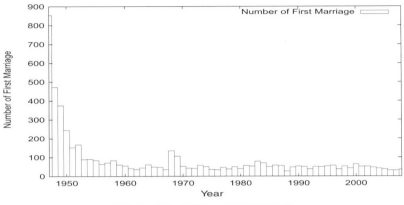

図 5.4　1947〜2008年の15歳の初婚件数

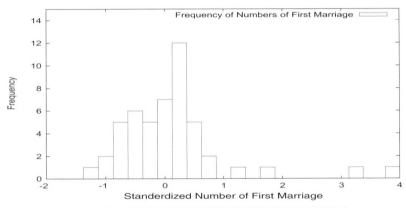

図 5.5　1960〜2008年の15歳の初婚件数の平均の周りの頻度分布

ることが推測される。

　動態統計から見れば，15歳に限っても，初婚生成は安定的である。（図5.4）これも平均 $\bar{x}=50.61$ の周りの標準偏差 $s=18.05$ の分布と見做すことができるだろう。とはいえ，下限が25以上であることは確からしく，実は自由度 ν の大きい χ^2 分布に似ているのではないかと想像される。

つまり，15歳の初婚は，わが国では，ある程度の数（100〜200）の独立な試行の和として生成していると捉えることができるのではないだろうか。

この特異点の定常性にコウホート・サイズが関連して初婚確率が変化する。すべては些細なきっかけに過ぎないが，それが致命的でもあるのだ。偶然のもたらす必然的なドラマが進行するのが我々の社会の一面なのであろう。

若者の性行動は定常的ではないか？

若年期の初婚が，統計で把握される以上に多く生成していることは，既に第3章で指摘した。そこでは，「性行動全国調査」の結果をもとにして，中学でのセックスの経験率から，初婚が16歳近辺でも $\frac{1〜2}{1000}$ 辺りでもおかしくないことを述べていた。

本書では，若者の性行動がかなり定常的であり，その変化が本質的に確率論的な浮動を有するのではないかと予想してみたい。この仮定は生物としては極めて自然である。

5.4.2 早婚化の可能性—晩婚化対策

早婚化は，初婚関数の理論からは，若年期の初婚を増加させれば可能性がある。15歳の初婚数を増加させることができれば，初婚関数の成長が見込めるだろう。あるいは，図5.4の1950年以前のように特異点を前方にシフトすることが考えられる。直截に謂えば，13歳頃に初婚する少数を存在させることである。

この少数は，社会的なハンディを背負うことになるかもしれない。或いはそのようなことはないのかもしれない。中等教育の就学を支援する制度を拡充すれば，可能なのではないだろうか。結婚は，条件が整ってからするものだというのは，唾棄すべき中産階級の幻想である。「人生は計算できない。」SDSMFはマクロな人口の動向は予測できても，個々の人間の将来については何も語ることができない。いつ会社が潰れるか，いつ業病に倒れるか，いつ事故で落命するか，いつ原発が壊れるか，誰にも判らないのである。二本足の獣にとって，将来の計算可能性とは笑止千万で，いまの出会いを生きるしか生物には有り得

ない。出会いを増やすには，13歳頃からの初婚生成が必要なのである。

近代以降，社会は尤もらしい理屈を並べて，若年期の初婚を抑圧・隠蔽してきたが，晩婚化はその帰結でもある。考えてもらいたいが，人口の50％以上に高等教育は本当に必要なのだろうか[13]。人口の99％以上に中等教育は必要なのだろうか。必要はないのである。現実はシニカルであり，多くの高校生は中等教育に真に値する知識をまったく身に付けていない。それでもなんとか世渡りできる現実を直視すべきである。国際社会で活躍する人は，作ろうとして作れるものではない。それらは巡り合わせで自然生成するのだ。若いときに結婚して子どもがいたとしても，その人に器量と運があれば，国際的な活躍ができないという道理があろうか。

そのような教育問題とはまったく無関係に，若年期の性を開放すれば，晩婚化も止めることができる。要は，我々にその度量があるかなのだ。

現実に，明治，大正，昭和初期とはそういう社会であったのだ。誰もが15，16，17歳に学ぶべきというのは幻想である。教育の必要が理解できるときになって学んでも遅くないはずである。そういう社会であるべきである。教育の機会平等という見せかけを捨て，自由に結婚し，自由に学ぶべきである。使えない大卒ばかり増えても仕方ないではないか。

5.4.3　大きいコウホートの効果

これまでは大きいコウホートは，Marriage Squeeze の議論からは，配偶者探しに難渋し結婚難に陥ると考えられてきた。

しかし，「近傍依存性」の原理と初婚関数の理論は，そう予言しない。大きなコウホートは，それ自体の大きさのために初期に若干の初婚確率の低下を甘受せざるを得ない。そしてその影響は後までに引き継がれはする。しかし，大きなコウホートのサイズをいかして若干の初婚確率の回復も生じる。若干の既婚確率の低下はあるが，概ねその前のコウホートと同じような初婚過程を辿るはずである。むしろその後の相対的に小さなコウホートの初婚過程を活性化させ，以降の生涯既婚率を大きくするのである。

5.4 世代間の連続性—初婚関数の特異点の解消

　SDSMFは，実は均等なコウホート・サイズを暗黙のうちに仮定している。それゆえ，コウホート・サイズの変異は外在的な原因としてとらえられる。1920年頃の初婚過程は既に晩婚化傾向にある。これも大きなコウホートが次々と初婚過程に入ることでもたらされた可能性がある。それゆえ，15-19歳，20-24歳の晩婚化は理論通り進行している。これらのコウホートが25-29歳において初婚確率を上昇させるのも理論は正しく計算することができるだろう。

　つまり，昭和初期から中期の30歳台の男女の既婚率が非常に高いのは，より大きなコウホートが順次初婚過程に入ったことと，当時まだかなり高かった死亡力にほとんど帰されるべき現象である。所謂「皆婚規範」が作用したのではなく，そのような状況のもとで，生存した多くの男女がたまたま結婚し得たので，「皆婚規範」が意識によって想像されたに過ぎない。

　多くの読者は，筆者の方程式による難しい説明よりも「皆婚規範」による説明の方が簡単で判りやすいと思うであろう。しかし，「皆婚規範」は決定的な弱点があるためにそれを採る訳にはいかないのである。即ち，江戸時代には我々は皆婚ではなかったからである。皆婚状況は歴史的に生成し，瓦解したのであり，それを説明する理論がすべてなのである。規範意識もそれと伴に生成

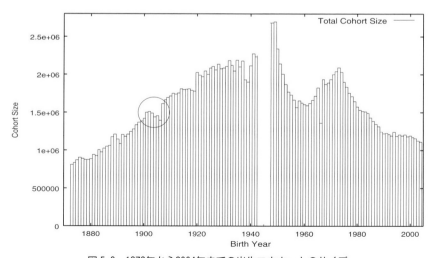

図5.6　1873年から2004年までの出生コウホートのサイズ

したに過ぎない。

19C 末からのより大きなコウホートが次々と初婚過程に入る効果

　より大きなコウホートが次々と初婚過程に入ることを少し念入りに検討してみよう。相対的に考えれば先行するコウホートは後続のコウホートより小さいコウホートになるのだから，小さいコウホートの効果が連続して続くことにもなる。従って効果は相殺されてなくなるのだろうか。

　1900年出生コウホートは前の1899年出生コウホートの約1.024倍のサイズである。1900年出生コウホートが13歳になり，女子の結婚が生成し始めるが，1899年コウホートと同じ確率で初婚リクエストを出すとしても，それに対応する先行するコウホートの初婚リクエストが対応するだけあるのだろうか。1.024倍程度のコウホート・サイズの増加には十分に対応でき，先行コウホートの既婚率が上昇するだけであろう。

　19世紀後半から平均3％程度の増加率で増大するコウホート・サイズでは取り立てて効果がないようである。実際，晩婚化は1930年の20-24歳より前には起きていないことは，国勢調査の都道府県別のデータからも確認できる。

注

1) Marraige Squeeze に関しては，Aker [1]，Anzo [2]，Schoen [28]，[29] 等を参照のこと。
2) 筆者も年齢による選好があるとなんとなく思い込んでいたのであるが。
3) 主観的意識はまさに説明のために脳によって考えだされるものである。それが本当の原因であるかは別の問題であろう。
4) こういう「出会い」の局所性を乗り越えるという意味で，「見合いの社会的な機能」を再発見すべき時ではないだろうか？
5) 複数のコウホートの初婚確率の関係という問題は，SDSMF の枠内では正しくとらえることに無理がある。より正確には後章の動態化された初婚関数として考える必要がある。とはいえ，現在の段階では暫定的に，定性的に SDSNF の枠内で議論している。
6) 島根大学名誉教授の廣嶋清志先生にご指摘を戴いた。ここに感謝の意を表したい。この指摘により，因果性と時間についてより深く考えることができた。
7) 社会保障・人口問題研究所の石井 太先生にご指摘を受けた。此処にあらためて感謝の意を表したい。

8) この未婚者や未回答は微妙な問題である。未婚であっても出産している者が多く存在し，それらは，たいがい相対的には高齢の出産である。配偶者はいないと答えながら，配偶者の最終学校は大抵回答している矛盾多き存在である。それらの者の事実上の初婚年齢はまったく不明確である。

9) 残念なことに2008年 JGSS は初婚年齢を収集していない。

10) それにしても，前後の影響がキャンセルされて同年齢の影響のみが働くというのは，思いがけない発見であった。

11) 仲間集団と言い替えても良いだろう。

12) もちろん実数はこれより遥かに多い筈である。

13) 私大教員としてはいささか不謹慎かもしれないが。

第6章　晩婚化の時系列変化

晩婚化・未婚化は既婚率関数 M_t の低下であるが，それは各時点での初婚確率 $F(t)$ の低下によるのであり，つまり初婚確率の低下が晩婚化に他ならない。

6.1　意外に早い我が国の晩婚化の始まり

当初，筆者は我が国の晩婚化は1970年代頃から始まるのではないかと，さしたる理由もなく考えていた。ところが，グラフの武蔵野市のように1960年以前

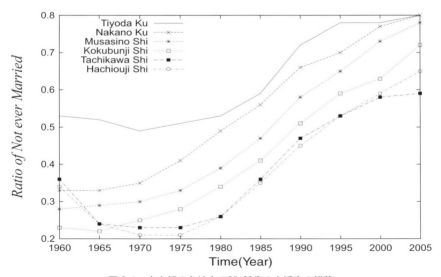

図6.1　東京都の各地点の25-29歳の未婚率の推移

6.1 意外に早い我が国の晩婚化の始まり　101

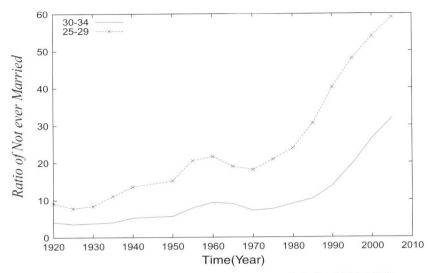

図 6.2　国勢調査による1920年〜2005年までの25-29，30-34歳の未婚率の推移

から単調に未婚率が上昇していたと思われる市区町村が関東には幾つかあり，晩婚化の空間的な拡がりは1975年には関東圏で既に始まっているものと推測されて，1970年代は到底晩婚化の始まりの時期とは考えられないのである。

　そこで1920年の国勢調査の未婚率を2005年まで観察すると，全国的には1930年より少し前から晩婚化が始まったことが見て取れる。この傾向は，1955頃から若干緩和され，1970年頃までは一時的な逆転があったにせよ，現在も継続しているのである。我が国の晩婚化・未婚化は予想外に超長期的な現象なのである。

　晩婚化の始まりが予想以上に早く，1920年頃まで遡ることができるのではないかということについては，後ほど戸田貞三の研究を引用して論じるし，その始まりの原因等については，後章で改めて論じる。

　それとは別にまず注目すべきは，これは19世紀半ばから早婚化が進行し1970年以前までその傾向が持続した西欧諸国と非常に対照的な現象だということである。この事実から推測されることは，早婚化／晩婚化のどちらにも，ある条件次第では本来は変化し得ることと，その変化が長期的なことである。このメ

102　第6章　晩婚化の時系列変化

カニズムを解き明かすことが本稿の大きな目的となる。

6.1.1　SDSMF と Hernes 関数から見た長期的な変化

　これを SDSMF の係数から考察してみよう。1955年には結婚活動に参加して
いた1935年コウホートの Δt は0.255年[1]であった。これが1940年コウホートで
は0.242年[2]に短縮化している。Δt が小さくなることは，結婚生成の平均間隔
が小さくなることと解釈できるから1935年コウホートと比較して1940年コウホー
トは，活動頻度が多くなり早婚化が生じていることになる。この傾向は1950
年まで続き，1955年コウホートでは Δt は再び増加に転じている。Δt が大きく
なることは，結婚を目指した行動の間隔が大きいことであるから，活動頻度が
少なくなり再び晩婚化が生じていることになる。これはマクロ・データの期間
指標とも（ほぼ完全に）一致する。

　SDSMF は初婚関数の形状を忠実に描写する能力を持つばかりではなく，た
だ一つの係数 Δt の変化とそれに対応する実態的な解釈を元にして，日本の早
婚化と晩婚化の時系列変化を追うことができる。

　Hernes 関数の係数からはどのようにこの変化を捉えることができるだろう
か。平均初期結婚可能性（the average initial marriageability）を示す A は確
かに1935年から1940年に急激な上昇を示している。一方，劣化（deteriora-
tion）の初期値 b は低下している。これはより劣化し易くなったことを意味す
るが，これを現実的に解釈することは甚だ困難である。早婚現象は，若いとき

表6.1　SDSMF の係数と Hernes 関数の係数

	SDSMF Δt	Hernes 関数 A	b
1935	0.255	2.641	0.765
1940	0.242	4.228	0.758
1950	0.208	2.371	0.829
1955	0.251	2.000	0.843
1960	0.269	1.989	0.844

に一斉に結婚が起きるというような現象なので，指数関数は急速に 0 に近づく必要がある。それゆえそのような形状変化のためには b が低下せざるを得ない。しかし，それは若い頃から劣化し易くなっていることを意味する矛盾を有している。

1950年コウホートからは A は低下して b が上昇している。これは晩婚化特有の組み合わせとも言えるのであるが，より劣化しにくくなることが晩婚化要因であると解釈できてしまう。劣化し易くすれば晩婚化は止まるのであろうか。A を大きくすることと b を大きくすることは，数式上同じ効果がある。つまり Hernes 関数は係数の組み合わせの解釈の困難さを抱えているのである。例えば，Hernes 自身が女性より男性が結婚可能性（marriageability）＝A が大きいとアメリカのデータから推定された結果に基づいて指摘しているが，これは本当であろうか。明らかに女性の方が生涯既婚率は高いのである。

6.1.2 高度経済成長下での一時的な早婚化

1950年代後半から1970年頃まで一時的な早婚化があったことは確かであるが，その原因としてはやはり「高度経済成長」を考えるしかない。拙著の『夫婦出生力の低下と拡散仮説』［14］において繰り返し指摘しているが，経済的な要因は一時的に（15年ほど）作用して，若干の早婚化をもたらしている。好況は結婚を刺激したのである。その作用の仕方は，非常に独特なものがある。それは1970年には再び晩婚化が始まっていることから，極めて限定的でかつ一時的であったことが理解されるのである。

バブル期の出生力低下傾向からの逸脱

あまり注目されないことだが，バブル期にはマクロ指標である TFR も若干上昇している（図6.3参照）。1984年の TFR＝1.81 を頂点とした一時的な上昇は，バブル期の結婚・出産の増大に帰される現象であろう。やはり「好景気には結婚が増加する」という命題は正しいと思われる。それ故に，理論的に計算された1985年，1990年の値から大きく乖離するのである。

104　第6章　晩婚化の時系列変化

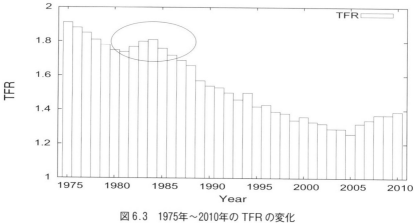

図 6.3　1975年〜2010年の TFR の変化

6.2 早婚化の地理的な様相

6.2.1 経済効果は中心部も作用するが外縁部に大きかった

　東京の初婚率を，15-19歳，20-24歳，25-29歳別に，千代田区を起点とした距離で各市区町村を観察すると（図6.4〜図6.6），1960年から1970年にかけて早婚化は東京の中心部では若干のものでしかない。更なる未婚化を食い止める程度である。東京の外縁部は，25-29歳において急速な早婚化が観察される。これは，周辺部の宅地開発とベッドタウン化により，結婚後の移動によりもたらされたものでもある。

6.2.2 年代別の影響の受け方の相違

　この一時的な早婚化は，25-29歳に最も影響が大きい。15-19歳への影響も絶対量としては微小でも割合としてはきわめて大きいものである。つまり，高度経済成長の恩恵が戦中・戦後生まれ世代の結婚を20代後半において一時的に刺激したのである。

6.2 早婚化の地理的な様相　105

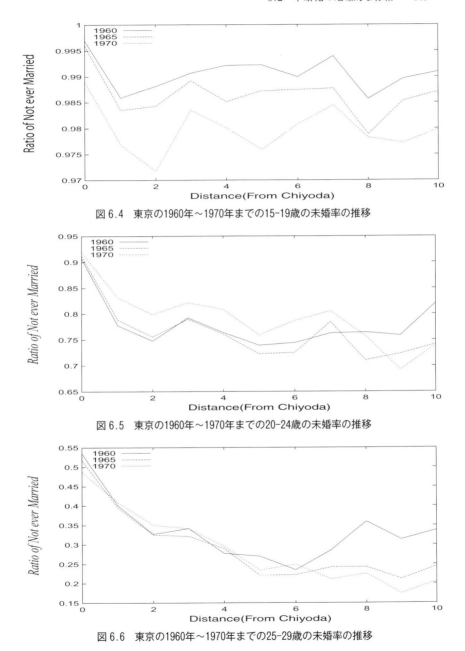

図 6.4　東京の1960年〜1970年までの15-19歳の未婚率の推移

図 6.5　東京の1960年〜1970年までの20-24歳の未婚率の推移

図 6.6　東京の1960年〜1970年までの25-29歳の未婚率の推移

20-24歳にはこれらの影響が見られない。この年齢階級では，経済的な豊かさが高等教育への進学率の上昇を引き起こし，まさに「一時的な晩婚化」要因となっている。つまりこの年齢で早婚化が一時的にストップしている。しかし，次の5年後には結婚している割合が，概して過去より大きくなっているのだから，キャッチアップが著しかったことが判る。つまり，1960年代～70年代は高学歴化は25歳以上には晩婚化の要因として作用してはいない。そして，経済成長を要因とする早婚化が各コウホートに作用しているのである。

図6.7を見ると判るが，1970年代後半以降は，高度経済成長の終焉とともに，超長期的な晩婚化が再び勢いを取り戻し進行することになり，高学歴化（特に女性の）は一時的には停滞するが（これも景気後退が原因だろうが），それとは関係なく晩婚化が進行することは，高学歴化を晩婚化の主要因とすると説明がつかない。

しかも，それだけではない。例えば，それ以前の晩婚化はどのように進行したのかという問題が生じる。1930年頃といえば，高等教育への進学率は5％程度の時代であった。この頃に24-29歳の未婚率が上昇を始めるのは，高学歴化で説明するには余りに不可解である。

6.3　晩婚化の長期的な持続性の意味すること

晩婚化という現象は，1930年ごろに始まり，途中一時的な反転があったものの，2010年においても継続している超長期的な現象である。我々はこの現象にどのような説明をすることができるのだろうか。

かつては高等教育への進学が晩婚化の原因とされた。しかし，図6.7から判るように，1970年頃から2000年にかけて晩婚化はほぼ単調に進行するのに対して，高学歴化は1975年から10年程は明らかに停滞・反転している。この事実を以ってして高学歴化＝晩婚化仮説を認めることはできない。そもそも大学進学率の上昇と25-29歳の未婚率の上昇を因果的に直接的に結びつけるのは，かなりの論理の飛躍である。1980年代末から1990年以降も高等教育への進学率は

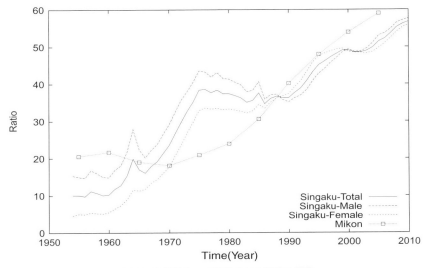

図 6.7　高等教育への進学率と未婚率の推移

上昇するが，18，19歳の初婚確率は殆んど低下傾向を見せていない。高等教育への進学率の上昇が晩婚化の原因であるなら，18，19歳の初婚確率は一層の低下があってもよいが，そのような変化は観察されない。それは既に下限に達している可能性が大きいのである。

晩婚化が一時的な停滞・反転を見せた高度経済成長期にも，高学歴化は進行しているから，高学歴化が晩婚化の主要因であるというのは，単純な主観的思い込みに過ぎない。

6.3.1　女性の就労化は晩婚化の原因か

我々は「女性の社会進出が晩婚化の要因」などと当たり前のように語るが，これもどれだけデータに裏付けられているのだろうか。高等教育を受けた女性の就職率と未婚率の時系列変動を見たのが，図 6.8 である。

ここでも高度経済成長期の晩婚化の停滞・反転と就職率はうまく合致していない。大卒採用で見ても，70年代の女子の新卒採用の停滞は明らかであり，そ

108　第6章　晩婚化の時系列変化

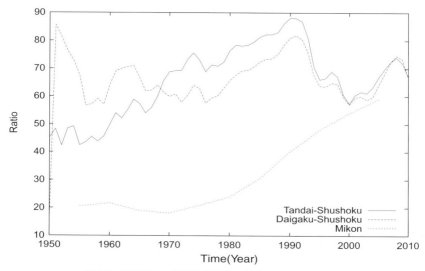

図6.8　高等教育へ進学した女性の就職率と未婚率の推移

の期間の晩婚化の進行は歴然としているから，女性の就労化が晩婚化の主要因と考えるのは強引である．クロス・セクショナル調査やパネル調査の個票データを用いた分析で，女性の高学歴や就業という属性が晩婚化に影響があるかのような統計的な分析が多く報告されている．この数十年の間は大まかに見ると，女性は高学歴化し就業化も進み，同時に晩婚化も進んだのであった．このような場合，学歴と就業と初婚時点（晩婚）には統計学的な何らかの関係が生ずることはむしろ当然である．しかし，それは因果関係ではない．それらは単なる相関関係に過ぎないのである．時系列データの分析の場合，むしろ，マクロ・データのグラフの変化が同調的かどうかを視覚的に見る方が遥に実態的で厳しいデータ分析である．

　イベント・ヒストリー分析も因果関係に関する分析が可能かのように言われているが，これも正しくはない．ロジット・モデルの係数を解釈することは，実態を見ることとは程遠いのである[3]．特にモデルが真の因果要因に関する変数を含んでいない場合，係数の解釈はほとんど誤りとなってしまう．初婚の生成がSDSMFのような「背景非依存な理論」で記述される場合，普通の計量分

析はまったくナンセンスである。

　2000年の頃までには，進学率は停滞し，就職率は大きく落ち込んでいる。それでも未婚率は上昇しているのである。現在に至っては，「女性の社会進出仮説」もその影響力を失いつつあると言えよう。現在では「したくてもできない」貧困化仮説が唱えられるようになっている。このように，その時々で尤もらしく思える説明を考えて，パネル・データなどにそれらしい計量分析をすることが実態の解明をもたらすのか大いに疑問である。

求めるべき理論とは

　晩婚化要因に対するそのような計量分析は，晩婚化現象をメトリックに説明することにはならない。初婚の生成を記述する正しい理論なら，あるコウホートの40歳時の既婚率は幾らであるかを論理的に予測できなければならない。ことに社会経済的な諸変数が重要と考える理論なら，女子の進学率が x%上昇したなら既婚率は y%低下（或いは上昇）するということが，論理的に[4]予測可能でなければならない。

　既婚率は y%低下（或いは上昇）するという予測ができないことは，進学率やその他の想定される独立変数と初婚率が，線形な関係にはないし，単調な増加／減少という共変関係にすらないことから一目瞭然である。主観的に尤もらしい原因を統計的な独立変数として想定する説明では，メトリックな予測ができないことは誰の目にも明らかである。こうした分析は，ただ皆がやっており，それに替わり得るものがないから行われているに過ぎない。

　家政経済学のように行為者の主観をなぞったモデルを作っても，それは任意のコウホートの平均初婚年齢を計算する能力もないのであるから，その理論的価値は低いと断じざるを得ない。初婚関数を記述できない初婚のモデルは，出生力研究において無意味なものに過ぎない。実際，主観をなぞったモデルは，一人の個人の初婚を正確に記述することも決してできない。本来モデルというものは，どの変数が独立変数として現象の記述に必要で，どれは必要ないかを確定させてはじめて意味のあるものなのである。ところが行為者の主観に依存するモデルは，主観的決定に関係するすべての変数を独立変数として必要とし，

110   第6章　晩婚化の時系列変化

また規定している。それゆえに理論が外れたときには，どのような弁解も可能なのである。独立変数も完全に確定してすらいないこれらのモデルが，本当に個人の初婚を予測できると真剣に信じている研究者は一人もいないであろう。こうした理論がメトリックな理論たり得ないのは明らかである。

それに対してメトリックな理論である SDSMF は，個人の初婚確率を時間変化に対して確率論的に記述し，マクロ集団の初婚の動向を示す重要な指標をきちんと計算し予測できる。

メトリックな理論とはメトリックな予測が出せるものなのである。我々の主観的意識をなぞったモデルではメトリックな予測が出せない。初婚生成という問題を主観に問いかけてはいけないのである。「私」はどんな理由でも尤もらしく捏造するのだ。しかし，それは真の因果関係とは限らない。我々は，主観的に尤もらしいということが，社会学においても科学的・理論的に価値があるかどうかを問うべきであろう。主観に依拠することは科学的営為ではない。

6.4　晩婚化の始まり—戸田貞三の研究

戸田貞三は1920年（大正9年）の国勢調査の個票1万票余りの再分析により，日本の家族の7割が夫婦家族としての二世代家族となっていることを昭和12 (1937) 年の『家族構成』で示した。その原因として当時の晩婚化を指摘していると云われている[5]。

戸田は『家族構成』の最後の部分に次のように記している。

　　それ故に封建時代と現代とを比較し，村落と都市とを對比して観れば，家系尊重の厚薄，家族内に於ける諸機能の強弱及び家族外の諸社會関係の作用如何などに差はあるであろうが，三世代以上の者からなって居る家族の大小は主として人々の婚姻年齢の高低によって逆比例的に定められて居るものと考えられる。此様に考えて観ると今後婚姻年齢が次第に上昇するにつれて，三世代以上に亘る直系親が同時に同一家族内に存じ得るが如き場合（m）は

6.4 晩婚化の始まり─戸田貞三の研究　111

次第に少なくなり，假令家系の永続化を尊重する意識は我国民から失われな
いとしても，…

『家族構成』[35]，pp. 578-579

つまり，戸田貞三は今後の家族構成比の変化を予測しているのである。そして
彼が国勢調査を再分析して『家族構成』を著述していた1930年頃には「平均初
婚年齢の上昇─晩婚化」という現象が明らかな事実として日本には生じていた
のである。それゆえ，晩婚化は1920年代，30年代に目に見える現象として進行
していたことは，当時の社会学者の研究からも明らかであろう。

晩婚化の始まり

　戸田貞三自身は1920年以前の晩婚化について実は殆んど言及していないので
あるが，仮に1920年の国勢調査以前から家族の構成比が変化してきたとすれば，
晩婚化は1920年以前に始まっていることになり，しかも，家族の構成を変える
となれば19世紀の終わり頃から晩婚化が始まっているとも推論できる。戸田貞
三は，大正9年の三世代家族の割合を導くために，祖母と孫の長男が同時に生
存している条件を求めるという考え方に基づいて，明治22（1889）年頃まで遡
って平均初婚年齢を推定している。そして，その頃の女子の平均初婚年齢が
22.63歳と推定計算されている。戸田はこれには多少の誤りが含まれているだ
ろうが，大きな問題はないと述べている。

　戸田の研究の意義に筆者はなかなか気が付かなかった。しかし，家族構成比
の変化が1920年以前から進行していたことを仮定すれば，晩婚化は1920年以前
から進行していた筈なのである。とはいえ，戸田が初婚年齢の推定に利用した

表 6.2　戸田による平均初婚年齢の年度別変遷

	明治22，23年頃（推定値）	明治42年	大正3年	大正8年	大正14年	昭和5年
男	26.42	26.88	27.09	27.43	27.09	27.33
女	22.63	22.92	22.80	23.30	23.12	23.21

『家族構成』[35]，p. 539（第三十二表の年代順を入れ替えてある）

112　第6章　晩婚化の時系列変化

表6.3　明治42年〜大正12年の全國と東京市の平均初婚年齢

		明治42年	大正3年	大正8年	大正12年
全國	夫	26.88	27.09	27.43	26.99
	妻	22.92	22.80	23.30	23.02
東京	夫	29.50	29.89	30.16	29.79
	妻	24.48	24.94	26.15	24.76

『家族と婚姻』[34]，p. 198より作成

データ（表6.2，表6.3）は，決して単調な低下傾向を示していないので，明治22（1889）年の22.63歳という平均初婚年齢の推定値自体も危ういものである。何よりも，戸田自身が1920年以前の晩婚化について殆んど何も明言していない。しかし，予想以上に晩婚化は早く開始された可能性があると戸田は想定していたことが窺える。

　戸田は『家族構成』に先立ち『家族と婚姻』を昭和9（1934）年に著しているが，そこに全国と東京市の平均初婚年齢の推移のデータを示している。東京市の女子の晩婚化は，相当早くから進行していることが伺える。しかし，東京は元々平均初婚年齢が高い性質を有しているので，正確なことはよく判らない。

　けれども，19世紀末までに晩婚化開始時点を遡ることは難しい。この点，筆者はどうも合点がいかない。戸田のデータによると，明治22（1889）年頃の女子の平均初婚年齢が22.63で，明治42（1909）の女子の平均初婚年齢が22.92である。20年近く経過して0.3歳程しか平均初婚年齢が上昇しないことを晩婚化といえるのだろうか。しかも，これは戸田がある仮定から算出した推定値に過ぎないのである。全国的には平均初婚年齢は明治42年以降も若干の振幅が観られることから，全国的な晩婚化は大正初めにはまだ始まっていないと考えることもできる。

　1920年の国勢調査を見ると，筆者の目には，どうしても20年以上晩婚化したという配偶関係人口には見えない。1925年（大正14年）の国勢調査をみても，それ程晩婚化が進んでいるとは思えないのである。しかし，それは現代に生きる筆者の想像力が足りないことを意味するのかもしれない。

6.4 晩婚化の始まり—戸田貞三の研究 113

1925年の東京府の10〜14歳の有配偶の女子は230人（0.11％）であり，1920年は155人（0.09％）と比較すると多いと思えるほどである。13歳，14歳の結婚がそれよりもかなり多い人口というのは，筆者には少し考えにくい。しかし，1920年以前は低下していないとする証拠は無い。この問題についてはこれからも検討が必要であろう。

もちろん1920年代，30年代の晩婚化は確かな事実である。1910年代末までは遡れる可能性もある。しかし，1910年代の僅か10年程度の晩婚化で大正9年の家族構成に大きな変化を与えると考えることには些か無理があろう。

それゆえ，戸田貞三の家族構成に関する研究に対しては，大正9年の家族構成比をもたらした原因は，晩婚化ではなく，むしろ1920年以前から元々核家族が多かったというものではないだろうか。三世代以上の同居は思った以上に元々多くないと結論すべきなのではないだろうか。

注

1) 動態統計の値からだと，0.359である。国勢調査との妥当性を考慮し補正を変曲点に施すと0.255になる。
2) 動態統計の値からだと，0.274である。国勢調査との妥当性を考慮し補正を変曲点に施すと0.242になる。
3) 統計分析においてコンピュータが出力する係数の解釈は，因果関係に関する実証分析と言えるのであろうか。
4) 論理的というのは，統計学的に推定されたパラメタや数式だけに依存していないということである。
5) 戸田貞三の研究に関しては，この点に若干の誤解があるのではないだろうか。彼は家族構成比を説明するために，家族の再生産サイクルを遡って調べた訳である。そして，大正9年に三世代以上が一つの家族として生活する可能性のある家族の「七割三分三厘九毛」は三世代家族であると推定している。二世代以下の家族の増加が晩婚化によるという主張は，戸田自身によってはなされていない。戸田は，三世代直系家族が存在し得る可能性が，そもそもそれ程大きくないのだと主張しているのである。確かに戸田の示した平均初婚年齢のデータからは，明治22年から大正9年までの平均初婚年齢が上昇傾向にあることが伺える。また，家族構成比の地域差は平均初婚年齢の差にその原因があると戸田自身が指摘していることから，それ以前からの晩婚化によって日本の家族構成比が変化してきたと**読者**により推論されてきた。しかし，戸田自身がそのように積極的に主張している箇所はないと思われる。実証的な戸田の学風からして，家族構成比の把握が困難な大正9年以前について言及をしなかったと考えられる。

第7章 初婚関数の変化則—空間構造の導入
—4次元時空の初婚関数

> 我々は，主に我々の過去に因果的であると考えるよりも，主に現在の周囲
> の状況に確率論的に因果的であると考えた方がよい。
>
> —S. I.

7.1 初婚関数のダイナミクス

これまでの定式化では，初婚関数のダイナミクスは記述されていない。つまり，晩婚化・早婚化というような初婚関数自体の変化則は記述されていない。結婚関数の形状がコウホートによって変化していることは紛れもない事実である。「結婚関数が Δt が大きくなるように形状変化すること。」これが晩婚化・早婚化と呼ばれる変化のより正確な表現である[1]。何故そしてどのようにかかる変化が出来るのかに答えなければならない。

結婚生成の単純な時間発展なら単一の閉鎖空間を想定して定式化できるが，その時間発展自体の変化則としては，空間各点での結婚生成の法則を記述しなければならない。図7.1から図7.10を見れば判るが，「時間的な変化」の変化は空間での変化なのである。この単純であるが深い洞察（と自負するものであるが）に因果性問題への探究の路が隠れている。

既に予告したように，この初婚関数の動態化という問題は単一の空間の初婚の問題を考えるだけでは解決できないと筆者は考える。初婚関数の動態化のためには，初婚関数の研究自体を空間的に拡張しなければならない。24頁の初婚関数（2.7）式は，単一閉鎖空間に対するものであり，これを構造のある（分

節化された) 格子空間へと拡張することを考える。初婚関数の動態化と晩婚化の地理的な拡散性を解決するためにこれは必要不可欠な拡張である。

(マクロの) 結婚関数の時間的な変化とは，結婚確率の各々の格子空間での変化の aggregate に過ぎない。初婚確率が各々の格子空間で変化する故に，それは時間的な変化として観察される。各格子空間で初婚確率の変化がまったく存在しなければ，結婚関数の時間的変化は有り得ない。マクロの結婚関数が時間的に変化しなくても各々の格子空間の結婚確率の時間的な変化は有り得ることである。それゆえに，各々の格子空間の初婚率の変化こそが結婚関数の時間的な変化の真の要因だと推測することが可能であり，その定式化が求められるのである。

7.1.1 意識ではなく周囲の他者を因果の原因とする

結婚関数の形状変化は，結婚へと帰結する行動のテンポの遅れがもたらしている。この変化は，普通は社会経済的な変化に起因する個人の主観的な選択によってもたらされているものと考えられがちである。この考え方にはこれまで説明してきたように理論的な発展性が無い。

行為の原因が行為者の主観的な意識に求められるとき，説明の因果連鎖はそこで止まってしまう。我々がある意識を抱かなければ行為は起きないことになるのだから。しかも，我々が想起可能な条件など実は極めて限定的である。3日前のことでさえ，我々はどのような条件下で何故そのような行為を選択したかをまともに覚えてはいない。ましてや，それらの因果連鎖を想起することなど，本当は誰にもできはしないのである。

しかし重要なことは，我々の意識による因果論的な説明をある行為に付与することではなく，**我々がどのようにある行為をするかを明かにすること—そして出来する行為を予測することである筈**だ。我々は行為と関係ない色々な妄想にも捕らわれるが，無意識のうちにも行為を行う。どのような状況においてある行為をするかが重要なのであり，意識は必要条件では無い。むしろ，意識に昇ること無く処理されている問題へと我々は探求を伸ばさなくてはならない。

116　第7章　初婚関数の変化則—空間構造の導入

　動物がどのような行動をとるかについては，その動物の周囲の環境に依存していることを否定する者は誰もいないであろう。そして我々人間は所詮は「動物」である。周囲の空間の状況に依存して行動するしかないのである。どのような空間の状況に依存して，我々がどのような行動をとるかという法則性を明らかにすることは合理的な科学の目標であるべきだろう。

　「人間という特権性」を放棄すれば，周囲の空間に依存して行動するときに，「意識」は人間の専売特許ではなく，程度や質の差はあれ，多くの動物が共有することを我々は認めるだろう。それにもかかわらず，「意識」は動物の行動において決定的に重要ではないことを我々は悟るべきである。動物は反射でも多くのことをなしうる。肝心なことは，「どんな動物」に関しても，周囲のどのような状況に対応してどのような行為が選択される蓋然性が高いかを問うことなのである。

因果性とは

　初婚関数の変化則は，ある近傍の初婚の生成状況に依存して，次の時点にどのような初婚生成が空間に出現するかを記述することで自然に現れる。事象A：[ある時点の空間の初婚の状況]が事象B：[次の初婚生成]を決めるという因果性が定式化される。

　ここでは，事象Aと事象Bの因果性があるのみであり，そこに個人の意識や選択は何ら関与しない。ヒューマニズムの伝統に反するので我々には受け容れ難いことではあろうが，事象Aは必然的にその状況での意識や選択を含んでいる。つまり，意識は状況と完全に統一されている。

　我々は，我々の意識的な選択により将来を構成すると考えるが，それは我々に固有の幻想である。我々の現在の状況自体が次の状況を確率論的に生んでいるだけなのである。

　実際，そのように仮定して，初婚生成を予測することがはじめて可能になるのである。我々人間も，他の動物と同じように，周囲の空間に存在する他者に依存して行為している。その依存性を，意識的・無意識的を問わずに定式化することが本章の目標である。

7.2 晩婚化の拡散

図7.1から図7.10に示されるように[2]，我々がデータを観察する限りでは，晩婚化にも地理に依存したパターンが観察される。子ども数の反応拡散過程と同じように[3]，晩婚化も東京の中心部（千代田区）から始まり，それが東京周辺部から関東全域へと拡大していく過程のように見えるのである（より黒くなると晩婚化が進行している）。

このように，晩婚化には，明白な地理的な依存性が経験的に観察されるが，個人の独立した意識的選択を仮定して，何故地理的なパターン変化が産まれるのか説明することができるだろうか。

1960～1975年までは，いったんより白くなる。これは晩婚化の一時的な反転・停滞を表わしている。興味深いのは，東京の西の方（多摩）が東よりも晩婚化の進行が早いということである。これも子ども数の反応拡散と類似した現象である。

多くの人は「地方は早婚である」という説明に納得してしまうが，これは無意味な説明であることを理解すべきである。「地方」は何故早婚なのか，そのことが合理的に説明されない限り，これは同義反復に過ぎない。むしろ先入観に完全に依存している。社会経済的な変化に起因する個人の主観的な選択という考え方では，現象について，より深いそして思いがけない知見に我々は到達できないのである。それでは，通俗的・当たり前の理解で終わってしまう。

早婚の当事者たちも「何故そうなのか？」と問われれば，「地方はそういうものだ。」と答えるであろう。当事者たちの意識に問いかけることは，この場合，説明として意味をなさない。重要なのは何故そう意識するのかを問うことなのである。

決定的な答えは，周囲がそういうものだからである。それゆえ，空間の初婚の状況が初婚の生成を決定しているという解答に辿り着くこともできる。つまり，空間の初婚の生成を定式化することが問題を解く鍵である。

118　第7章　初婚関数の変化則—空間構造の導入

図 7.1　晩婚化の拡散1960年，20〜24歳

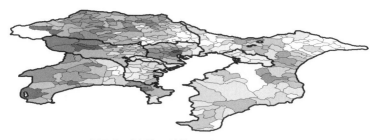

図 7.2　晩婚化の拡散1965年，20〜24歳

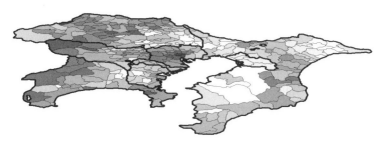

図 7.3　晩婚化の拡散1970年，20〜24歳

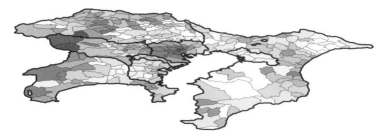

図 7.4　晩婚化の拡散1975年，20〜24歳

7.2 晩婚化の拡散 119

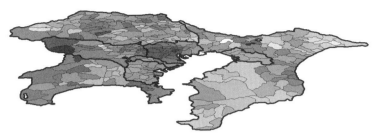

図 7.5 晩婚化の拡散1980年, 20〜24歳

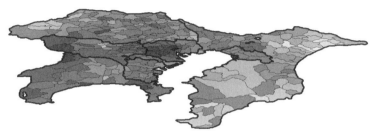

図 7.6 晩婚化の拡散1985年, 20〜24歳

図 7.7 晩婚化の拡散1990年, 20〜24歳

図 7.8 晩婚化の拡散1995年, 20〜24歳

120   第7章 初婚関数の変化則—空間構造の導入

図 7.9   晩婚化の拡散2000年，20〜24歳

図 7.10   晩婚化の拡散2005年，20〜24歳

7.3   4次元数としての既婚率—4次元時空の初婚確率

7.3.1   3次元格子空間

この問題を理論的に包括的に捉えるためには，地理的な2次元の平面 x, y と年齢 a という次元とその3次元の空間に対応する，初婚確率 F 或いは既婚確率 $\int F(a)(da)$ という4つの数が必要である．そして当然ながら，この数 $F(x,y,a)$ or $\int F(x,y,a)(da)$ の変化を，時間 t の変化に対して観察しなければならない．図7.11を例にして説明すれば，x, y 地点の a 歳の初婚確率 $F(x,y,a)$ の確率論的な決定則を定式化することを考えている訳である．

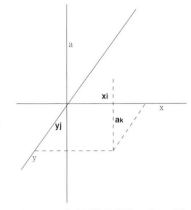

図 7.11 3 次元格子空間のイメージ

7.4 初婚確率関数の仮定する原理

> 原因は結果に先立たねばならない。　　　— D. Hume [12], p. 55
> ("T"is that of PRIORITY of time in the cause before the effect.)

初婚関数は $F(x, y, a, t)$ という，地理的な空間と年齢と時間という高次元時空の中で変化する積分量に関連して定式化されなければならない。この変化則のときに仮定する原理（原理という名の仮定である）を確認しておく。

因果則　方程式は，現在―過去の関係を記述するものでなければならない。すなわち t_k, t_{k+1} での関係を記述するものであるべきである。

等方性　その他の次元については，影響は原則的に等方的である。つまり，どの方向からも同じような影響を受けると考えるべきである。もちろん，分布の偏在性により等方性はみかけ上はくずれることがある。

近接作用　影響は時間的にも空間的にも近接的である。

122 第7章 初婚関数の変化則—空間構造の導入

7.4.1 因果則

初婚確率の変化は，前の時点の近傍空間の初婚確率の積分値の変化からもたらされていることを定式化することである。この定式化がなされなければ，時間の繋がりがなくなり，過去との因果的関係が完全に失われてしまう。それゆえ，この定式化は，差分方程式または微分方程式でなされなければならない。本論では，定石として，理解しやすい差分方程式で定式化して，何らかの極限移行で微分方程式を導く方針で臨む。

7.4.2 個人の決定の等方性

個人は地理的な次元において等方的に影響を受けるだけではなく，年齢次元においても等方的な影響を受ける。この影響は SDSMF の方程式には明らかに含まれていない。というのも，初婚年齢においては，隣接する年齢の影響はかなり相互にキャンセルされることによりある程度無視できるからである。SDSMF が当該コウホートのみに対して定式化されるのは，隣接する年齢の影響が概ねキャンセルされて，同年齢の影響のみが残るからである。

真のミクロでは，初婚関数 F は時間 t に対して滑らかではない。ある空間のある時には，$F(a_{i-1})$，$F(a_i)$，$F(a_{i+1})$ は多くの場合 0 である。ある瞬間には $\int F(a_{i+1})(da)$ が増加し，それは $F(a_i)$ に影響を与え得るであろう。あるいは，より小さい $\int F(a_{i-1})(da)$ の影響では $F(a_i) > 0$ とはならないこともあるであろう。あるいは，$\int F(a_i)(da)$ 自体の大きさにより $F(a_i) > 0$ となることの方がより蓋然性が大きいのである。

即ち，我々は近接する年齢世代の影響を受けていない訳ではないが，その因果性はかなり小さくなる必然性を有している。

時空に隣接する世代の初婚の影響

とすると，83頁の「小さいコウホートの効果」で検討したように，若年期の

初婚生成が初婚関数のすべてを決めてしまうのだろうか。もちろんそうではない。ごく初期の（若年期の）初婚生成だけが時空の初婚生成の成り行きのすべてを決めていると考えるのは，やはり誤っている。何故なら，ベビーブームや我が国の高度経済成長期のような結婚増や，数十年に渡って継続した晩婚化（初婚生成の減少）という現象は，20代後半からの初婚生成の変化だからである。

したがって，我々は近接する世代の初婚生成が完全にはキャンセルされないという極めて当たり前の事実を受け入れなければならない。つまりキャンセルされない部分がそれ以降の初婚関数の動態的な変化の動向を決めていくのである。個人は，先行する世代の初婚増が後続する世代の既婚量より十分に大きい場合には，初婚確率を増大させるのであろう。或いは，先行する世代の既婚量が後続する世代の既婚量とたいして変わらない場合には，初婚確率は減少するのである。

同時に，「小さいコウホート効果」を認めるなら，同世代の影響も受けることが式には含まれていなければならない。キャンセルされて残るものがなければ，「小さいコウホート効果」は生じないのである。これはこれから提案するNDSMDIE を SDSMF に退化させる際にも必要なのである。

7.4.3 時空での近接作用

［近接作用の原理］では，どんなに地理的に近接していても，年齢的に掛け離れた影響は次時点には存在しないと考える。つまり，通常の物理的な空間次元と年齢という生物的な次元の峻別を解き同等のものと考えている訳である。

何故なら，同一格子空間内の大量の高齢者の存在は，若者の初婚には何の影響も与えないことははっきりしているからである。また同様に，同年齢であっても地理的に離れていれば相互に何の影響も与えない。初婚の生成においては，メディアの効果はまず存在しない。有名人の結婚が報じられても出生力指標は微動だにしないのもその一例である。

簡単に３つの原理をまとめれば，「時空に隣接する世代の初婚傾向に同調」

124　第7章　初婚関数の変化則—空間構造の導入

している訳である。ここで我々は極めて普遍的な初婚関数に関する方程式を書き下す準備ができた訳である。

注意すべきこと

「同調」とは，非常に多くの場合，意識的になされないことに注意を喚起したい。人間は周りの状況に対して対応して行動しているだけなのである。ただ，人間の本質的な類似性がある為に，結果として同じような行動が取られるだけなのである。意識して同調していなくても，結果として同調性が現れることを理解することが重要である。

別の表現をすれば，「模倣」という現象は，模倣するという行為当事者の意識を伴わなくても観察されるのである。それも我々の人間としての同質性・類似性が原因となっている。

7.5　4次元超曲面としての初婚関数

近傍の影響が SDSMF のどの部分に含まれるはずなのか考察してみよう。SDSMF の $1 - \int_{a=0}^{a} F(a)(da)$ の部分は，それまで結婚していないという既に起きてしまったことなので（その中に因果的な関係は既に含まれているはずではあるが）除外できる。もう一つの $1 - \int_{a=0}^{a} F(a)(da)$ の部分も被選択確率なので考えにくい。したがって $\int_{a=0}^{a} F(a)(da)$ の部分に想定するのが妥当である。

ここで $\int_{a=0}^{a} F(a)(da)$ の意味を再び考える，これはある t 時点から見れば a 歳までの既婚率である。既に起こってしまった初婚の量に初婚確率は規定されることが含意されている。ここに近傍世代の影響を受けると考える他ない。

7.5.1　3次元格子空間—年齢-空間場（Age-Space field）での定式化

F は t に関して連続ではないので，離散的な時間単位 ℓ を想定してある空間の a_k 歳に関する次時点 $\ell+1$ との関係に関する方程式を書くこととする。1

は必ずしも 1 年を意味するものではない。また，SDSMF では単一コウホートを対象としていたので，時間 t イコール年齢 a であったが，時空に存在するすべての年齢 a_k に対する初婚関数のダイナミクスを定式化する点に注意する。

7.5.2　初婚率に関する差分積分方程式（NDSMDIE: Neighbouring Dependent Stochastic Marriage Difference-Integral Equation）

　この問題を理論的に包括的に捉えるためには，地理的な 2 次元の平面 x, y と年齢 a という次元とその 3 次元の空間を考えなければならない。

　この空間の現在の既婚率が，どのように相互に影響を与え合って，次時点の初婚生成が決まるのかを定式化する。近接する各空間の近接する年齢の既婚率が影響を与えるのであるから，ある時点 t_ℓ 時の格子空間 (x_i, y_j, a_k) の次時点 $t_{\ell+1}$ 時の初婚生成確率 $F(x_i, y_j, a_{k+1}, t_{\ell+1})$ は，

$$
\begin{aligned}
&F(x_i, y_j, a_{k+1}, t_{\ell+1}) \\
&= \lambda \Big[\mu \int_0^{a_{k-1}} F(x_{i-1}, y_j, a_{k-1}, t_\ell)(da) + \mu \int_0^{a_k} F(x_{i-1}, y_j, a_k, t_\ell)(da) \\
&\quad + \mu \int_0^{a_{k+1}} F(x_{i-1}, y_j, a_{k+1}, t_\ell)(da) \\
&\quad + \mu \int_0^{a_{k-1}} F(x_{i+1}, y_j, a_{k-1}, t_\ell)(da) + \mu \int_0^{a_k} F(x_{i+1}, y_j, a_k, t_\ell)(da) \\
&\quad + \mu \int_0^{a_{k+1}} F(x_{i+1}, y_j, a_{k+1}, t_\ell)(da) \\
&\quad + \mu \int_0^{a_{k-1}} F(x_i, y_{j-1}, a_{k-1}, t_\ell)(da) + \mu \int_0^{a_k} F(x_i, y_{j-1}, a_k, t_\ell)(da) \\
&\quad + \mu \int_0^{a_{k+1}} F(x_i, y_{j-1}, a_{k+1}, t_\ell)(da) \\
&\quad + \mu \int_0^{a_{k-1}} F(x_i, y_{j+1}, a_{k-1}, t_\ell)(da) + \mu \int_0^{a_k} F(x_i, y_{j+1}, a_k, t_\ell)(da) \\
&\quad + \mu \int_0^{a_{k+1}} F(x_i, y_{j+1}, a_{k+1}, t_\ell)(da) \\
&\quad + \mu \int_0^{a_{k-1}} F(x_i, y_j, a_{k-1}, t_\ell)(da) + \mu \int_0^{a_{k+1}} F(x_i, y_j, a_{k+1}, t_\ell)(da) \\
&\quad + (1 - 14\mu) \Big(\int_0^{a_k} F(x_i, y_j, a_k, t_\ell)(da)
\end{aligned}
$$

$$+ \alpha\Big(\beta_k - \int_0^{a_k} F(x_i, y_j, a_k, t_\ell)(da)\Big)\Big(\gamma_k - \int_0^{a_k} F(x_i, y_j, a_k, t_\ell)(da)\Big)\Big)\Big]$$

$$\cdot \Big(1 - \int_0^{a_k} F(x_i, y_j, a_k, t_\ell)\Big) \cdot \Big(1 - \int_0^{a_k} F(x_i, y_j, a_k, t_\ell)\Big) \tag{7.1}$$

1 行目から11行目までは，ある格子空間 (x_i, y_j, a_k) の反応拡散過程に関する記述である。

この（格子）空間 $(x_i,\ y_j,\ a_k)$ の次時点 $t_{\ell+1}$ と前の時点 t_ℓ の近傍の空間の既婚率との関係を**初婚率に関する差分積分方程式**（NDSMDIE: Neighbouring Dependent Stochastic Marriage Difference-Integral Equation）と呼ぶことにする。

地理的次元 x，y と年齢次元 a という 3 つの数に対応する格子空間上の既婚率 $\int_0^a F(x, y, a)(da)$ は相互に影響を与え合っているので，これは「**年齢-空間場（Age-Space field）**」とでも呼ぶことができよう。NDSMDIE は，この年齢-空間場の初婚確率 F 或いは既婚確率 $\int F(a)(da)$ の因果的な変化を述べた方程式である。

この方程式（7.1）の解を解析的に求めることは多分不可能であろうが，解が 4 次元の幾何学的な図形——タイル貼りされた 4 次元超曲面であることは自明である。

係数 λ と μ

既婚率依存係数 λ と拡散係数 μ の違いは，どれだけの影響を近傍の既婚率から受けるのか，その大きさを示すのが λ である。そのうちどの空間からどれだけ影響を受けるかという割合を決めるのが μ である。そしてこの μ が，地理的な空間及び世代間の晩婚化の拡がりを決める一つの主要素となるので拡散係数に相当する。

7.5.3 反応項

結婚（初婚）は，両性の性的な行動の積として出現する。一方の性的な行動の確率が低下すると，それらは相互に独立な事象で，2 つの確率の積である故

に更にバランスの低下が進行して行く。この変化は，晩婚化の始まり以前の最高既婚率水準 β_k と最低既婚率水準 γ_k でロジスティックに表現される。

係数 α, β, γ

α は，その当該空間で独自の初婚動向を示す部分人口の反応速度を決める係数である。反応拡散方程式の視点からは，拡散の拡がり方はこの α によっても大きく左右される。β_k は各年齢の最高既婚率であり，γ_k は各年齢の最低既婚率である。

この仮定の根拠はかなり薄弱である。反応項がないと一貫した低下傾向を示せないという理由から仮定されている訳である。とはいえ，既婚率の空間パターンが図7.1から図7.10で明らかなように，複雑な起伏を有しているからには，A.M. Turing が指摘したように反応拡散系が現象の記述には必要なのではないだろうか。

NDSMDIE の言語的イメージと背景非依存性

かなり項の多い方程式となってしまったが，時空での初婚生成をそれのみに依存して記述するという「背景非依存性」は依然として維持されている。

仮にある A 地点の20歳の次の点の初婚率はどのように決まるのかというケースならば，それは周囲の19歳と20歳と21歳の既婚率によって決まる訳である。19歳と21歳の既婚率は大部分は相互にキャンセルされるので，主に20歳の既婚率が大きな独立変数として作用する訳であるが，晩婚化や早婚化という局面では，キャンセルされない部分が作用する訳である。

例えば，晩婚化という現象は，centre 方向からの19，20，21歳の低既婚率が周囲の既婚率にキャンセルされきれずに A 地点の20歳の次の（21歳時の）初婚率生成に低下モメントを与えることが含意される。

この差分方程式は複雑な印象を与えるかもしれないが，それほど難しいことを言っている訳ではない。μ との積の項は，次の時点 $t_{\ell+1}$ の初婚確率が周囲の空間の既婚確率によって影響を受けること，および反応項によるその変化傾向の深化を示している。つまり，そうした近傍の現在の状態に対して反応拡散し

128 第7章 初婚関数の変化則―空間構造の導入

て次の時点にはλの確率で初婚が生成すると考えるのである。

先に述べたように，初婚率に関する差分積分方程式‐反応拡散方程式（NDSMDIE）は現在と将来（或いは視点をずらせば，過去と現在）を繋ぐ方程式である。つまり因果関係を記述する方程式なのである。これは我々の行動が，他者の行為の結果に対する反応―変化として現れることの必然的な結果とも言えよう。したがって，NDSMDIE は，前後する年齢の関連を記述することから，複数のコウホートの初婚関数への自然な拡張となっている。

差分積分方程式の因果性が，専らどのように初婚が生成するかを決定し，その背後にある社会経済的な事象の影響を方程式自体は受けない。初婚関数の変動は専ら差分積分方程式によって記述されるのである。これが NDSMDIE の「背景非依存性」である。初婚という現象は，初婚という現象の変化のみで記述されるのである。

この背景非依存性は歴史的事実が示すように完全ではない。しかし，ベビーブームのような初婚生成の変化は，背景となる社会経済的な事件が初婚生成を特異的に一時的に変化させたとしても，実は初婚生成の変化がなくしては起こり得ないのである。

7.5.4 累積初婚確率の 3 次元勾配

地理的な格子空間と時間間隔 $k=\ell$ が非常に小さいと考えるなら，（年齢）時空点 (x, y, a, t) で，時空を擬似的に連続的なものと考えて，ある瞬間 t の既婚率―累積初婚確率 $\int_0^a F(x, y, a)(da)$ の 3 次元勾配（gradient）を定義する。

$$
\begin{aligned}
\mathbf{grad} \int_0^a F(x, y, a)(da) &= \nabla \int_0^a F(x, y, a)(da) \\
&= \left(\frac{\partial \int F(x, y, a)(da)}{\partial x}, \frac{\partial \int F(x, y, a)(da)}{\partial y}, \frac{\partial \int F(x, y, a)(da)}{\partial a} \right)
\end{aligned} \tag{7.2}
$$

つまり，我々の社会の各地点の累積初婚率 $\int_0^a F(x, y, a)(da)$ は，擬似的に

は，4次元超曲面（Hypersurface）である。この超曲面の凹凸というか起伏が，次の初婚確率を決め―従って累積初婚率も決めるのである。この$\int F(x, y, a)(da)$の3次元勾配に係数μを掛けたものが，次時点の初婚確率$F(a)$の一つの決定要因となる。またそこに反応項が加わるから，

$$\mu \nabla \int_0^a F(x, y, a)(da)$$
$$+(1-\mu)\left[\int_0^a F(x,y,a)(da)+\alpha\left(\beta-\int F(x,y,a)(da)\right)\left(\gamma-\int F(x,y,a)(da)\right)\right] (7.3)$$

これがSDSMFの

$$F(t)=\lambda\left\{\int_0^a F(t)(dt)\right\}\left(1-\int_0^a F(t)(dt)\right)\cdot\left(1-\int_0^a F(t)(dt)\right)$$

{ }の部分に対応する。隣の空間と年齢の影響を考慮し，更に反応項が加わったので，NDSMDIEはその分複雑になっている。とはいえ，物理的空間次元と年齢次元を同等のものとして取り扱うことの統一性には目を瞠るべきものがある。

結局，(7.1) 式を極限移行すると，x, y, aに関する変化分だけが取り出され，

$$F(x, y, a)=$$
$$\lambda\left[D_1\Delta\int_0^a F(x,y,a)(da)+D_2\left(\beta-\int_0^a F(x,y,a)(da)\right)\left(\gamma-\int_0^a F(x,y,a)(da)\right)\right]$$
$$\cdot\left(1-\int_0^a F(x,y,a)(da)\right)^2 \tag{7.4}$$

という反応拡散方程式（過去の履歴付き）が姿を表す。ここではD_1, D_2は適切な係数である。$\Delta\int_0^a F(x, y, a)(da)$は，4次元の超曲面の3次元勾配$\nabla$の内積であるラプラシアンである。つまり，3次元勾配の変化と反応項が初婚関数の変化に関する要因である。

NDSMDIE は，書き下してみると，実は当り前のことをいっているに過ぎないと思われる。我々の結婚への衝動は周囲の状況に依存している。そして我々はある空間に存在する未婚者をカウントし，未婚者はその空間に存在する未婚者としか結婚できない[4]。これらのことを素直に数式化すると，NDSMDIE は現れると思われる。

初婚関数 F の差分積分方程式からなる反応拡散過程が4次元の超曲面として織りなすパターン形成が，初婚関数の真の姿なのである．

晩婚化の地理的な拡散は，3変数 x, y, a に対応する4次元の超曲面の時間 t に関する変化なのである．それゆえ，時間を含めれば5次元超曲面が初婚関数の究極の幾何学的表現となる．もちろんこの超曲面は滑らかではないので，その点には注意が払われなければならない．

4次元超曲面と意識の対応

時間を止めた瞬間，瞬間では，4次元の超曲面であるが，この4次元の超曲面の上で我々が意識することが社会慣習等である．つまり，存在と意識は同じものである．晩婚化とは4次元超曲面 $\int_0^a F(x, y, a)(da)$ の低下なのであり，この超曲面の変化 ＝ 意図の変化なのである．

周囲の初婚の生成が変化しない場合，多くの我々の意図も大概変化しないであろう．周囲の初婚生成が変化するときに，我々の意図も変化するのである．我々は，周囲の変化に対応する生物に他ならない．

Principle 7.5.1（対応原理） 超曲面はそれに対応する意識を生む．

例えば，我が国の1950年代中頃から1970年代前半までの高度経済成長期には，主に都市部で，まず25歳以降の超曲面の突起（膨張）をもたらし，それは地理的・年代的な拡散をもたらしたのである．それはほんの20年間の超曲面の変化ではあったが，かなり多くの人が20代後半には結婚したので，人間はそこで皆婚規範を意識するのである．

つまり多くの人々の動向なくしては，規範意識など多くの人間には生じ得ないのである．

第二次世界大戦により延期された結婚が，どのようにベビーブームを生成させるのかについても，年齢-空間場での初婚生成の連鎖的反応による波及効果を計量的に分析することにより初めて正確な理解が可能となるはずである．

7.6 NDSMDIE が正しい証拠

　4 次元超曲面上の $\int F(x, y, a)(da)$ の相互作用から初婚生成を検討しよう
とする NDSMDIE の立場が正しいとすれば，NDSMDIE では説明できるが，
他の立場からは説明ができない現象が必ずあるはずである。

　SDSMF は，当該コウホートの初婚確率を記述できても，コウホートを通じ
て初婚関数が形状変化するダイナミクスを説明できない。それゆえ，SDSMF
はより一般的な NDSMDIE に包摂される必要がある。

　NDSMDIE は，地理的な初婚生成の変動と世代間の初婚生成の変動を余す
こと無く説明できる能力を有している。もし，仮に118〜120頁の図 7.1 から図
7.10のような変化が「社会通念（＝規範）の変化」に起因するものなら，空
間と各年代にそのような「社会通念」が拡がっていったと考えざるを得ない。
ここで重大な一つの困難が生ずる。ある人は過去の「社会通念」のように初婚
している訳であるから，なぜある人には新しい「社会通念」は拡がらず，他の
人には拡がったのであろうか。

　これに納得のいく説明をつけることは困難である。また「社会通念」の拡が
りを数理的にモデル化することはそれゆえ困難でもある。更に，ベビーブーム
の発生と終焉を「社会通念」のような意識によって因果的に説明することは困
難であろう。

　しかし最も重要なことは，このような主観的な意識に依存した説明は，ある
現象の原因として「かくかくしかじかの意識」を指摘するに留まり，決して
「将来どのような意識が有り得るか」を予測し得ないことである。従って，将
来の初婚確率の変化も予測できない。

　つまり，「社会通念」，「社会慣習」，「規範」あるいは「結婚に対する考え方」
等の主観的実体の変化を原因とする立場からは理論的な予測ができない。これ
らの立場は決定的な無能力に留まっている。それに対して，NDSMDIE は各
地点の年齢別初婚確率を予測することができる。科学的な理論というものは検
証可能な予測を出さなければならず，ただ NDSMDIE のみがそれができる。

132 第7章 初婚関数の変化則—空間構造の導入

それは，NDSMDIE が「背景非依存な理論」であり続けているからである。NDSMDIE は，高次元化された時空でかなり複雑な方程式として立てられているが，初婚確率は初婚確率のみによって決まるという「背景非依存性」を堅持している。

初婚確率が完全な「背景非依存性」を持たないことは，我が国の高度経済成長期の一時的な晩婚化の反転などから明らかであろうが，それも4次元超曲面に別の力で変化が起きるというものであるから，「背景非依存な理論」の枠内で扱えるのである。

それゆえ NDSMDIE は，まだ来ぬ2015年の各地点の初婚確率を予測することができる。NDSMDIE は，初婚確率に関する科学的な（反証可能なという意味で）現在唯一の初婚生成に関する理論である。

1920年代から始まった晩婚化も初期の頃は殆ど意識されずに生じているのである。戸田貞三が1937年の『家族構成』の中で晩婚化を指摘してもなお，日本人の誰も意識的に晩婚化を選択したものとは考えていなかったのであろう。即ち，意識がなくても行為は生じ得るし，ある一群の行為が必ずしもある意識を引き起こす訳でもない。

NDSMDIE は，人々が意識していなくとも，4次元超曲面が観測さえされていれば，1930年にでも，その行く末を予測できたのである。ある時点の既婚率から次の時点の既婚率へというように，観測可能な事実に対して理論は立てられているからである。

我々が晩婚化を「意識する」ようになったのは，実は，それがかなり進行して様々な生理的な問題や社会的な問題を生じるようになってからなのである。しかし，1930年代の晩婚化はデータからは明白な事実である。NDSMDIE は，意識に昇らない初婚確率の変化を説明し予測できる理論である。

7.6.1 伝わる「もの」は何もない

子ども数の反応拡散においても，筆者は拡散する何ものもないことを主張した。初婚関数の変化—晩婚化においても拡散する「もの」は何もない。晩婚化

という主観的な意識が，インフルエンザ・ウィルスのように各人の脳に感染するのではない。そのような R. Dawkins（ドーキンス）[7] の「ミーム（meme）」のような荒唐無稽な実体を想定する必要はない。

初婚の生成も，近傍の刻々の変化に対する対応として初婚が生成していたり，していなかったりしていることを理解すればよいのであって，「ある社会通念が憑依している」ようなことを想定することはまったく必要ない。個々人の近傍の変化に対する確率論的な対応として，初婚の低下が空間に拡大していくだけなのである。

我々が初婚の生成を規範拘束的な現象として見做し，晩婚（或いは早婚）化をある意識・規範の伝播によると見做すならば，「堰き止められた結婚」を契機としたベビーブームは何故先行するコウホートにも拡がったのであろうか。我々は，意識の上では新しい世代の文化には強い抵抗性を示すのが普通だというのに（筆者は特にそうだ！）。

実験が可能なら，空間のある年齢の初婚を人為的に特に高くして，それ以降の初婚生成の変化が理論と一致するか確かめることができるのだが，その実現可能性は低いので，そうして確かめることはできない。

我々に可能なことは，意識の伝播では有り得ない行為の同型性を把握することである。先にコウホートという概念はあくまで便宜的な区分に過ぎないと論じた。真の理論的な区分は，時空の幾何学的な特性に即して行われなければならない。我々の初婚活動における類似性は，理論的には，超曲面上で相対的に周囲との幾何学的な類似性である。そのような類似性を有する者は，同じような行動と意識を持つはずなのである。そのような二つの群を取り出して，かかる理論的な予測の妥当性を調べれば，NDSMDIE の正しさが確かめられることだろう。そしてその二つの群が時間的かつ空間的にかけ離れていれば，「価値・規範―意識的な何らか」が伝播して，かかる行動がもたらされるという仮説も否定されることになるだろう。

この検証のときに上述のナブラ $\nabla \int_0^a F(x, y, a)(da)$ が重要な意味を有する。近傍の情報はこの $\nabla \int_0^a F(x, y, a)(da)$ により集約されるので，この $\nabla \int_0^a F(x, y, a)(da)$ の類似性が，意識の類似性をもたらすであろう。もっと

134 第7章 初婚関数の変化則—空間構造の導入

も，現実のデータは，偏微分ではなく隣り合う格子空間の差分となるであろう
が。

7.6.2 その他の係数

これで未知の係数は，λ を別にすれば，μ，α の二つである。μ については，
ある程度の限定が「等方性原理」からつくので，だいたいの値を見当をつける
ことができる。NDSMDIE の基本的な差分方程式（7.1）より，任意の一つの
格子空間に影響を与えるのは他の空間の14個の既婚率であることが判っている。
それゆえ以下の不等式が成り立つ。

$$1-14\mu>0 \qquad \text{したがって}$$
$$\frac{1}{14}>\mu \tag{7.5}$$

周囲の影響は初婚活動を行う男女に独立に作用するから，

$$\frac{1}{14}\doteqdot\mu \tag{7.6}$$

の周辺だと予想することができる。

さて，λ であるが，これは取り敢えず未知の値として検討を続けることにす
る。

7.6.3 NDSMDIE から SDSMF へ

複雑に見える 4 次元の NDSMDIE の方程式（7.1）であるが，この中には
SDSMF が包摂されている。まず，SDSMF は，一つの空間しかなくその空間
だけの近傍の効果というものが考えられているので，$\mu=0$ であるから，最初
から12項（8行目）まではすべてなくなる。

次に，9 行目の隣接する世代の影響である 2 つの項は，晩婚化や早婚化が進
展していないならば，相互に相殺されてキャンセルされるので（$1-14\mu$）の
前まではすべてなくなる。

反応項 $\alpha\left(\beta-\int_0^{a_k}F(x_i, y_j, a_k, t_\ell)(da)\right)\left(\gamma-\int_0^{a_k}F(x_i, y_j, a_k, t_\ell)(da)\right)$ について
は，本来存在する効果なのであるが，晩婚化や早婚化という初婚関数自体の
ダイナミックな変動がない場合は無視することができる。結局，初婚関数自体
のダイナミックな変化は 4 次元超曲面の変化なのであるが，そこに変化がない
と想定すると，a と t は同じ変数と考えることができるので，NDSMDIE は a
を t に換えれば，

$$F(t)=\lambda\int_0^t F(t)(dt)\left(1-\int_0^t F(t)(dt)\right)\cdot\left(1-\int_0^t F(t)(dt)\right)$$

と SDSMF に戻る。

　我が国の1940～1960年代は，晩婚化が一時的に反転したので，反応項の影響
自体が相対的に小さく，数値上ではそれほど大きくはなく無視できたのである。

注
1) と，第 7 章を最初に書いたときには考えていたのである。しかしその表現も十分では
ないことを第13章で理解することになる。
2) アニメーションとしては http://Sociology.main.teikyo-u.ac.jp/bankonka/ より見るこ
とができる。
3) 拙著『夫婦出生力の低下と拡散仮説』[14] を参照のこと。
4) 重婚や不倫をどう考えるかは未整理である。統計的な数値として無視できると弁明し
ておくに留める。

第8章 初婚率の変動と NDSMDIE の係数の推定

8.1 次元の低下と 1 次元での係数の推定結果

初婚率の変動は，4 次元超曲面のダイナミクスではじめて理論的には十全に描写されるのであるが，時間を入れると 5 次元時空での超曲面の変化が初婚率の変動を説明するのに必要である。これをそのまま現実データと対応付けることは，ある意味で非常に複雑・困難である。

そこで，まず次元の低下を行う。我々が国勢調査から観察できる各市区町村の配偶関係のデータは，高度経済成長期という一時的な反転を別にすれば，長期的な晩婚化が進行していたときのものである。それゆえ前後の年齢からの影響を省略することはできず，地理的な空間 1 次元 ＋ 年齢次元の 2 次元空間へ次元を退化させてまず考える。つまり，$\int F(x, a)(da)$ は 3 次元の曲面である。

これは，もう一つの地理的な次元 y でカットして切り口を見ていることに相当するが，切り口が 3 次元のものは 4 次元の超曲面なのである。

次元を低下させた 3 次元の曲面上で考えれば，ある年齢例えば25歳に限定すれば，その地理的な次元 x_i に即した変化を時間 t_k に即して追う訳である。もちろん，25歳は隣接する空間の隣接する年齢の影響を受けているのである。これを各年齢すべてについて考えるのである。説明すべきデータをまず提示してみよう。

8.1.1 説明すべきデータ

地区の選択

東京都の市区町村を地理的な並びで選択して，2次元の空間を想定して係数を推定するという方法をまず採用する。

地理的な並びは，千代田区，新宿区，中野区，杉並区，武蔵野市，小金井市，国分寺市，立川市，昭島市，八王子市である。

8.1.2 2次元空間の初婚確率

x を1次元の地理座標とし，t_ℓ 時点から $t_{\ell+1}$ 時点への a_k 歳の a_{k+1} 歳の初婚確率として定式化すると，

$$
\begin{aligned}
&F(x_i, a_{k+1}, t_{\ell+1}) \\
&= \lambda \Big[\mu \int_0^{a_{k-1}} F(x_{i-1}, a_{k-1}, t_\ell)(da) + \mu \int_0^{a_k} F(x_{i-1}, a_k, t_\ell)(da) \\
&\quad + \mu \int_0^{a_{k+1}} F(x_{i-1}, a_{k+1}, t_\ell)(da) + \mu \int_0^{a_{k-1}} F(x_{i+1}, a_{k-1}, t_\ell)(da) \\
&\quad + \mu \int_0^{a_k} F(x_{i+1}, a_k, t_\ell)(da) + \mu \int_0^{a_{k+1}} F(x_{i+1}, a_{k+1}, t_\ell)(da) \\
&\quad + \mu \int_0^{a_{k-1}} F(x_i, a_{k-1}, t_\ell)(da) + \mu \int_0^{a_{k+1}} F(x_i, a_{k+1}, t_\ell)(da) \\
&\quad + (1-8\mu)\Big(\int_0^{a_k} F(x_i, a_k, t_\ell)(da) + \alpha\Big(\beta_k - \int_0^{a_k} F(x_i, a_k, t_\ell)(da)\Big) \\
&\quad \Big(\gamma_k - \int_0^{a_k} F(x_i, a_k, t_\ell)(da)\Big)\Big)\Big] \cdot \Big(1 - \int_0^{a_k} F(x_i, a_k, t_\ell)\Big) \\
&\quad \cdot \Big(1 - \int_0^{a_k} F(x_i, a_k, t_\ell)\Big)
\end{aligned}
$$

ある任意の格子空間 x_i の a_k 歳の初婚確率は，現時点の近傍の空間の既婚率の影響を受けて変化すると想定する。現在は少し後のことを決めるという因果性が我々の立論の基本原理である。とはいえ，国勢調査データという5年間隔と各市区町村という地理的なスケールは，「近傍依存」というには大き過ぎやしないかという疑義が生ずる[1]。しかし，データへの方程式の当て嵌めは，別

138   第8章　初婚率の変動と NDSMDIE の係数の推定

の係数を導入するとうまくいく。つまり，地理的に近接する空間の既婚率は非
常に類似したものであることを仮定して，かなり大きな空間スケールでも[2]方
程式は良く当て嵌まると考えても良いのではないだろうか。

8.2　2次元のケースの係数の推定の手順

8.2.1　データの特性—25-29歳の既婚率

　国勢調査の各市区町村別のデータは5歳階級のものしか利用できない。この
くらい粗い時間間隔ではよい係数が推定できない。というのも，この時間間隔
は［近接作用］の原理に違反するからである。

　国勢調査のデータは，各市区町村ごとに1970年の15-19歳，20-24歳，25-29
歳という年齢階級の既婚／未婚数等を提示しているが，このデータから計算さ
れる既婚率は，複数の年齢がまとまっていて隣り合う年齢の既婚率とは考える
ことができない。

　時空スケールをどのように設定するのかが非常に重要な問題として浮上して
くることに気付かざるを得ない。特に空間スケール x, y と a の対応が未知の
問題として浮上し，影響の大きさを決める係数 μ^* の大きさが，［等方性］原
理を認めてもなお，スケール次第では同じとは限らないことが想定される。

　それゆえ，次の方法で推定を行う。

　・5歳間隔の年齢階級はそのままで，その近接作用でない点を係数により調
　　整する方法。

8.2.2　5歳階級データでの推定

　また，2次元の NDSMDIE の式は，次の時点の初婚生成を計算する式なの
で，5年間隔では生成量が足りないので，次式（8.1）のように係数 κ_i を掛け
る必要がある。

この値を元にして 5 年間後の生成初婚確率を予測することは，本来極めて困難なことである。とはいえ，経験的に κ_i を決めて乗ずる以外に方策がない。晩婚化過程においてはこの κ_i 自体も変化するので，あくまでも経験的な当て嵌めに過ぎないことに注意してもらいたい[3]。

20-24歳の生成量を15-19歳から計算するには，この間の生成量の増加が大きいため $\kappa_{20-24}=13.0$ とする。25-29歳は $\kappa_{25-29}=11.6$，30-34歳は $\kappa_{30-34}=9.3$，同様に $\kappa_{35-39}=7.1$，$\kappa_{40-44}=2.4$ とする。これらの κ_i の算出は，1960年初婚関数の数値を参考としている。

$$
\begin{aligned}
&F(x_i, a_{k+5}, t_{\ell+5}) \\
&= \kappa_i \lambda \Big[\mu \int_0^{a_{k-5}} F(x_{i-1}, a_{k-5}, t_\ell)(da) + \mu \int_0^{a_k} F(x_{i-1}, a_k, t_\ell)(da) \\
&\quad + \mu \int_0^{a_{k+5}} F(x_{i-1}, a_{k+5}, t_\ell)(da) + \mu \int_0^{a_{k-5}} F(x_{i+1}, a_{k-5}, t_\ell)(da) \\
&\quad + \mu \int_0^{a_k} F(x_{i+1}, a_k, t_\ell)(da) + \mu \int_0^{a_{k+5}} F(x_{i+1}, a_{k+5}, t_\ell)(da) \\
&\quad + \mu \int_0^{a_{k-5}} F(x_i, a_{k-5}, t_\ell)(da) + \mu \int_0^{a_{k+5}} F(x_i, a_{i+5}, t_\ell)(da) \\
&\quad + (1-8\mu)\Big(\int_0^{a_k} F(x_i, a_k, t_\ell)(da) + \alpha\Big(\beta_k - \int_0^{a_k} F(x_i, a_k, t_\ell)(da)\Big) \\
&\quad \Big(\gamma_k - \int_0^{a_k} F(x_i, a_k, t_\ell)(da)\Big)\Big)\Big] \cdot \Big(1 - \int_0^{a_k} F(x_i, a_k, t_\ell)\Big) \\
&\quad \cdot \Big(1 - \int_0^{a_k} F(x_i, a_k, t_\ell)\Big)
\end{aligned} \tag{8.1}
$$

また，$1-8\mu>0$ より $\mu<1/8$ という条件が課される。iteration により推定すると，$\mu \doteqdot .12$ と $\lambda \doteqdot .181$ を得た。SDSMF の無次元のときの $\lambda \doteqdot .22$ より小さくなっている。これは 5 歳間隔という時間区切りの大きさによるものであろうか。

$8\mu=0.96$ であるから，96％以上が近傍空間の影響であり，残りの 4 ％程が当該空間の影響であると推定される[4]。もっともそこに λ が掛けられるから，.174程度の確率で近傍空間からの影響で初婚生成が生成している訳である。

8.2.3 定数 β_k, γ_k について

話は前後するが，各年齢 a に対して，既婚率の最大値 β_k と最小値 γ_k が定数として決まらなければならない[5]。

2次元のデータへの当て嵌めを検討していた時点では，筆者には β, γ の推定値について甚だ自信がなかった。そして，データへの当て嵌めは，β, γ が，観測値とは対応がないほど極端な値であることを示唆していたのであった。この時は，筆者は理論が誤っているのではないかと悩んだものである。

その後この問題は保留しておき，研究を継続していくと，β, γ は，観測値とはかなりかけ離れた極端な値でもよいことが，4次元のシミュレーションを経て経験的かつ理論的に判ったのである。いやむしろ極端な値でなければならないのである。

最高既婚率 β は可能性としてコンスタント

β は，潜在的な早婚化の限界値として存在する。β_k は，年齢 a_k に対応して変化する関数である（計算上はベクトルである）。この値は，よほどのことがない限り現実に出現することはない。しかし，これが十分に大きくないと，現実のデータを説明できない。

初婚生成は，危機のときや非常のときに備えて"遊び"が大きくとられているようである。

また，平均寿命が短いときには（人類はその生存期間の大部分が非常に短い平均寿命であった），そのような高い β である必要性もあった。

γ について

データの当て嵌まりから考えれば，γ も想像以上に小さい値が対応しているようである。第11章の不動点の知識から，実際には既婚率は γ に落ちていくことがないことが判っている。

生物の可能性として，非常に低い初婚生成率があり得ることが仮定されるの

表 8.1　モデルの当て嵌めに用いた β_k, γ_k

年齢階級	β_k	γ_k
15–19	.794	.0006
20–24	.87	.007
25–29	.907	.033
30–34	.95	.38
35–39	.96	.68

ではないだろうか。或いは，β, γ は，極めて少数の個体を対象とした時の可能性を語っているかもしれない。或いは，初婚生成のテンポの限界についての係数かもしれない。γ がどのように決まっているかを，NDSMDIE の範囲内で論じることには無理があり，より包括的な理論がこれらの係数が何故このような値なのかを明らかにしてくれることであろう。

　生物は増えすぎてもいけないし，少なすぎてもいけない。人間のような繁殖形態をとる生物は，生殖可能性に対して大きな変域が用意されており，環境の変化に対応できるようになっているのである。しかも，それが高すぎると必ず低下するように相互依存性を利用してプログラムされているようである。

　あらためて考えると，25-29歳の既婚率はずいぶんと大きな変域を持っているものである。9割近い女性が周囲の動向に依存してその婚期を決めていると考えられるのである。高度経済成長期では，20代後半の既婚率が上昇するのであるが，この大きな変域があったからの上昇と考えられるのである。

8.2.4　NDSMDIE の当て嵌めの結果

　1975年から2005年までの千代田区，新宿区，中野区，杉並区，武蔵野市，小金井市，国分寺市，立川市，昭島市，八王子市のうち，両端の千代田区と八王子市を除いた（両端のため理論値の計算はしていないが，近傍の既婚率として計算には使用している）観測値と理論値（5年前の観測値から NDSMDIE 式（8.1）により計算した結果）のグラフ（図 8.1～図 8.4）を142頁以下に示す。

　1975年（図 8.1）は都心から離れるほど，理論値と観測値が乖離する傾向が

142　第8章　初婚率の変動と NDSMDIE の係数の推定

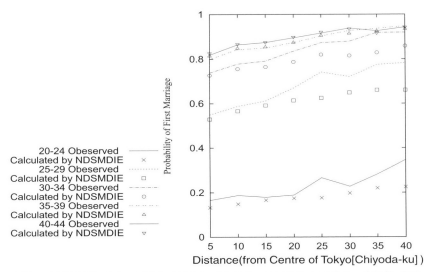

図 8.1　1975年の新宿区，中野区，杉並区，武蔵野市，小金井市，国分寺市，立川市，昭島市の観測された既婚率と NDSMDIE の計算値

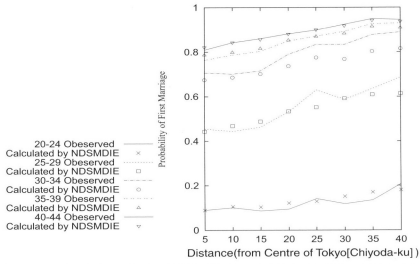

図 8.2　1985年の新宿区，中野区，杉並区，武蔵野市，小金井市，国分寺市，立川市，昭島市の観測された既婚率と NDSMDIE の計算値

8.2　2次元のケースの係数の推定の手順　143

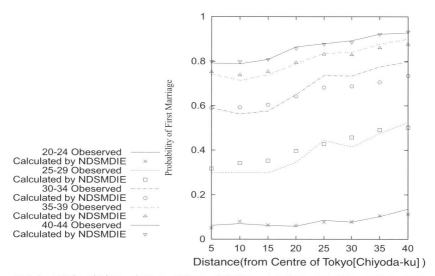

図 8.3　1995年の新宿区，中野区，杉並区，武蔵野市，小金井市，国分寺市，立川市，昭島市の観測された既婚率と NDSMDIE の計算値

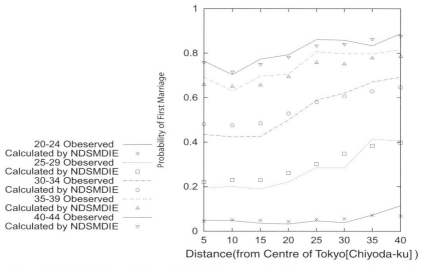

図 8.4　2005年の新宿区，中野区，杉並区，武蔵野市，小金井市，国分寺市，立川市，昭島市の観測された既婚率と NDSMDIE の計算値

144 第8章 初婚率の変動と NDSMDIE の係数の推定

あるが，この周辺乖離の傾向は1985年（図8.2）には減少傾向を見せ，1995年
（図8.3）にはほぼ消えている。つまりこの1975年の乖離は，多摩地域の開発
とそれとともに結婚したカップルが移住してきたことにより一時的にもたらさ
れたものであると推測できよう。

1975年と1985年の25-29歳の小金井市などの乖離は若干気になるが，4つの
グラフからは，NDSMDIE はある程度の説明力を有していることは，確かに
認められると思う。

8.2.5 NDSMDIE でとらえる各地点での初婚率の変化

5歳階級で2次元に次元を退化させた NDSMDIE によって各地点のコウホ
ートの初婚率[6]の変化をどれだけとらえることができるだろうか。

1970年に15-19歳のコウホート（1951-1955年出生）と1975年に15-19歳のコウ
ホート（1956-1960年出生）と，1980年に15-19歳のコウホート（1961-1965年出
生）の各地点の初婚率を，観測値と NDSMDIE の計算値とでグラフにしてみた
のが，図8.5 から図8.16である。

新宿区　図8.5〜図8.7

中野区　図8.8〜図8.10

中野区の変化は新宿区と非常に似ている。新宿からの変化が伝わったような
印象を与える。

武蔵野市　図8.11〜図8.13

23区とちょうど接した多摩地域の東端の武蔵野市はどうであろうか。他の地
点でも同様の傾向はあるが，武蔵野市はバブル期の1985〜89年の初婚増が顕著
であると思われる。これはバブルの影響による初婚増であり，104頁の図6.3
のマクロ指標の TFR の上昇とも合致している。

新宿区，中野区でも僅かではあるが，バブル期の初婚増は見てとれる。

8.2 2次元のケースの係数の推定の手順　145

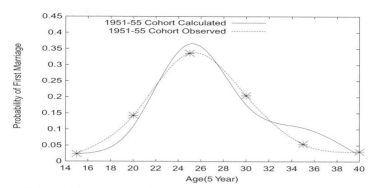

図 8.5　新宿区の1951-1955年出生コウホートの初婚確率の観測値と理論からの計算値（スプライン補間）

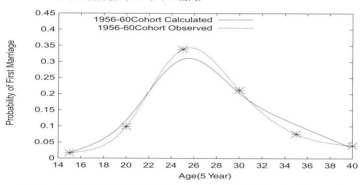

図 8.6　新宿区の1956-1960年出生コウホートの初婚確率の観測値と理論からの計算値（スプライン補間）

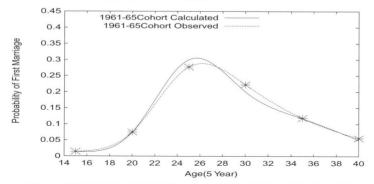

図 8.7　新宿区の1961-1965年出生コウホートの初婚確率の観測値と理論からの計算値（スプライン補間）

146　第8章　初婚率の変動と NDSMDIE の係数の推定

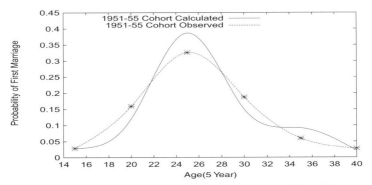

図 8.8　中野区の1951-1955年出生コウホートの初婚確率の観測値と理論からの計算値（スプライン補間）

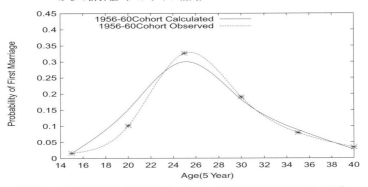

図 8.9　中野区の1956-1960年出生コウホートの初婚確率の観測値と理論からの計算値（スプライン補間）

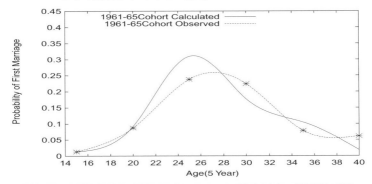

図 8.10　中野区の1961-1965年出生コウホートの初婚確率の観測値と理論からの計算値（スプライン補間）

8.2 2次元のケースの係数の推定の手順　147

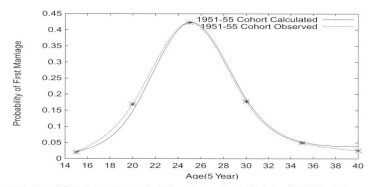

図 8.11　武蔵野市の1951-1955年出生コウホートの初婚確率の観測値と理論からの計算値（スプライン補間）

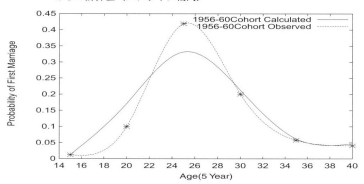

図 8.12　武蔵野市の1956-1960年出生コウホートの初婚確率の観測値と理論からの計算値（スプライン補間）

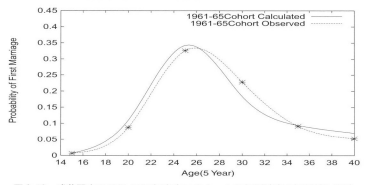

図 8.13　武蔵野市の1961-1965年出生コウホートの初婚確率の観測値と理論からの計算値（スプライン補間）

148　第8章　初婚率の変動とNDSMDIEの係数の推定

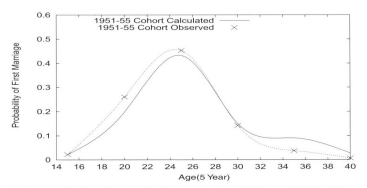

図8.14　立川市の1951-1955年出生コウホートの初婚確率の観測値と理論からの計算値（スプライン補間）

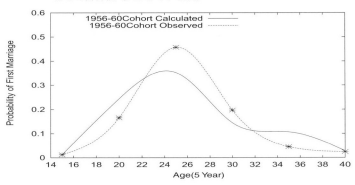

図8.15　立川市の1956-1960年出生コウホートの初婚確率の観測値と理論からの計算値（スプライン補間）

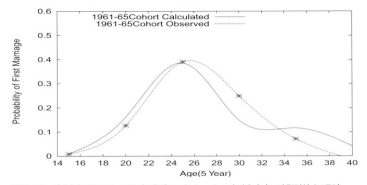

図8.16　立川市の1961-1965年出生コウホートの初婚確率の観測値と理論からの計算値（スプライン補間）

8.2 2次元のケースの係数の推定の手順　149

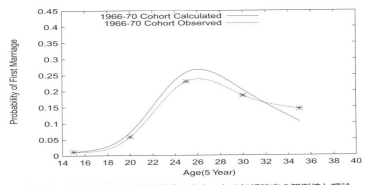

図 8.17　新宿区の1966-1970年出生コウホートの初婚確率の観測値と理論からの計算値（スプライン補間）

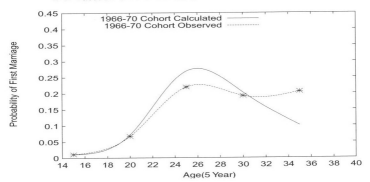

図 8.18　杉並区の1966-1970年出生コウホートの初婚確率の観測値と理論からの計算値（スプライン補間）

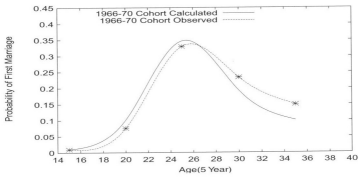

図 8.19　国分寺市の1966-1970年出生コウホートの初婚確率の観測値と理論からの計算値（スプライン補間）

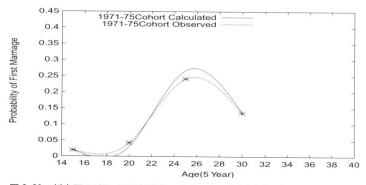

図 8.20 新宿区の1971-1975年出生コウホートの初婚確率の観測値と理論からの計算値（スプライン補間）

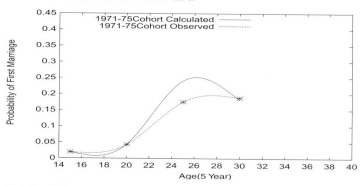

図 8.21 杉並区の1971-1975年出生コウホートの初婚確率の観測値と理論からの計算値（スプライン補間）

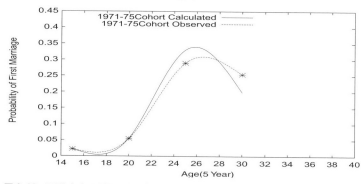

図 8.22 国分寺市の1971-1975年出生コウホートの初婚確率の観測値と理論からの計算値（スプライン補間）

8.3 4次元の超曲面としての計算 151

立川市 図8.14〜8.16

多摩地域でもかなり東京都心から隔たった立川市はどうであろうか。やはり，バブル期の初婚増が起きていることが判る。

1985年の東京の配偶状態に関する国勢調査のデータはバブルの影響を受けていたようである。それは，25-29歳の結婚をある程度増加させたのである。とは言え，それ以降のコウホートは，図8.17〜図8.22が示すようにどの地点でも一貫して晩婚化していく。

バブルが4次元超曲面に与えた効果はどうもまさに「バブル的」で，一時的な将来の需要の先食いというもので，それ以降への持続的な効果はほとんどないようである。

そもそも NDSMDIE は，コウホートを特に意識しないで次の時点での初婚率を近傍超曲面の既婚率から計算している[7]。それでも，実際のコウホートの初婚率にかなりよい近似値を各地点で得ることに成功している[8]。

8.2.6 それ以降のコウホート

145頁の1951-55年コウホートの初婚関数である図8.5と，150頁の1971-1975年コウホートの初婚関数の図8.20を比較してみると，東京都心部の晩婚化は20年でかなり進行したことが判る。

劇的な晩婚化が進行した訳であるが，その形状変化に注目してもらいたい。若年期の初婚量が劇的に減少し，それとともに全体的な初婚の生成量も減少していく過程が理解できるはずである。そして，これが日本全体の初婚生成の変化をかなり暗示しているのである。

8.3　4次元の超曲面としての計算

前節の x, a の2次元にもう一つの地理的な次元 y が加われば，初婚生成は3つの変数による関数として表現されるので，幾何学的には4次元の超曲面に

152　第8章　初婚率の変動とNDSMDIEの係数の推定

なる訳である。4次元の超曲面を視覚することができないのは残念であるが，この4次元超曲面の（時間tに対する）変化則がNDSMDIEであると考える訳である。

　これが初婚関数の真の姿である。4次元超曲面といっても不思議に思ったり，たじろぐ必要は全くない。空間–年齢場の既婚率の高低差が相互作用しながら，つまり，個人が周り（近傍空間かつ近傍年齢）の既婚率の影響を受けることで初婚が生成していると考えればよい。

8.3.1　y次元を追加して3次元データでの当て嵌め

　当面は，5年間隔の観測データを引き続き考えよう。y次元を追加して更に当て嵌まりの精度がよくなれば，NDSMDIEが正しい一つの証となるだろう。地理的な次元yを追加して，東京に以下のような格子空間を仮定した。実際の地図と比較すると若干のズレもあるが，東京都[9]で隣接する各地方公共団体の並びを反映したものとなっている。同じ市区町村名が重複しているのは，そのような地理的な配置となっていることを反映した結果である。

表8.2　東京圏において仮定した格子空間

あきる野市	福生市	東大和市	小平市	小平市	西東京市	練馬区	練馬区	豊島区	文京区
八王子市	昭島市	立川市	国分寺市	小金井市	武蔵野市	杉並区	中野区	新宿区	千代田区
相模原市	八王子市	日野市	国立市	府中市	三鷹市	世田谷区	世田谷区	渋谷区	港区

　結論を述べれば，すぐ判るような劇的な当て嵌まりの向上はない。

　絶対誤差和は5.974（2次元）から5.931（3次元）へと約99.3%に縮小している。これを若干の効果があったと評価するならば，やはり高次元空間の方がより現実に近いと考えることができよう[10]。各初婚確率は平均で.0353程度の誤差となる。これは，移動やその他の要因を考慮していない割には，かなりの精度であると評価されるのではないだろうか。

　2次元のデータからも，3次元のデータからも2010年の各地点の年齢別の既婚率を計算してある[11]。これらの値が公表されれば，NDSMDIEの予測力も

8.3 4次元の超曲面としての計算　153

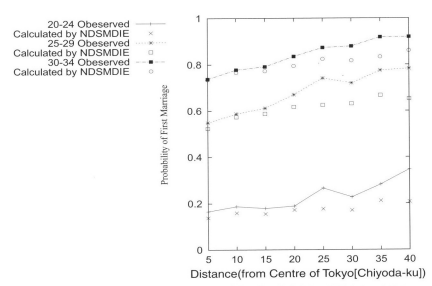

図 8.23　1975年の新宿区，中野区，杉並区，武蔵野市，小金井市，国分寺市，立川市，昭島市の観測された既婚率と NDSMDIE（4次元）の計算値

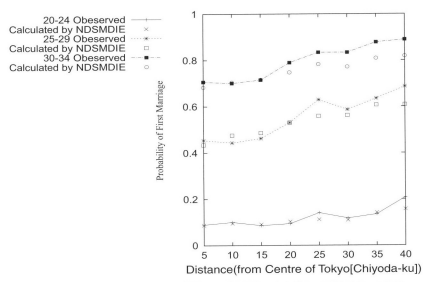

図 8.24　1985年の新宿区，中野区，杉並区，武蔵野市，小金井市，国分寺市，立川市，昭島市の観測された既婚率と NDSMDIE（4次元）の計算値

154　第 8 章　初婚率の変動と NDSMDIE の係数の推定

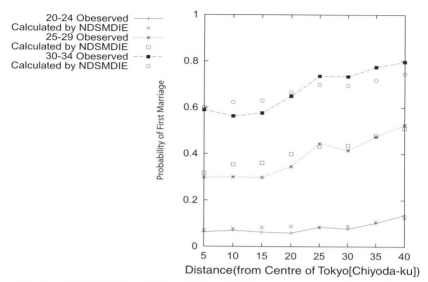

図 8.25　1995年の新宿区，中野区，杉並区，武蔵野市，小金井市，国分寺市，立川市，昭島市の観測された既婚率と NDSMDIE（4次元）の計算値

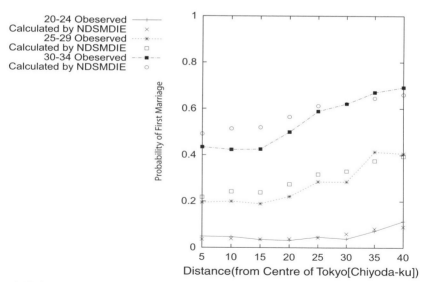

図 8.26　2005年の新宿区，中野区，杉並区，武蔵野市，小金井市，国分寺市，立川市，昭島市の観測された既婚率と NDSMDIE（4次元）の計算値

評価されるであろう。

2次元と3次元に，劇的とも言えるほどの差がないことは何を意味するのだろうか．それは，地理的な空間上の拡がりは，原点からの同心円モデルでかなり近似できるということを示唆しているのだろうか．あるいは，市区町村による擬似的な格子空間の限界を物語っているのかもしれない．

多摩地域への人口移動に起因すると思われる観測値が予測値を上回る傾向も，3次元での計算と同じである．

補間法による細かいデータによる3次元曲面

補間法により各市区町村毎の各年齢別の既婚率を推定し，まず3次元曲面（地理的次元 x と年齢 a で2次元で，既婚率 $\int F(x,a)(da)$ で3次元）として既婚率分布を得る．これを3次元プロットしたものが図8.27, 8.28である．

3次元曲面を初めて目で見て観察する意義は極めて大きい．千代田区という東京都心という低既婚率への2次元勾配（gradient）を見ることができるからである．

既婚率の千代田区への勾配により，新宿区，中野区，杉並区の既婚率が低下していくこと，及び年齢 a に依存して増加する積分が視覚的に理解できる．

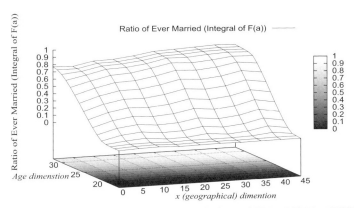

図 8.27　3次元曲面としての1970年の千代田区，新宿区，中野区，杉並区，武蔵野市，小金井市，国分寺市，立川市，昭島市，八王子市の既婚率

第8章 初婚率の変動と NDSMDIE の係数の推定

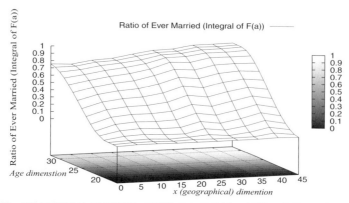

図 8.28 　3 次元曲面としての1975年の千代田区，新宿区，中野区，杉並区，武蔵野市，小金井市，国分寺市，立川市，昭島市，八王子市の既婚率

注
1) 他ならぬ筆者自身もその疑念には囚われた．
2) もっとも時空スケールの大きさは，我々の感覚で判断すべきものではない．市区町村や5年というスケールは，歴史という視点からは微々たるスケールかも知れない．出来事の生起の確率という観点から考え抜かれなければならないと思われる．
3) 非線形な関係にある高次元の変数の係数を推定する良い方法を筆者が良く知らないという困難もある．
4) 或は本当は近傍空間の影響は圧倒的に大きいのではないだろうか．男女の選択という本来的に不確実な事象の為に係数は減殺されているのかも知れない．
5) 当初は β, γ は観測値の最大値ではないかと考えていたが，4次元のシミュレーションにより，β は観測値より大きく，γ もより小さいことが判って，その後方針を転換した．つまり，第11章の不動点の存在を知ってから，この章を書き直している訳である．
6) 既婚率の変化としてもよいのであるが，既婚率の変化よりも初婚率の変化の方が，より違いが目立ちやすい．予測値と観測値の乖離もより目立つ！
7) コウホートは $\left[1-\int F(x,y,a)(da)\right]^2$ の部分だけが関与している．
8) スプライン補間は，初婚関数としては不自然なカーブを付けてしまう．少ない点から初婚関数らしく見せるために，スプライン補間を用いているのであるが，逆効果となっている感もある．とはいえ，初婚関数は補間法では捉えきれないことを理解していただけるであろう．
9) 相模原市は神奈川県であるが八王子に隣接するので採用している．
10) もっとも3次元のデータの方が，実は係数の調整に自由度があるような感触はある．
11) 2012年10月にはこれらの集計結果は未だ公表されていない．

第9章　4次元超曲面は地域の出生数を
予測する

　地域人口の出生数を予測することには，これまで理論的には有効な方法があったとは言えない。NDSMDIE は次時点の初婚生成を予測し—したがって次時点の既婚率を予測することができる。それゆえに，出生児数は結婚持続時間の関数であると仮定すれば，ある地域の期間出生率—出生数を予測することができる[1]。

　地域人口に限らず，出生率を予測する然るべき理論的枠組みを我々は欠いている。近傍の既婚率に依存して次の初婚率が決まる NDSMDIE は，ある期間にある地域に生成する初婚の量を予測することができる現在唯一つの理論であり，4次元の超曲面としての既婚率を想定してはじめて，地域人口の出生数の理論的な予測が可能となるのである。これも NDSMDIE が時空の初婚関数の理論だから可能なのである。

　この予測のためには，出生子ども数と結婚持続時間に関する仮定が必要である。結婚持続時間と出生子ども数は密接な関係があることは経験的には知られており，出産力動向調査の数値がそのまま使えるような気がするが，晩婚化により結婚持続時間が同じでも平均出生子ども数は微減していくことなどから，各地域ごと（東京都区内でも新宿区とその他の市区町村）の，結婚持続時間と出生子ども数の関数関係の差異は大きい。

　そのため，その地域の結婚持続時間と出生子ども数に関しての独自の推定値を得なければならない。とはいえ，これらは過去のデータから可能であるとして研究を続けることとしよう。

　また，NDSMDIE は移動を考慮していない理論なので，移動の少ない地域の予測しかよいものが期待できない。したがって，その適用可能性はそれ程大

158   第9章   4次元超曲面は地域の出生数を予測する

きくはないかもしれない。それでも非常によい予測値を計算することもできる。それは，多くの場合は，入流出が相殺されるからであろうか。

9.1   ある期間のある地域の期待子ども数

　あるコウホートの初婚開始時点を t_0 とし（実際の計算では15-19歳が想定されている），そのコウホートの出産終了時点を t_e として，それを k 個の区間に分割する。

　仮に，出生率を予測するある期間 I では，k 個の各区間で初婚と出産行動を同一のコウホートの時間経過と見做せるならば，ある区間 i から $i+1$ までの初婚確率は，

$$\int_i^{i+1} F(t)(dt) \tag{9.1}$$

時間 t に対する出生確率を $B(t)$ とすれば，ある区間 i から $i+1$ までの出生確率は，

$$\int_i^{i+1} B(t)(dt) \tag{9.2}$$

この2つの値の積として，ある期間 i から $i+1$ の間の期待出産児数が計算される。

$$\int_i^{i+1} B(t)(dt) \cdot \int_i^{i+1} F(t)(dt) \tag{9.3}$$

これを t_0 から t_e までの k 個の区間について足し合わせれば，ある期間 I での期待出生児数が計算できる。

$$\sum_{i=1}^{k} \left[\int_i^{i+1} B(t)(dt) \cdot \int_i^{i+1} F(t)(dt) \right] \tag{9.4}$$

対応する各区間のコウホートの（女子）人口を乗ずれば，期待期間出生子ども数を計算できる。以降，この方法を**結婚持続時間期待子ども数法（Duration of Marriage-Expected Children Method：DM-EC 法）**と呼ぶこととする。こ

の方法は，初婚関数 $F(t)$ を別にすれば，如何に妥当な結婚持続時間に対応する平均出生子ども数の数値を得るかに依存している。

9.1.1 期待子ども数の計算結果と考察

まず無謀にも新宿区の1980〜1985年の期待子ども数を計算してみた。新宿区は移動が大きく，かつ，結婚持続時間と出生子ども数の関係も，晩婚化が（日本全体と比較すれば相対的には）極度に進行しているために，出産力調査のデータとは非常に乖離している。

それゆえ，第8回出産力動向調査（1982）の結婚持続期間と平均出生子ども数の関係を適用すると大幅に大きな期間 TFR を計算してしまう（表9.1）。

そこで1980年の新宿区の結婚持続期間と平均出生子ども数を大幅に引き下げて期待子ども数が実現値と近似するようにしてみた。新宿の1980〜1985年の期間 TFR は0.944となる。勿論，理論家が自由に結婚持続期間と平均出生子ども数の関係を設定できるとなれば，ある意味任意に期間 TFR と期待子ども数を設定できる。それゆえ，これは初婚確率を制約条件として結婚持続時間と子ども数の関係を実現値に適合させた値なのである。

それでも，1980〜1985年のデータが再計算されて，新宿区の期間 TFR が

表 9.1 結婚持続期間と平均出生子ども数—計算された期間出生率

地　　域	新宿区（1985）		小金井市（2000）	
結婚持続期間	第8回調査	推定値	第11回調査	推定値
0〜4年	0.80	0.51	0.71	0.62
5〜9年	1.95	1.01	1.75	1.28
10〜14年	2.16	1.35	2.10	1.61
15〜19年	2.23	1.46	2.21	1.79
20年以上	2.24	1.67	2.24	1.87
期間 TFR	1.277	0.944	1.397	1.190
期待子ども数	18901	13870	6021	4740
実　現　値	13869		4743	

160　第9章　4次元超曲面は地域の出生数を予測する

0.944近辺であれば，この計算の正しさは検証されるであろう。実際，新宿区の出生力の低さは，最近の動向でも群を抜いているので，この推定値がよい値であると筆者は予想する。

　一方，比較的移動も大きくなく晩婚化の進展も相対的には穏やかな小金井市を，1995〜2000年で計算してみた。それでも第11回出産力動向調査の結婚持続期間と平均出生子ども数の関係を用いるとかなりの over-estimate となる。小金井市も全国よりは晩婚化がかなり進行しているので，結婚持続期間と平均出生子ども数のデータより更に低い値を用いると実現値に非常に近い値を計算することができる。

他の東京郊外の地域でも検証してみる

　小金井市と同じ結婚持続期間と平均出生子ども数のデータで，NDSMDIE からみればそれほど変わらない空間的な位置にある国分寺市の1995〜2000年の出生を計算してみた（表9.2）。若干多めであるが，DM-EC 法はよい値を計算できている。実際の子ども数が4412であるが，DM-EC 法は4561を計算する。

　府中市，小平市，国立市は，小金井市より結婚持続期間に対して平均出生子ども数が大きいようである。それゆえ，この3市には小金井市とは別の結婚持続期間と平均出生子ども数の関係を適用しなければならなかった。

婦人子ども比による計算との比較

　DM-EC 法の難点は，妥当な結婚持続時間と平均出生子ども数の数値を得ることと，計算が煩雑なことである。この煩雑な計算を敢えてする価値があるかどうか，1995年の婦人子ども比から2000年の出生数を計算する方法と比較して検討してみよう。

　婦人子ども比（Child-Woman Ratio）には，何時の婦人子ども比を採用すべきか。また，何歳から何歳までの女子人口を分母とすべきかという問題が恣意的な選択対象として存在している。本稿では国勢調査データから下の三つのケースの婦人子ども比を計算した。

表 9.2　東京郊外の DM-EC 法と婦人子ども比による2000年の子ども数

	DM-EC 法	婦人子ども比の分母			観測値
		1.1990＋95	2.1995のみ	3.25–34歳	
小金井市	4748	5175	4957	5622	4743
府 中 市	10840	10357	10283	12564	10835
国 立 市	3316	2905	2566	3466	3332
国分寺市	4561	4794	4470	5272	4412
小 平 市	8802	8434	8416	10060	8560

1．1990年の女性人口15〜44歳を分母として婦人子ども比を計算し，1995年の女性人口15〜44歳を分母として婦人子ども比を計算して，二つの値の平均値を計算する。

2．1995年の女性人口15〜44歳を分母として計算した婦人子ども比。

3．1995年の女性人口25〜34歳を分母として計算した婦人子ども比。

　これら3種類の婦人子ども比をコウホート変化率による変化を遂げた2000年の女子人口に乗じて出生子ども数を計算をしている。

　婦人子ども比1に基づくと，小金井市は0〜4歳人口を5175と計算している。DM-EC 法は4748であるから，観測値4743に圧倒的に近い。これは結婚持続時間と平均出生子ども数をそのように調整しているからである。この小金井市の結婚持続時間と平均出生子ども数の数値をそのまま使用して，国分寺市の2000年の出生子ども数を DM-EC 法で計算すると4561で，婦人子ども比では4794である。観測値は4412であるから，こちらも DM-EC 法の方がよい値である。

　婦人子ども比を1995年だけを使用すると，この期間では一貫して出生力が低下しているから実は婦人子ども比による予測にとって有利になり，小金井市は4957となる。国分寺市は4470とよい値を計算するが，この計算方法が一貫してDM-EC 法よりよくなる訳ではない[2]。

　次に東京都心部に関しても DM-EC 法と婦人子ども比による2000年の子ども数を計算してみた。

162　第9章　4次元超曲面は地域の出生数を予測する

表9.3　東京都心部の DM-EC 法と婦人子ども比による2000年の子ども数
（千代田区の結婚持続時間と平均出生子ども数の関係を適用）

| | DM-EC 法
千代田区を適用 | DM-EC 法
調整値 | 婦人子ども比の分母 | | | 観測値 |
			1.1990＋95	2.1995のみ	3.25-34歳	
千代田区	1046	—	740	716	925	1041
港　　区	5441	5548	4186	4171	4920	5557
文　京　区	5944	5491	4979	4682	5651	5482
新　宿　区	7933	8073	7467	7085	8883	8094
渋　谷　区	6675	5948	5078	4776	5886	5947

東京都心部の出生子ども数の予測　東京都心部の子ども数の予測は DM-EC 法にとっても困難な課題である。東京郊外においては，結婚持続時間と平均出生子ども数の関係については，均一な値を想定してもかなりよい予測を計算できるが，都心部はそうではない。都心部の4次元超曲面の起伏は大きく，3次元勾配（gradient）が急なので，結婚持続時間と平均出生子ども数の関係はそれぞれかなり異なるのである。

　DM-EC 法は，結婚持続時間と平均出生子ども数の関係[3]を調整すればぴったりと当てることもできる。これは理論の妥当性には欠点となるが，予測には好都合な点でもある。

　婦人子ども比による出生児数の予測と観測値を比較すれば明らかなことは，2000年の都心部の出生力は，非常に低い水準ながらも実は回復基調にあることなのである。新宿区は1985年の期間 TFR が0.941と推測されるが，2000年には0.977にまで上昇している[4]。

　婦人子ども比による出生児数の予測は，外れの幅が大きく，回復基調にある都心部では，ほとんどの場合，1995年の25-34歳を分母とする場合が最もよい予測値となっている。しかし郊外では，ほとんどのケースで，25-34歳を分母とする場合が最も悪い予測値となっている。つまり，婦人子ども比による予測は，論理性が不足している為に，何を分母とすべきかについて決めることができない。結局その計算は過去の傾向の延長−投影でしかないのである。

　DM-EC 法は，初婚確率と結婚持続時間に対応する平均出生子ども数の関係

から出生児数を計算するが，それは過去の傾向の単なる延長ではない。それは確かな論理性の元に計算されており，東京郊外では，かなり驚異的な予測精度を達成している。

結婚持続時間と平均出生子ども数の妥当な推定ができれば，DM-EC 法により期間 TFR や期待子ども数の予測ができる訳である。

9.2 2005～2010年の市区町村の出生子ども数を予測する

本稿執筆時点（2012.10.10）では，2010年の国勢調査の市区町村別の集計結果は刊行されていない。NDSMDIE は，2010年の初婚確率を計算して予測できるので，この未だ未知の値を，結婚持続時間と平均出生子ども数の仮定より予測することができる。2010年の市区町村の 0 ～ 4 才人口を予測してみよう。

9.2.1 ウォーミングアップ

2000～2005年の出生子ども数を，2000年の予測に使用した結婚持続時間と平均出生子ども数の仮定値を参考にして予測してみよう。

残念なことに，2000年の予測に使用した結婚持続時間と平均出生子ども数の仮定値そのままではよい予測はできない。婦人子ども比と大して変わらない値となってしまう。晩婚化が進行するにつれて結婚持続時間と平均出生子ども数の関係も当然変化したからである。

東京郊外

小金井市は 4 次元超曲面として観察すれば，2000～2005年は，次第に都心部の低出生に飲み込まれていく位置にあり，晩婚化も大きく進行し，それゆえに結婚持続時間に対する平均出生子ども数もかなり低下していく[5]。

この問題を理論的に解決し，結婚持続時間に対する平均出生子ども数の低下に計量的な解答を示すことは現段階では困難である。それゆえ，4 次元超曲面

164   第9章   4次元超曲面は地域の出生数を予測する

表9.4   東京郊外の DM-EC 法と婦人子ども比による2005年の子ども数

	DM-EC 法		婦人子ども比の分母			観測値
	予測値	DM-EC2000	1.1990＋95	2.1995のみ	3.25-34歳	
小金井市	**4126**	渋 谷 区	4752	4695	4637	4137
国分寺市	**4566**	武蔵野市	4892	4725	4751	4560
府 中 市	10746	小金井市	11060	**11197**	10751	11406
小 平 市	**8148**	小金井市	8481	8628	8157	7907
国 立 市	**2876**	小金井市	3388	3517	3138	2743
最近似値	4			1		

　の定性的な知識より，まずは，都心部に対してより内側の地域の結婚持続時間に対する平均出生子ども数の関係を，新しい予測値として適用することにしたい。つまり，小金井市には，渋谷区の2000年時の予測に用いた結婚持続時間に対する平均出生子ども数の関係を使用してみる。国分寺市には2000年の武蔵野市のデータを用い，府中市，小平市と国立市には2000年の小金井市のデータを用いてみた。

　そうすると，婦人子ども比と比較して（4勝1敗である）かなりよい値を計算できる。精密な予測を行うには4次元超曲面の形状変化を考慮しながら行う必要性がある訳である。

　経験則として，この時期は，5年前には10km程度内側の結婚持続時間に対する平均出生子ども数の関係を用いるのがよいのではないかと思われる。

東京都心部の予測

　低水準ながらも回復基調が予感された東京都心部の2005年の予測はどうなるであろうか。残念ながら，2005年は再び低出生へと回帰しているようである。4次元超曲面は低下している訳だからこれは当然でもある。

　2000年の文京区の結婚持続時間に対する平均出生子ども数の関係が一番低い出生力であったので，この値を2005年の予測に用いる。今度も4勝1敗である[6]。渋谷区の低出生力は予想以上で大外れであった。それでも DM-EC 法は一番低い値を計算している。これまでの最低の結婚持続時間に対する平均出生

9.2 2005～2010年の市区町村の出生子ども数を予測する　165

表 9.5　東京都心部の DM-EC 法と婦人子ども比による2005年の子ども数

	DM-EC 法		婦人子ども比の分母			観測値
	予測値	DM-EC2000	1.1995+2000	2.2000のみ	3.25-34歳	
千代田区	1176	文 京 区	1139	1242	**1276**	1328
港　　区	**6371**	文 京 区	6374	6354	6739	6368
文 京 区	**6046**	文 京 区	5454	5516	5795	6027
新 宿 区	**8258**	文 京 区	9812	9592	11023	8311
渋 谷 区	**7383**	文 京 区	8513	9363	9363	5742
最近似値	4				1	

子ども数の関係が想定される1985年の新宿区のデータを適用しても6133とやはり overpredict してしまう。かつてない夫婦の低出生力であったようである。

　反面，千代田区の出生力はそれ程低下しなかったのである。DM-EC 法の欠点は，結婚持続時間に対する平均出生子ども数の関係が妥当でないと大外れすることである。実際，渋谷区において晩婚化が2000年には一番進行していたので，それを考慮して結婚持続時間に対する平均出生子ども数の関係に何らかの加工をしてもよかったのである[7]。

　結局，結婚持続時間に対する平均出生子ども数の関係は，4次元超曲面の変化を考慮しながら，その都度修正して用いなければならない。将来予測は，どこかで適当な値を放り込まなければならないのである。まさに「人知の限界」を知る想いである[8]。

9.2.2　2005～2010年の初婚確率から出生子ども数を予測する

　4次元超曲面の形状変化からみると，都心部での晩婚化は底打ち感が感じら

表 9.6　東京都心部の DM-EC 法と婦人子ども比による2010年の子ども数

	DM-EC 法		婦人子ども比の分母			観測値
	予測値	DM-EC2005	1.1995+2000	2.2005のみ	3.25-34歳	
新 宿 区	10017	文京区	9013	8707	8736	9105

166 第9章 4次元超曲面は地域の出生数を予測する

れる。それゆえ，2005年の結婚持続時間に対する平均子ども数の関係をそのまま使ってもよいのではないかと思われる。

とはいえ現段階では，筆者がデータの入力を完了して NDSMDIE により初婚確率を計算して予測できる[9]のは都心部では新宿区だけなのである。新宿区はかなり過剰に出生を見積もってしまった。これは明らかな予測失敗である。やはり，晩婚化により結婚持続時間に対する平均出生子ども数も低下しているようである。

東京郊外

目下のところ，NDSMDIE は武蔵野市，小金井市，国分寺市，立川市，昭島市，八王子市の初婚率しか計算していないので，そのうち武蔵野市，小金井市，国分寺市を予測の対象とする。

東京郊外では，まだかなりの勢いで晩婚化が進行中であり，結婚持続時間に対する平均出生子ども数の関係を正しく設定することはかなり難しい。

夫婦の完結子ども数には，近傍空間への catch up という重要な性質もある。とはいえ，東京中心部の夫婦の子ども数の回復傾向がどれだけ波及しているのか見極めることは困難である。

まず，104頁の図6.3から判るように，出生力が2005年以降回復基調を見せていることにも配慮して，結婚持続時間に対する平均出生子ども数は，実は増加傾向にあると想定する。

結果として，予測は概ねよい結果を出している。小金井市，国分寺市は婦人子ども比の予測値に勝っている。武蔵野市は婦人子ども比と大差ない程外している。武蔵野市の初婚生成の予測に失敗しているかもしれないし，結婚持続時

表9.7　東京郊外の DM-EC 法と婦人子ども比による2010年の子ども数

| | DM-EC 法 | | 婦人子ども比の分母 | | | 観測値 |
	予測値	DM-EC2005	1.2000＋2005	2.2005のみ	3.25-34歳	
武蔵野市	5316	小金井市	4514	4438	4401	4960
小金井市	4128	国分寺市	4064	3868	3716	4259
国分寺市	4633	小金井市	4192	4313	3836	4458

間に対する平均出生子ども数が想定外の変化をしている可能性もある[10]。

結婚持続時間と平均出生子ども数の関係においては，武蔵野市は低出生に変化している。これは晩婚化が進んでいるから尤もである。小金井市は変化がほとんどないようである。国分寺市は，より低出生に変化しているのである。実は，4次元超曲面の観察から推測されることであるが（142頁と143頁の図8.2〜8.4を参照），晩婚化・低出生の4次元超曲面の勾配は西へ移動している。それゆえ，武蔵野市は一層の低出生に陥っているようである。

婦人子ども比による予測値と比べると，実現した子ども数（実際に生まれたと推定される子ども数）は多い。これは何を意味するのであろうか。2000年と2005年の婦人子ども比による計算値より多いということは，2000〜2005年の出生力低下傾向は，2005〜2010年には減速されていると考えるべきなのであろうか。

9.3 まとめ—地域の出生力を予測する

結婚持続時間と平均出生子ども数の理論的な解明が無い以上，手探りの試行錯誤では確かな見通しが立たない[11]。それでも，結婚持続時間と平均出生子ども数の仮定には任意性があるものの，NDSMDIE は2010年の初婚確率をかなりの精度で予測し，その結果としてある地域の期間 TFR や出生子ども数を予測し得る能力を有している。かつその予測は婦人子ども比と比べれば観測値と近い場合が多い。

予測には考慮の外の要因も存在するし，種々の不確定性もつきまとう。しかしながら，NDSMDIE は現在唯一つの地域の出生子ども数を予測可能な理論である。その理由をくどいようであるが述べておきたい。

「婦人子ども比」にしても，TFR を設定して出生子ども数を算出する方法にしても，どのように子どもが出生するのかという論理的なモデルをまったく欠いている。本質は女子人口と根拠薄弱に決まったその出生率があるだけである。出生行動に関する具体的な論理をまったく欠いている。

168　第9章　4次元超曲面は地域の出生数を予測する

　それに対して，DM-EC法は，NDSMDIEが各地域の各年毎の初婚率を予測し，（離婚等の可能性を無視しているが）各年齢毎に初婚時期の違うそれぞれの人口について結婚持続時間を計算し，その結婚持続時間に対応する平均出生子ども数を計算するというように，各年齢別人口に対して子ども数の期待値を計算して，その総和を出生子ども数としている。

　子どもが産まれるためには，必ずしも法的な結婚でなくてもペアが生成し，そのペアが持続しなければならない。出生子ども数を予測するためには，この事実を踏まえた子どもの出生の確率モデルが必要なのである。それ以外に必要なものが果たしてあるのであろうか？

注

1)　出産行動に関するより本格的な理論が必要なことは比較的明らかであるが，結婚持続時間と平均子ども数との間にはほぼ線形関係が経験的に観察されている。[10]，[15]等を参照。

2)　婦人子ども比の婦人の範囲を25〜34歳にすると，子ども数の予測は極めて悪い成績となる。

3)　結婚持続時間と平均出生子ども数には，深遠な関係があり理論的な定式化なくしては，満足のいく予測ができないことが後に判った。

4)　2005年には再び出生力は低下に転じている。

5)　この地域のこの時点の予測はそういう意味では困難な課題であった。

6)　港区はほぼ伍角である。

7)　加工すれば，当然極めて近い値を計算し得る。初婚年齢と期待子ども数の理論的な解明が可能ならば，よい予測が可能となるであろう。

8)　しかし，その後，4次元のシミュレーションの成果として，不動点の存在が判ったので，4次元超曲面自体は不動点に近づきつつあると予想される。初婚確率も結婚持続時間に対する期待子ども数も一定の値へと近づきつつあると予想されるのである。

9)　15〜19歳の初婚確率はNDSMDIEでは予測できないので，2005年の値をどの地点でも用いている。

10)　婦人子ども比は，観測値より小さい値しか計算できていない点に注目してもらいたい。どうも出生力には2005〜2010年に回復傾向が観察されるのであるが，婦人子ども比による計算はそれを予測できない。

11)　これは次の研究課題としてとっておきたい。

第10章 マクロの初婚関数の動態化

SDSMF（空間依存初婚関数）にはダイナミックな変動の要因が数式上何も
ない。4次元超曲面への拡張である NDSMDIE によって，初婚関数は完全に
動態化されるのであるが，それでは，マクロ人口において，各年毎にコウホー
トの初婚関数がどのように変化していくかを記述するには不便である。この章
では，NDSMDIE の空間を退化させて，マクロの初婚関数の動態化に取り組
む。コウホートの初婚関数の動態化には，回り道のように感じられる向きもあ
ろうが，初婚関数の究極の姿が4次元超曲面であることを理解すると，マクロ
空間のコウホート単位の動態化は自然になされる。

10.1 NDSMDIE の極限状態— MMDE

近傍の空間が無い—つまり広大な単一空間の場合，x, y については近傍の
空間が消滅し，x, y 次元に関しては $\mu^*=0$ となり，年齢次元 a のみが残る。
それゆえ，（7.1）式 は 以下 の 関数（MMDE: Macro Marriage Difference
Equation）へと変化する。

$$
\begin{aligned}
&F(a_{k+1,}\, t_{\ell+1}) \\
&= \lambda\Big[\mu^* \int_0^{a_{k-1}} F(a_{k-1},\, t_\ell)(da) + \mu^* \int_0^{a_{k+1}} F(a_{k+1},\, t_\ell)(da) \\
&\quad + (1-2\mu^*)\Big(\int_0^{a_k} F(a_k,\, t_\ell)(da) + \alpha\Big(\boldsymbol{\beta}_k - \int_0^{a_k} F(a_k,\, t_\ell)(da)\Big)\Big(\boldsymbol{\gamma}_k - \int_0^{a_k} F(a_k,\, t_\ell)(da)\Big)\Big)\Big] \\
&\quad \cdot \Big(1 - \int_0^{a_k} F(a_k,\, t_\ell)(da)\Big) \cdot \Big(1 - \int_0^{a_k} F(a_k,\, t_\ell)(da)\Big)
\end{aligned}
\tag{10.1}
$$

170 第10章 マクロの初婚関数の動態化

つまり，日本のあるコウホートの初婚率は，先行するコウホートと後続のコウホートの既婚率とそのコウホート自身のそれまでの既婚率（既婚率から逐次的に計算される初婚率）とで概ね表現できる。

空間からの影響は本当はなくなっていないのであるが，これらの影響は前後する年齢の影響によってすべて代弁されることになる。その時，解の挙動はどのようなものになるのであろうか。果たしてこの MMDE（の解）は日本の初婚生成をうまく記述できるであろうか。

そして数理的また現実的にも興味深いが，この MMDE は，どこまで低下していくのだろうか。別の表現をすれば，初婚生成の下限は，自明とも思える $\overset{\text{ゼロ}}{0}$ 以外に果たしてあり得るのであろうか。

10.1.1 国勢調査データへの当て嵌め

5歳間隔の国勢調査データに対しては，地域の初婚関数を考えたときと同じように，時間間隔が大きいことから，（10.1）式に係数 κ_k が付く。

$$
\begin{aligned}
F(a_{k+5}, &\, t_{\ell+5}) \\
={} &\kappa_k\lambda\Big[\mu^*\int_0^{a_{k-5}}F(a_{k-5}, t_\ell)(da)+\mu^*\int_0^{a_{k+5}}F(a_{k+5}, t_\ell)(da) \\
&+(1-2\mu^*)\Big(\int_0^{a_k}F(a_k, t_\ell)(da)+\alpha\Big(\beta_k-\int_0^{a_k}F(a_k, t_\ell)(da)\Big)\Big(\gamma_k-\int_0^{a_k}F(a_k, t_\ell)(da)\Big)\Big)\Big] \\
&\cdot\Big(1-\int_0^{a_k}F(a_k, t_\ell)(da)\Big)\cdot\Big(1-\int_0^{a_k}F(a_k, t_\ell)(da)\Big)
\end{aligned}
\tag{10.2}
$$

係数 α については，α は iteration で推定する。β_k，γ_k，κ_k については，2次元の空間に関して東京地域について推定されたものをそれぞれ用いる。もちろん，4次元のシミュレーションの結果と整合的な値となっている[1]。iterationの結果，$\alpha\fallingdotseq1.07$ を用いる。これは3次元や4次元の空間-年齢次元を想定した場合とは異なっている。μ^*，λ も，それらの次元数の多いときと比べて推定値は異なってくる。年齢次元しかない場合には，μ^* が大きくなるのは当然である。λ は若干大きくなる。

データへの逐次的な近似

まずは，ある調査年のデータから次の調査年のデータを計算するという逐次的な近似を MMDE によって行ってみた。計算結果から描かれた図10.1 を見て戴きたい。全体的に近似は印象としては，高度経済成長期を除けば，それ程悪くない。1955年から1980年代までは，20-24歳と25-29歳では，MMDE と観測された既婚率との乖離が著しい。もちろんこの乖離は高度経済成長によるもので，ある意味予想通りの乖離である。それにしてもこの上昇はかなりの特異現象である。

これらの乖離はあるものの，全体的な印象として，MMDE による逐次的な近似はある程度可能であることが理解できると思う。

高度経済成長による逸脱の内包する意義

30-34歳にもこの高度経済成長による一時的なふくらみが観察されるが，それは相対的には僅かなものである。35歳以上になるとこのような高度経済成長

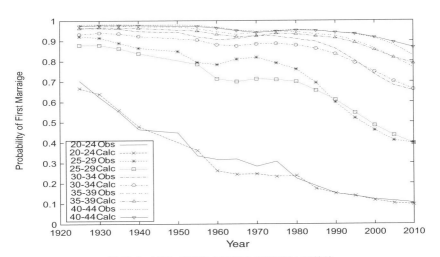

図 10.1　1925～2005年の既婚率の観測値と計算値

＊1945年のデータは，国勢調査が実施されていないので欠損している。1945年のデータがないと，MMDE は1950年の予測値を逐次的に計算できないので，1950年の予測値データは欠落している。

172　第10章　マクロの初婚関数の動態化

による結婚増は一層小さなものとなり，視覚的には識別できないものとなる。35歳以上は，1955-1970年までは若干の低下傾向がある点にも注目して貰いたい。

　確かに高度経済成長は25-29歳の既婚率を MMDE の予測値より0.1近く上昇させるような大きな変異を初婚生成に与えた。しかし，その事実を以てして MMDE が誤りであるということにはならない。そもそも高度経済成長は晩婚化・未婚化を一時的にくい止めただけで，長期的な低下傾向の前には実は無力な存在である。

　1960年から1970年までの間は，高度経済成長により下の世代の初婚が増加する一方で，35-44歳までは実は初婚確率は低下している。つまりこの世代は，高度経済成長の好景気より，過去の先行する世代が初婚確率を低下させたこと，及び自らの履歴（積分値が小さいこと）の影響をより強く受けているのである。

　また，高度経済成長が既に終わった1970年から1980年までに35歳以上の初婚確率は若干だが増加した。これも高度経済成長期に既婚率（積分値）が上昇しており，周辺世代が高既婚率へと到達しているからなのである。つまり，**過去の年齢-空間場での初婚生成の積分値がやはり圧倒的な支配力を持っているのである。**

連鎖反応効果

　では，高度経済成長期の初婚増はどう解釈すべきなのであろうか。年10％以上の経済成長が継続していた当時であっても，本来長期的トレンドとしては低下傾向にある初婚確率を大きくさせることが果たしてできるのであろうか。4次元超曲面で近傍依存している故に期待される連鎖反応効果があってはじめて一時的な反転が可能であったのではないだろうか。つまり，好景気故に結婚を早く行ったある世代の存在が近傍世代を刺激するというメカニズムがあって一時的な反転が可能になったのである。

　つまり，高度経済成長のときに生じたような連鎖反応を，どのように適切に効率的に起こすことができるか検討することが，実際的かつ理論的な問題としてある訳である。

既に指摘しているように，若年齢の初婚を増やすことが晩婚化対策としては最も効果的である。その対象地域も空間を限定して集中的に増加させることで波及効果が期待できるのであろうか。その解答は4次元のシミュレーションを行う次章まで待ちたい。

歴史的な事例が示すことは，高年齢の初婚を援助したりすることや，高学歴で共働きのカップルの生成を奨励することなどは，長期的に見れば甚だ非効率的であることである。

10.1.2 MMDEによる初婚過程のシミュレーション

MMDEにより1920年のデータを初期値として，わが国の初婚過程をシミュレーションしてみよう。シミュレーション結果の初婚過程（図10.2）は，現実（図10.3）とはかなり異なっている。繰り返しになるが，第二次世界大戦後の小規模なベビーブームと，高度経済成長時の一時的な晩婚化傾向の反転は，まことに大きなEventであった。

高度経済成長はその一時的な反転により，30年ほど晩婚化過程を我々の目から隠してしまったのである。高度経済成長は，25-29歳の初婚を劇的に引き上げたことにより，晩婚化過程を一時的に食い止めたのであった。

1960年から1970年には，若干の低下傾向を示し始めた30代の既婚率も再び上昇に転じ，1980年頃までは横ばいになるので，我々の感覚では晩婚化を感じることができなかったのであろう。

高度経済成長がないと

1920年からMMDEにより1925年の既婚率を計算し，その1925年からまたMMDEにより1930年を計算し，1930年から…というように理論値として各年の年齢別既婚率を計算することができる。このシミュレーションでは，λ, μ^*, α, β, γ, κ_k 等の係数は逐次的な近似で使用したものをそのまま使用している。

その結果が，図10.2である。高度経済成長（より小さな変化であるが，小規模のベビーブームである団塊の世代も含む）がないと，日本の既婚率は概ね

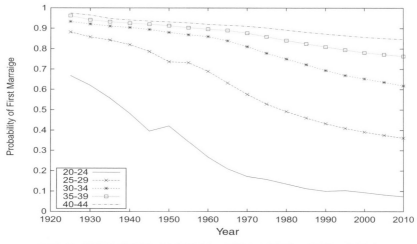

図10.2 MMDE が1920年を初期値として計算した1925年～2005年の既婚率

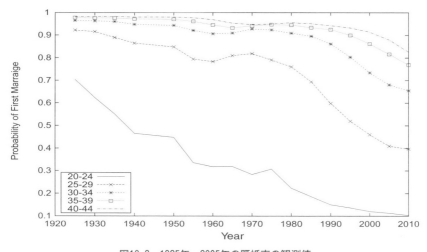

図10.3 1925年～2005年の既婚率の観測値

この図のように変化する筈であった。観測値が図10.3であるが，2つの図を比較すれば，25-29歳の初婚が高度経済成長期（1960～1970年代）に増加し，それが晩婚化を一時的に停滞させたことが判ると思う。2つの図を合体したの

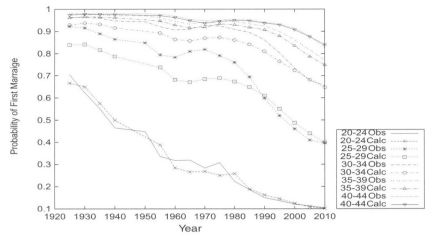

図10.4 1925年～2005年の既婚率の観測値とシミュレーション値

が次の図10.4である。一時的な時間稼ぎにはなっても，詰まるところは同じような将来へ向かっていることも予想できよう。

高度経済成長がなかったら，もっと速やかに低既婚率―低出生状態へと日本は落ち込んだ可能性が大きい。

10.1.3　より長期的なシミュレーション―晩婚化の下限の存在

MMDEによる初婚過程のシミュレーションは，1920年を初期値として設定する限りいつまでも将来の値を計算することができる。2010年から60年程（国勢調査12回後に相当する）の将来まで同じ係数で計算したのが図10.5である。晩婚化には下限があることをシミュレーションは強く示唆している。そして，このままでいくと，女子の40歳時の既婚率は70％近くまで低下する可能性がある。

176 第10章 マクロの初婚関数の動態化

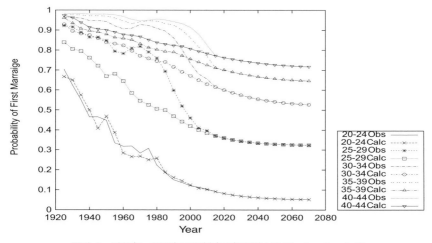

図10.5 1925年〜2070年の既婚率の観測値とシミュレーション値

10.2 Swiss データと MMDE – NDSMDIE

　日本以外の国でも，MMDE から，既婚率の時系列変動に考察を加えてみよう。本書前半でコウホートの初婚関数を検討した Swiss は，包括的な時系列データ [3] を入手できるので，ここでも Swiss を対象としたい。Swiss のデータは，Census が10年周期であるために，Census データを MMDE を当て嵌めるのには固有の難しさがある。それ故，ここではまず，直接的な MMDE の当て嵌めではなく，初婚関数の理論 MMDE – NDSMDIE の理論体系から演繹される予測が，Swiss のデータから検証されることを示したい。

10.2.1　若年期の初婚生成はそれ以降を支配する― Swiss の初婚確率の変化

　初婚関数の理論 SDSMF は，Swiss にもよく当て嵌まることを既に見た。それ故，NDSMDIE とその次元退化版である MMDE も妥当なのではないかと想

10.2 Swiss データと MMDE – NDSMDIE   177

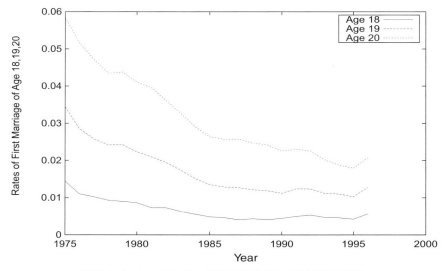

図10.6 Swiss の18，19，20歳の1975年からの初婚確率の推移

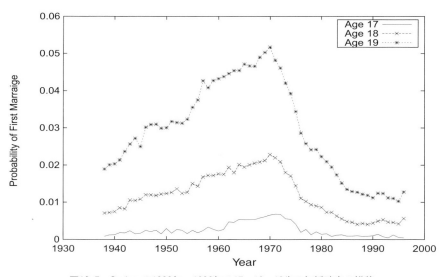

図10.7 Swiss の1938年〜1996年の17，18，19歳の初婚確率の推移

178 第10章 マクロの初婚関数の動態化

像することができよう。先進国は（すべての国々はと言いたいところである
が[2]）いずれは低既婚率—低出生状態へと達するのではないかと予想すること
ができる。

　日本においては，図10.5 が示すように，また理論的にも，若年齢ほど早く
低既婚率の下限に落ち込む。それ故，低既婚率の下限に漸近している国であれ
ば，例えば19歳の初婚率はほとんど変化しない筈である。

　図10.6，10.7 が示すように，Swiss の若年齢の初婚生成は既に1985年には
下限へと達した感がある。それゆえ，Swiss の初婚関数はそれ以来暫くの間
（10年程度であろう）はほとんど変化を示さない筈であると NDSMDIE は，そ
の理論体系から予測する。

　若年期の初婚生成の状況を調べると（図10.7 参照），Swiss では，1995年か
らは再び上昇が始まったようなので，初婚関数は以降確率密度を増大させるで
あろうと予測する[3]。これらの予測は検証可能である。

予測の真偽

　図10.8 を見れば判るが，1987年〜1991年の期間の初婚確率はほとんど同じ
値となっている。つまり，理論が予測する通りである。

　それに対して，若年期の初婚確率が低下した1970年代は，期間指標（図10.9
参照）でみても，コウホートでみても（図10.10参照：1948年コウホートから
1952年コウホートの初婚率の変化をグラフ化している）大幅な変化を示してい
る。

　つまり，若年期の変化を見れば，その後の変化がだいたい判るのである。た
だし，それはその値が正確なものであることという限定が付く。また，微小な
変化はそれ自体を識別することが困難でもある。しかし，1930年頃から1970年
までは穏やかに若年期の初婚は増大し，そして初婚生成自体も増大したのは明
らかであろう。この結果も理論と矛盾しない。

　さて，1995年以降の Swiss の初婚生成はどのように変化したであろうか。
*Two centuries of Swiss demographic history — Graphic album of the
1860-2050 period* は，1998年に刊行されたもので，観測データは1997年まで

10.2 Swiss データと MMDE – NDSMDIE　179

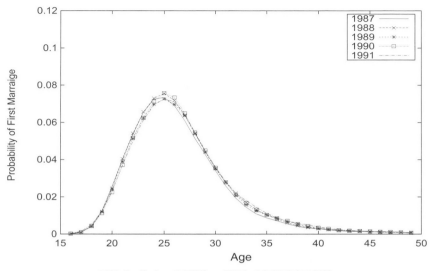

図10.8　Swiss の1987年～1991年の初婚確率の推移

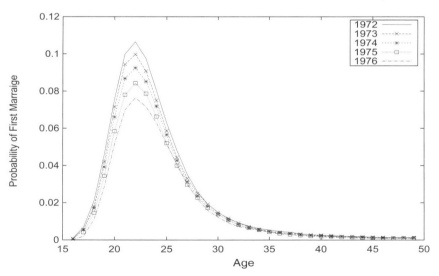

図10.9　Swiss の1972年～1976年の初婚確率の推移（期間指標）

180　第10章　マクロの初婚関数の動態化

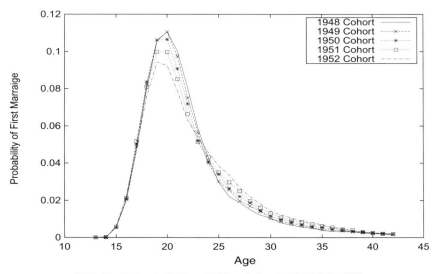

図10.10　Swissの1948年～1952年コウホートの初婚確率の推移

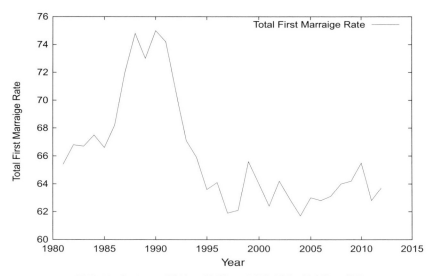

図10.11　Swissの1981年～2012年の合計初婚率（女性）の推移

10.2　Swiss データと MMDE–NDSMDIE　　181

しか収録されていない。2000年頃の Swiss の若年期の初婚生成がどのように
なっているか判らないのであるが，若干の回復が継続したとすれば，2000～
2010年の Swiss の初婚生成は若干の回復基調にあると推測されるのである。

　そこで，Swiss 統計局の合計初婚率の推移を見ると（図10.11参照［24]），
2000年以降の若干の上昇傾向が観察されるのである。

10.2.2　Vital Resistration Data of Swiss

　我が国の人口動態統計に該当する Vital Resistration Data からは，毎年各歳
別の初婚生成確率が計算されている。この値は，Census data とも比較されて
かなり近似していることが Calot 等により示されている。このデータを
MMDE に当て嵌めてみよう。

　1930年の Swiss の19歳の初婚率は，1930年の18歳と19歳と20歳の既婚率か
ら決まり，それが19歳～20歳の初婚確率となるから，1931年の20歳の既婚率は
1930年の19歳の既婚率 ＋19歳の初婚率となる。

逐次的な当て嵌め

　1911年の観測値[4]を元に1912年の値を予測し，1912年の観測値から1913年を
予測するという逐次的な当て嵌めをまず実施した。その結果は，図10.12と図
10.13を見れば判るが，どちらがどちらか判別できないくらいに極めてよい。
つまり，MMDE は，ある年の年齢別既婚率から次の年の年齢別既婚率をかな
りよい精度で予測できるのである（平均絶対誤差 ＜.012)。

10.2.3　長期的なシミュレーション

　逐次的な当て嵌めにより推定された係数群を利用して長期的なシミュレーシ
ョンを行ったのが図10.14である。若年期の初婚生成は理論体系からは予測で
きないので，18，19歳は観測値を用いている。1911年を初期値として1996年ま
でを計算すると，当たり前であるが実際の観測値とはまったくと言ってよいほ

182　第10章　マクロの初婚関数の動態化

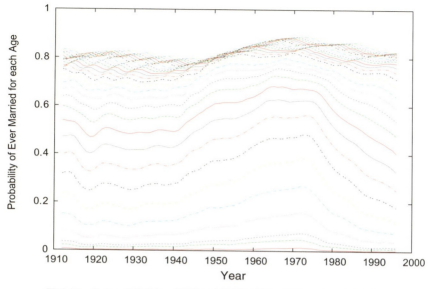

図10.12　Swiss の1912年〜1996年の既婚率の推移（MMDE による計算値）

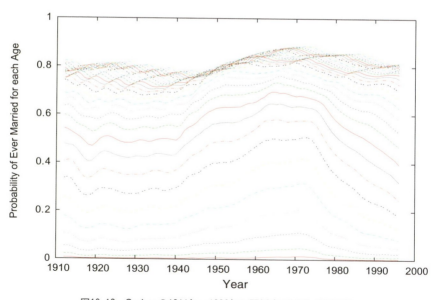

図10.13　Swiss の1911年〜1996年の既婚率の推移（観測値）

10.2 Swiss データと MMDE − NDSMDIE 183

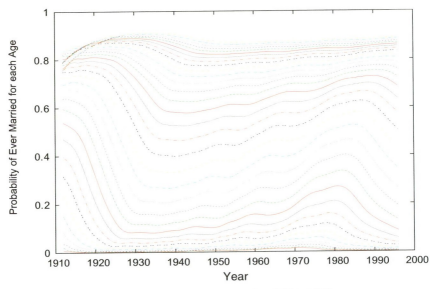

図10.14 Swiss の1911年～1996年の既婚率の推移
(MMDE による長期的シミュレーション。18, 19歳が観測値)

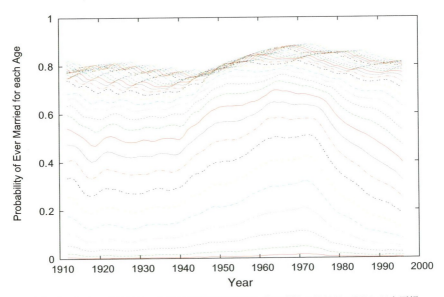

図10.15 Swiss の1911年～1996年の既婚率の推移（観測値）＊比較用に図10.13を再掲

184 第10章 マクロの初婚関数の動態化

ど合致しない。それは既に言及したように，第一次大戦の影響や1940年頃から始まって1970年代後半まで持続したベビーブームが Swiss にあったからである。

多くの読者は，やはり社会経済的な変化は初婚生成に変化を（当然）もたらしたのではないかと思われるであろう。しかし，4次元超曲面としての初婚生成を考察する NDSMDIE の妥当性をこの事実は否定するものではない。

約30年以上に渡っても初婚が継続的に上昇することが果たして社会経済的な要因で説明できるであろうか。むしろ，いったん社会経済的な要因によって4次元超曲面自体が変化して，その変化が次の初婚生成を運命づけるという連鎖的なメカニズムが内包されていることを強く示唆している。

重要な示唆

まったく観測値と似ていない長期シミュレーション結果であるが，注意深く見ると非常に重要な示唆が幾つかある。

20世紀初頭の晩婚化傾向　シミュレーションでは1925年頃まで晩婚化傾向が見られる。観測値でもそれは見られるが，第一次大戦の終結でその傾向が消失している。その後の20年代，30年代は安定した時代である。これはシミュレーションでも同様である。しかし，ベビーブームが様相を一変させる。

第一次大戦等の―歴史的な大事件の―影響　図10.13を見ると，第一次大戦は1920年手前の既婚率の凹みとして痕跡を Swiss の初婚生成にとどめている。しかし，この初婚生成の一時的な抑制は，後に反動としての凸を呼んでいる。世界恐慌や第二次大戦というビッグ・イベントも一時的には大きな影響を与えてはいるが[5]，いずれも短期的な影響にとどまっている。

永世中立国である Swiss では，1940年頃からベビーブームが始まり1970年頃まで継続するのである。ベビーブームでは，20代後半の結婚の増加が顕著である。

これらの動向を，1911年を初期値とする長期的なシミュレーションは，18歳

の既婚率を初期値としている限り，ほとんど反映できない。シミュレーションでは，20世紀初頭のスイスの晩婚化傾向は1930年代まで急速に進行し，それ以降は若年期の初婚生成に依存した振幅が生じている。

50歳時既婚率　50歳の既婚率の最高値は長期的シミュレーションの方が僅かに大きい。ベビーブームの時も観測値はこれを越え得ない。不思議なようであるが，初期値と MMDE は，既婚率の上限を最初から識っているようである。これは β, γ が確かに存在し，年齢別の既婚率を限定していることを示唆している。

現実にベビーブーム期に高齢期の初婚がシミュレーションより生成しなかった訳ではないだろう。ベビーブーム期でも高年齢の初婚はおそらく一定数が申告されていないのである。つまり，高齢期の初婚生成も，その時の4次元超曲面の形状に依存して生成しかつ申告される量が決まるのかもしれない。

1990年の初婚生成の状態と1930年の状態は余り変わらない。ベビーブーム真っ只中の1965年はどちらとも大きく異なっている（図10.16）。つまり長期的な

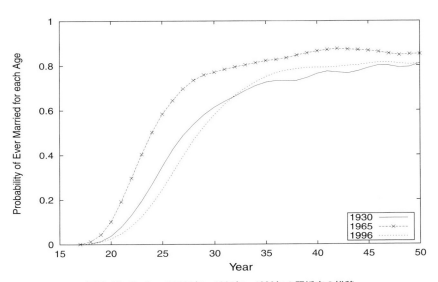

図10.16　Swiss の1930年，1965年，1996年の既婚率の推移

時間を前提とすると、やはりベビーブームは異常な事態として認識されなければならない。Swiss はベビーブームを挟んで元に戻っているとも言えるのである。

22歳までの既婚確率を given とすれば

（10.1）式を見るまでもなく明らかであるが、MMDE は積分方程式であるので、初期（小さい a）の $\int_0^a F(a)(da)$ の大きさが大きな影響力を持つ。具体的には何処の a 歳までの積分値を考慮すれば、足りるのであろうか。

22歳までの観測値の既婚率を用いたシミュレーション結果が以下の図10.19である。観測値が追加されると（図10.17、図10.18）、第一次大戦後の回復やベビーブームが反映されて、前半（30歳半ば頃まで）の動きは観測値と近似してくる。しかし些か残念であるが、22歳まで観測値である既婚率を初期値として与えても、観測値全体の変化を再現はできない。結局、高年齢の初婚生成に

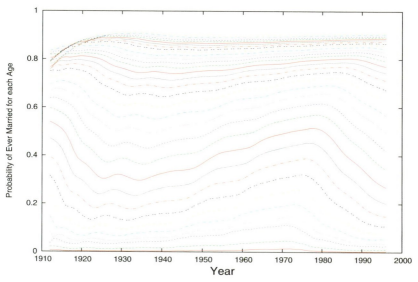

図10.17　Swiss の1912年〜1996年の既婚率の推移
（MMDE による長期的シミュレーション。18, 19, 20歳が観測値）

10.2 Swiss データと MMDE – NDSMDIE　187

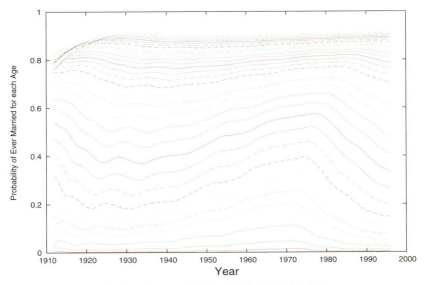

図10.18　Swiss の1912年〜1996年の既婚率の推移
(MMDE による長期的シミュレーション。18, 19, 20, 21歳が観測値)

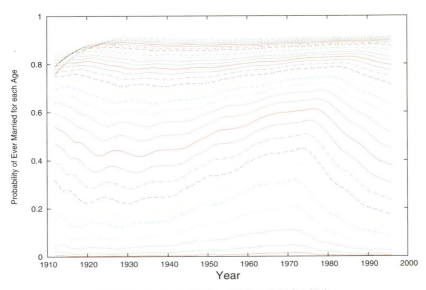

図10.19　Swiss の1912年〜1996年の既婚率の推移
(MMDE による長期的シミュレーション。18, 19, 20, 21, 22歳が観測値)

は高年齢に関する４次元超曲面の把握が必要なのである。

初婚生成をトータルに把握するためには，４次元超曲面トータルの把握が必要なのである。我が国の場合でも，高度経済成長は20代後半の初婚も増大させたことが判っており，Swiss のベビーブームでも高齢期の結婚も増加している。

したがって，結局，大きな事件がなければ，５年から10年程度の範囲での予測は可能であろうが，どのような変化が４次元超曲面に現れるかまでは判らないのである。

10.2.4 MMDE の限界

４次元超曲面における初婚生成は，単一コウホートを扱った SDSMF のように年齢次元における完全な初期値依存性を有していない。むしろ，所与の４次元超曲面に依存しているのである。その超曲面は各年齢–空間次元において様々な原因により凹んだり盛り上ったりしているのである。その凹凸に対応して初婚生成が生じている。各年齢次元における変動がなければ，長い時間を掛ければ，初期値の変化が空間のすべてを特徴づけるようになる筈だが，安定人口の理論と同様にそれは実現する可能性が極めて低い。

Swiss の長期的な変動をシミュレートして気付くことは，理論は４次元超曲面にどのような変化が起きるかを通常は予測できるが，第一次大戦やベビーブームという大きな変化には無力であるということである。

高齢期の初婚生成には，長期的なシミュレーションはお手上げ状態である。逐次的なシミュレーションではうまく近似できることを考慮すると，高齢期の初婚生成（register するか否かであろうが）が微妙なものであることが理解されると思う。とはいえ，高齢期の初婚生成は，出生の問題としては相対的には大きな問題ではないのではあるが，晩婚化・晩産化が進行した現今では無視できない問題でもある。

筆者は大きな失望と共に長期的シミュレーションの失敗を認めなければならない。ベビーブームのような高既婚率は，数理的には本来いつでもそれが低下するような性質を有しているが，それが継続したこと自体が驚異的なのである。

Swiss の1990年での晩婚化・未婚化への変化は顕著である。しかし，これは本当の変化なのだろうか。ベビーブームの終わりから，法的な結婚に代わり，「パートナーシップ」或いは「同棲」という形態の事実婚が進展したのではないだろうか。

高齢期の初婚は register されないことが多いが，それが申告されるか否かは，多分に経済的な状態や政治的・社会的な当時の風潮に依存しているものと思われる。それゆえ，本当は「事実婚」を含めると初婚生成は観測値より多いものと推測し，長期的なシミュレーションが計算する高齢期の既婚率の値はそれ程実態と乖離していない可能性もあると考える。

10.3　係数の値について—測定系

ここでさまざまなケースにおける数式（モデル）の当て嵌めと係数の推定について検討点をまとめておきたい。筆者は多くの数式を，本質的には同一の初婚関数のモデルである NDSMDIE でありながら，さまざまなバリエーションで，実際に観測されたデータへと当て嵌めを試みてきた。

それは現実のデータが多様な測定系によっているからである。この章で試みた日本や Swiss という一国レベルのマクロ・データも，日本は 5 年間隔，Swiss は国勢調査が10年間隔であることから，1 年間隔の動態統計への当て嵌めとなっている。

また，地理的次元 1 次元と年齢次元 1 次元という 3 次元の初婚関数，或いは地理的次元 2 次元と年齢次元 1 次元という 4 次元の初婚関数は，5 年間隔のデータへと当て嵌めを行っている。つまり，測定系も異なっているし当て嵌めの対象とする空間の次元も異なっているのである。

社会科学は，これまでその測定系に余りにも無頓着であった。というのも，行為の空間依存性に殆ど気を留めてもいなかったからである。しかし，我々の行為・行動の生成を理論的かつ実証的に検討するためには，そして真に検証可能なモデルを造るためには，測定系への配慮が不可欠なのである。

190   第10章　マクロの初婚関数の動態化

　残念ながら現時点では，統一的な測定系や理論の検証に配慮した測定系は存在しない。そのようなアド・ホックな測定系間では，係数の値が一致しないのは当然でもある。

10.3.1　測定系に依存しないコンスタント

最高／最低既婚率水準 β, γ

　とはいえ，NDSMDIE は測定系に殆ど依存しない定数を有していると推測される。その筆頭が β, γ である。各年齢毎の最高既婚率 β と最低既婚率 γ は，次元数や測定系の時間間隔に依存しない一定の関数である。しかし，実時間と対応する β, γ を推定するのは厄介な問題である。

　それは，実時間と理論時間の対応には，λ, μ, α に依存するウェイトが大きく，β, γ の推定はそれらに依存しているからである。

　それにもかかわらず β, γ は，さまざまな測定系でも，次元数にかかわらず，非常に類似した値をとっていると思われる。理論的に考えても，ある空間の最高既婚率と最低既婚率が変化すべき理由が見当たらない。

　そして，推定される値は，観測される既婚率よりも極端に高い／低い値であり，そうでないと観測値へうまく当て嵌めることができない。

近傍の年齢-空間からの影響 μ

　これは対象とする空間（測定系）の次元数によって変化する係数である。しかし定数としての性格を有している。SDSMF は無次元であるから係数自体が存在しない（$\mu=0$）。本当は近傍空間の影響が無い訳ないのであるから，近傍年齢時空からの影響は何処かに隠れている筈である。無次元の場合は λ と混ざっているのであろう。

　1次元—多くの場合，前後のコウホートからの影響のウェイトを示す係数となるが，測定系の時間間隔によっても変化しないコンスタントである。次元数が多くなるとそれに応じて小さくなるが，隣接する「年齢-空間場」の格子数 $\times \mu \fallingdotseq const$ という関係は概ね成り立っている。

10.3 係数の値について—測定系　191

　時間間隔が5年と大きいと前後のコウホートの既婚率は大きくなる傾向にあるから，それゆえ相対的にλは小さくなる。時空の測定系の差異は，主にλ，αが吸収し，モデル本来の4次元超曲面としてで測定系が固定されれば，μは定数であると筆者は考える。我々が，周囲の我々から影響を受ける受け方自体は不変かつ普遍であるというのが，我々人間の原理であると筆者は信じる。

　2次元—1次元の地理的な空間と年齢次元の場合は，μはかなり小さくなる。その代わりに影響を与える近傍のウェイト（隣接する「年齢-空間場」の格子数）は大きくなる。おそらく，The number of dimentions$=n$とすれば，

$$(6n-4)\mu \fallingdotseq .97 \qquad 但し n \neq 0 \qquad (10.3)$$

程度というように，圧倒的に近傍の「年齢-空間場」の影響が大きいと推測される。というのも，そうでないと，高次元の場合に低下のテンポが観測データと合致しないからである。

初婚生成率—λ

　次の時点に，現在の既婚率から NDSMDIE に対応してどの程度初婚が生成するかを決める係数である。これは測定系の時間間隔 Δt や次元数により変化するだろう。

　SDSMF のときは，時間間隔がそもそも理論時間と同一として設定されており，それを実時間（1年$=365$日など）と適合させている。理論時間は実時間と比べると $1/4 \sim 1/5$ 年程度と推測されるように，そもそも短いために，$\lambda \fallingdotseq .22$ と小さいが，5年間隔の測定系に対してはこの値は $\lambda \fallingdotseq .181$ となる。5年間隔という測定系は時間間隔が大きすぎるために，非線形独特の変化の効果が大きく現れてしまう。それゆえ調整の為に別途 κ_k という係数まで必要になってしまう。

　1年－1歳間隔の Swiss のデータについては，同じ $\lambda \fallingdotseq .46$ を推定する。この場合は κ_k を必要としない。しかしながら，無次元の SDSMF は $\lambda \fallingdotseq .22$ だけではうまく当て嵌らないで，変曲点法による理論時間の足し合わせが必要である。これは何を意味するのであろうか。近傍の「年齢-空間場」からの影響 μ

が本質的に必要なことを意味しているのであろうか。

反応係数 α

　これも測定系により変化する。測定する空間の大きさを一定とするなら，時間間隔が大きいと大きくなり，時間間隔が小さいと小さくなる。大きな時間間隔で小さな時間間隔と同じ大きさの反応係数 α であると，現象（晩婚化等）の変化が実際よりも遅すぎることになる。反対に考えると，小さな時間間隔で大きな α であるなら，現象の変化は速すぎることになる。

　時間間隔を一定として，空間の大きさが違う場合を考えると，大きな空間では α は小さくなる。大きな空間で小さな空間と同じ α だとすると現象の変化が速すぎることになる。小さな空間では α は大きくなる。小さな空間ではたまたま近傍空間に変化があれば，それは直ちに当該空間の変化をもたらし得る。

　Swiss の 1 年間隔の測定系では $\alpha \fallingdotseq 1.83$ と日本の 5 年間隔の測定系のデータからの推定値（$\alpha \fallingdotseq 2.6$）と異なる値が推定されている。上述の時間間隔と α の関係と，Swiss は実は面積が $41{,}290\mathrm{km}^2$ と非常に小さな国で[6]あることを考慮すれば，矛盾はしないであろう。

　反応係数 α は，子ども数の反応拡散モデルでは「夫婦のゆらぎバランス」の崩壊のテンポに係わる係数と解釈していた。初婚生成についても同じ解釈が可能である。初婚生成も両性の選択に依存しているが，片方の性が求婚しても，もう片方の性がその気にならなければ初婚は生成しない。このバランスは，晩婚化の進展と共に崩壊の度を高めていく。

　反応拡散モデルの反応項には，このような 2 つの要因の相互作用が含意されていることが多い。A. Turing が The Chemical Basis of Morphogenesis ［36］で非線形項の自然界における重要性を指摘しているように，社会現象でも非線形項は重要なものとなるのではないだろうか。

注

1)　β, γ が定数であることがどうか将来確認されますように！
2)　反応拡散の力は非常に強いのである。それは人間という生き物の本性に根ざしている

からであろう。

3) 効果が現れるまでは時間が20年程は必要であろう。初婚確率が低下したときの「年齢 –空間場」の特性： 4 次元超曲面の勾配が残存しているからである。

4) 15歳から50歳までの各年齢別の既婚率が計算できるのは1911年からである。

5) 初婚率データを見ると判る。

6) 狭い国土とよく日本人は自称するが，Swiss と比較すれば，377,914km^2 と桁違いに大きい。住んでいる人は相対的には多く，人口密度は 2 倍近くになる。しかしそれも急速に低下するであろうが。

第11章　4次元のシミュレーション

　　社会科学全般において，空間と時間が本質的な要素として考えられたこと
は，これまでついぞなかった。

　　　　　　　　　　　　　　　　　　　　　　　　　　　　　　　　　　—S. I.

　初婚関数の究極の実体は4次元超曲面である。それゆえ，4次元超曲面を本
格的に数値シミュレーションしてみなければ，その本当の姿は明らかにはなら
ない。多次元の差分—積分方程式の解は，幾何学的対象として把握できる。初
婚生成の問題は，4次元超曲面という幾何学的対象の問題として立てられるの
である。

　本章では，数値シミュレーションの結果から帰納して一般的な結論を導き，
その結論から演繹するという科学にとって極めて標準的な手続きが展開される。

11.1　4次元のシミュレーションのセッティング

　次元が高くなるとデータ量が指数関数的に増加し厄介である。また，市区町
村別のデータは必ずしも x，y 座標に即したデータでもない。年齢区分が細か
くなるとそれに対応した既婚率データの正確さも必要となる。そこで，思い切
って単純化して，年齢次元 a が付加された地理的な空間の原点
$(x, y, a) = (0, 0, 0)$ から，東西南北対称で拡がる格子空間を想定する。この仮
想的な4次元空間で，理論時間 $t = a = 1$ 刻みの様々な設定でシミュレーショ
ンを行う。

11.1.1 シミュレーションの始まり

まず，空間の各地点には，SDSMF が推定した1950年コウホートの既婚率を設定する。原点の若年齢にのみ1960年のコウホートの既婚率を設定して，その後の 4 次元超曲面 ＝ 年齢-空間場の変化を見てみよう。

β, γ は，巻末の値を用いている[1]。α は，1950年以降のわが国の現実の変化に適合するような値を選択し，1.1 を用いた。国勢調査への当て嵌めと比較すると，時間間隔が小さいので小さな α でないと変化が速く進行しすぎる。μ は，いろいろな値を試してみたが，1/14に極めて近い値でないと，1950年以降の日本で起きた変化には合致しないようである。我々はやはり周囲の影響を濃密に受けて初婚へと至っているのである。λ は，多くの係数の中でも最も調整的な性質が大きいが，SDSMF で用いた値に近い値を0.2近辺でデータと適合的に選択している。

若年期の僅かな遅れからすべては始まる

シミュレーション時間で 1 ～25時間の既婚率を低下させてみる。これは実年齢ではどのようなことに相当するのかと言えば，理論年齢の $\overset{\text{ゼロ}}{0}$ は実年齢では13歳末辺りであろうと推定され，5 理論時間 ≃ 1 年であろうと推定されるから，実年齢で20歳以下の既婚率の低下を「年齢-空間場」にもたらしたことに相当するであろう。

すると，以下のような変化が超曲面上に生ずる。4 次元超曲面の変化を直接目で見ることはできないので，まず25理論時間後（約 5 年後程度であろうか）から，理論年齢5 （実年齢15歳未満程度であろうか），25（18歳程度），50（23歳程度），75（28歳程度），100（33歳程度），125（38歳程度），150（43歳程度），175（48歳程度），200（53歳程度）を第 3 次元でカットして観察する。

50理論時間後（図11.1～11.4）では，理論年齢75までは中心部での晩婚化が拡散している。また，実は極僅かだが全ての空間で既婚確率は低下している。ただ，中心部の晩婚化は上の理論年齢100にも空間にも拡がっていない。

196　第11章　4次元のシミュレーション

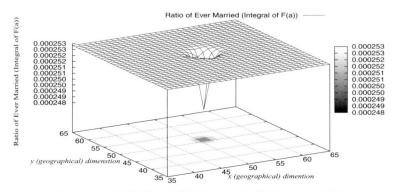

図11.1　50理論時間後の理論年齢25の3次元曲面としての既婚率

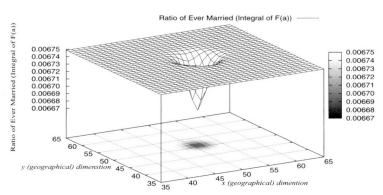

図11.2　50理論時間後の理論年齢50の3次元曲面としての既婚率

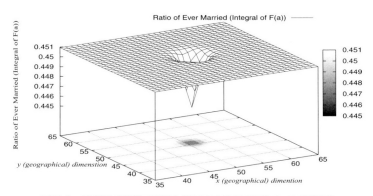

図11.3　50理論時間後の理論年齢75の3次元曲面としての既婚率

11.1 4次元のシミュレーションのセッティング 197

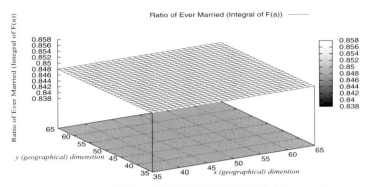

図11.4 50理論時間後の理論年齢100の3次元曲面としての既婚率

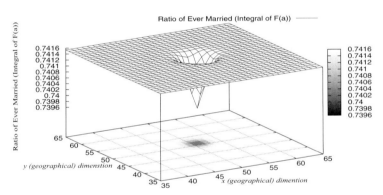

図11.5 75理論時間後の理論年齢100の3次元曲面としての既婚率

75理論時間後（図11.5〜11.6）では，理論年齢100まで中心部の低下が伝わっている。125には届いていない。晩婚化は若年齢で生じて時間をかけて上の年齢へと伝わっていくのである。

100理論時間後（20年後程度であろう）の変化を $a=5, 50, 100$ とその変化を観察する。理論年齢5では，ほとんど変化が見られない。既に限界までに落ち込んでいるからである。（図11.7，図11.8，図11.9）

若年齢の晩婚化から静かに拡がり，それが相対的に高年齢で劇症化する姿がよく判るのである。

198　第11章　4次元のシミュレーション

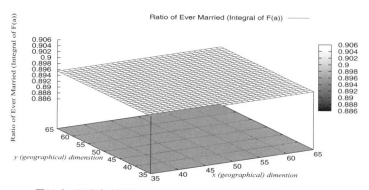

図11.6　75理論時間後の理論年齢125の3次元曲面としての既婚率

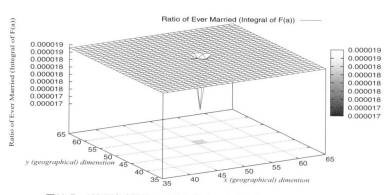

図11.7　100理論時間後の理論年齢5の3次元曲面としての既婚率

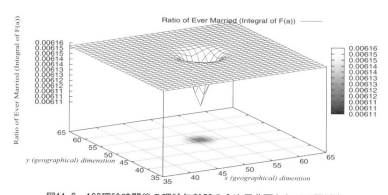

図11.8　100理論時間後の理論年齢50の3次元曲面としての既婚率

11.1 4次元のシミュレーションのセッティング   199

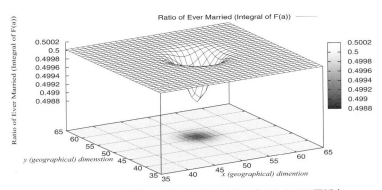

図11.9　100理論時間後の理論年齢100の3次元曲面としての既婚率

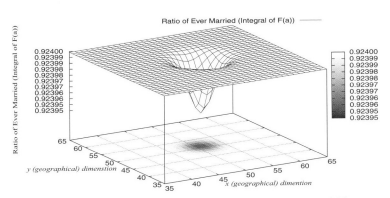

図11.10　200理論時間後の理論年齢200の3次元曲面としての既婚率

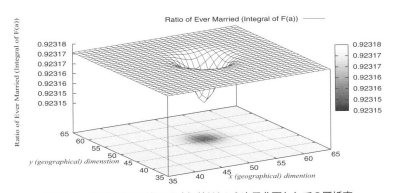

図11.11　250理論時間後の理論年齢200の3次元曲面としての既婚率

200　第11章　4次元のシミュレーション

1950年の初婚率では晩婚化は既に始まっている

　1950年コウホートの初婚率を空間全域に設定すると，全空間で晩婚化が進行していく。つまり，1950年コウホートはもう晩婚化過程の中に落ちているのである。そこで，筆者は超曲面の上方の不動点が何処にあるかまったく自明でない事実に気が付いた訳である。

　諸係数 λ, α, β, γ に依存して不動点は変化するのであろうが，次元 a の上方にあるだろう不動点が一筋縄ではとらえられない値であることをようやく理解するに至ったのである[2]。けれども，1960年の低既婚率が拡散する前に，全ての「年齢–空間場」で晩婚化は確かに始まっており，日本における実際の晩婚化はそれ以前に既に始まっている可能性が大であることが，やはり示唆されるのである。

11.2　計算される初婚確率 $F(x, y, a)$ の妥当性・整合性

　今一度検討してみたいことは，この4次元のシミュレーションが計算する $F(x, y, a)$ の妥当性である。次元を退化させた1次元，2次元の計算ではデータと良く近似し，DM-EC法がある地域の出生子ども数を比較的良く予測できるとは言え，退化前の4次元モデルが正しいという保証はない。

11.2.1　誰もが一致できる観測可能な事象に関する予測

　4次元の NDSMDIE の妥当性は何処にあるといえるだろうか。我々は4次元の超曲面を目で見ることもできないし，空間の年齢別の既婚率の変化もよく知らないのである。我々には，NDSMDIE が正しいか否かを判定する感覚的能力が殆んどない。しかし，これは既に述べているように理論の弱点ではない。理論は感覚によって検証されるべきではない。先に主張した「観測可能主義」に拠れば，感覚には捉えがたくとも，観測可能な事象の予測が検証されればよいのである。つまり，NDSMDIE が理論体系からある予測を立て，それが現

実と合致するかどうかがひとつの試金石となる訳である。

シミュレーションは，NDSMDIE に（下限としての）不動点があることを強く示唆している。これはもちろん $\overset{\text{ゼロ}}{0}$ でもないし，γ でもない。つまり，晩婚化が NDSMDIE が予想するように停止するか否かが重要なのである。

11.2.2 不動点（面）の問題

4 次元の数値シミュレーションの最も重要な成果は，NDSMDIE により構成される 4 次元の超曲面には不動点があるという予想である。

202頁の図11.12と図11.13は全く同じに見える。つまり時間が経過しても，初婚生成確率は変化していない。若年齢ではかなり早くから次時点の初婚確率 $F(x, y, a)$ は同じ値をとるようになる。

（表11.1 から判るが，$t = 250$，$t = 300$ では各年齢 a の既婚率に小数点第10位まで差がないことから，不動点に漸近していることは明らかであろう。）

不動点の位置は係数に依存するのであるが，超曲面はある時点からその点自身に留まることになる。注意すべきであるが，γ は不動点ではない[3]。そして，λ，μ，α にも依存して不動点は変化する。

高次元空間の不動点と言えば，以下の Brouwer の不動点定理

Theorem 11.2.1（Brouwer の不動点定理） n 次元ユークリッド空間 E^n の閉じた単位球 $S = x : |x| \leq 1$ 上で作用する連続写像は不動点を持つ。

がある。これが応用できそうな気もするが，NDSMDIE は差分積分方程式で，$f(x) = x$ というような連続写像の形をとっていない。

4 次元超曲面上での NDSMDIE の一般解を解析的に求めることは困難であるから，Brouwer の定理を直接応用することは困難である。

もちろん NDSMDIE は本当は連続写像ではない。それゆえ Brouwer の不動点定理から厳密に不動点が存在するのかどうかを確定することはできない。それゆえ，まだ「不動点」の存在を証明することはできない。しかし，数値シミ

202　第11章　4次元のシミュレーション

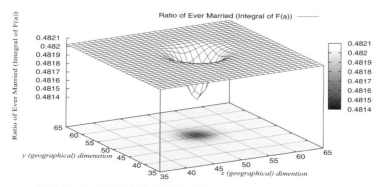

図11.12　200理論時間後の理論年齢100の3次元曲面としての既婚率

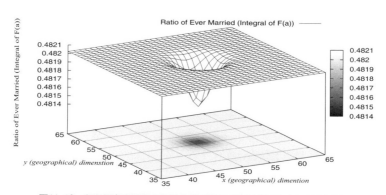

図11.13　250理論時間後の理論年齢100の3次元曲面としての既婚率

表11.1　β, γと推定された（下の）不動点の値（outside）

a	Age	β	γ	$t=250$	$t=300$
5	15	.0000260140	.0000146410	.0000187147	.0000187147
50	23	.4297067490	.0010651430	.0061571686	.0061571686
100	33	.9226822444	.1023641537	.4820248873	.4820248873
150	43	.9613667198	.6850442112	.8542845233	.8542845233
200	53	.9744071132	.8610845964	.9231707856	.9231707856
225	58	.9781217792	.8938173711	.9383006814	.9383006814

11.2 計算される初婚確率 $F(x,y,a)$ の妥当性・整合性　203

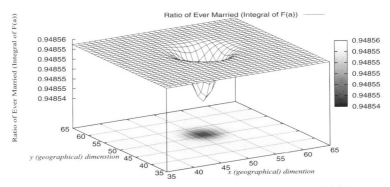

図11.14　300理論時間後の理論年齢250の3次元曲面としての既婚率

ュレーションが示すことは，それらしき点の（4次元の点の集合なので，謂わば不動超曲面である）存在である。

晩婚化の下限

　それにもかかわらず，この現実的な意味は巨大である。つまり，晩婚化には下限がある。晩婚化はどこかで止まるのである。離散力学系に特有のケイオティックな現象が，係数に依存して現れない限り（現れたとしても，リアプノフのように不動点周辺での漸近振動をとるかもしれないが），NDSMDIE が空間の初婚確率を記述しているなら，不動点付近で晩婚化が止まる筈なのである。

　もちろんこの不動点を数値として予言できれば素敵なのであるが，係数群 λ, μ, α, β, γ の正確な推定値が得られない以上，そのような予言は不可能である。しかし，NDSMDIE は別の類の観測可能な予言を不動点に関してなし得る。

11.2.3　特徴的な不動点の空間パターン

　数値計算はその不動点のパターンにひとつの特徴が存在することを示唆している。図11.14から見て取れるように，centre の晩婚化が時間経過とともに無制限に周辺部に拡大していく訳ではない。穴は超曲面にどんどん大きくなって

拡がっていくのではなく，周りもともに変化して一定の形状を維持するように見えるのである。これは，拡散方程式に固有の解の同型性（isomorphism）が顔を出しているのであろうか。

つまり，NDSMDIE は超曲面に穴があいたまま晩婚化が止まることを予測する。下の表11.2と前出の表11.1を比較してみると，中心部の窪み部分は，中心部以外の平坦な不動点より低い値となって不動点となっている。これは筆者には意外な結果であった。筆者は拡散項の smoothing effect から超曲面自体が平坦になるまで晩婚化が進行すると思い込んでいたのである。

そして，実は「超曲面に穴があいたまま晩婚化が止まること」は観測データとも一致するようである。142頁から143頁にかけて，1975年から2005年の既婚率の地理的な分布が図8.1から8.4に示してある。これを見て戴くと判るが，東京都心の低既婚率はそれほど拡がったようには見えない。全体的な既婚率の低下とともに中心部の相対的な低既婚率はむしろ維持されている。この状況が継続していくとすれば，NDSMDIE の妥当性は高まるといえるだろう。

晩婚化はある程度進行すると，ある時点で穴があいたままの形状で進行は止まってしまう。もちろん周辺部も中心部も NDSMDIE に従って既婚率を低下させているのだが，それは何処かで不動点に到達してこれ以上低下しなくなる。それは NDSMDIE が積分方程式だからであろうか。東京都心の超晩婚化が周りにどんどん拡がっていく訳ではないことは，ひとつの救いであろう。

不動点の存在には，別のよりマクロな観点からの示唆もある。本書の169頁からの第10章で検討しているのであるが，マクロ・データから見る限り，我が

表11.2 β, γと推定された（下の）不動点の値（centre）

a	Age	β	γ	$t=250$	$t=300$	outside
5	15	.0000260140	.0000146410	.0000172595	.0000172595	.0000187147
50	23	.4297067490	.0010651430	.0061091138	.0061091138	.0061571686
100	33	.9226822444	.1023641137	.4814691181	.4814691181	.4820248873
150	43	.9613667198	.6850442112	.8542180318	.8542089681	.8542845233
200	53	.9744071132	.8610845964	.9231483930	.9231483930	.9231707856
225	58	.9781217792	.8938173711	.9382860507	.9382860507	.9383006814

国や Swiss の既婚率は下げ止まりという兆候を見せているようである。

東京都心部の相対的な低既婚率（154頁のグラフを参照）が，他の理論によってより妥当に説明されるかどうかは所詮未知であるが，NDSMDIE はそれを説明する現時点で最も有力な理論であると筆者は考える。その理由は，既婚率の空間的な形状を合理的に説明できる他の理論はないと考えるからである。晩婚化の原因に個人の主観的な選択を仮定する理論は，このような既婚率の分布を個人の主観的選択に還元するしかないのであるが，その試みの成功の可能性は低いし，何を以て妥当な説明とするのかという評価基準に欠けている。

例えば，より常識的な「ワークライフ・バランス」による説明があり得る。都心部はよりバランスが崩れているからより晩婚化しているという仮説があり得るかもしれないが，制度的にそのような事実が確認できるとは思えないし，またそのようなバランスの崩れがたとえあったとしても既婚率の曲線を説明できるとも思えない。

11.2.4　μ，α を再考する

試行錯誤的シミュレーションの結果，μ は当初の筆者の予想よりも大きく，現在の日本の初婚生成の水準への近似を考慮すれば，14μ はかなり 1 に近いことが推測される。それでも，後章で行った 1 年区切りでの 1 次元のシミュレーション（国勢調査への当て嵌め）の時と比較すれば，μ は幾らか小さい。国勢調査データは，遥かに大きな空間が大きな時間間隔でシミュレートされている。日本一国という広大な空間と，4 次元シミュレーションという小さな空間区分・小さな時間間隔という組合せでの変化は同等ではない。小さな空間区分と小さな時間間隔ではある程度の変化も，大きな空間と大きな時間間隔では，極極微小な変化に過ぎないだろう。それゆえ，大きな空間・大きな時間間隔では変化が小さくなるように μ，α が設定されなければならない。

対照的に 4 次元のシミュレーションは，小さな空間区分と小さな時間間隔でより長い時間をシミュレートする。小さな空間区分であると μ が小さいのは，一見矛盾する気がするが，反応項という変化が起きる部分の割合をある程度大

きく設定しないと現実の低下ほどに既婚率が低下しない。これは何故であろうか。

　年齢と空間という次元を等置したが，次元が退化した場合には注意が必要である。年齢のみの次元となると，実態的な変化が起きている地理的な空間が表面上なくなる。つまり，変化は年齢次元だけで生ずる。この場合，$1-2\mu$ がかなり小さくても変化は，変化がありさえすれば，年齢次元で拡散していく。ところが，実態は高次元であることから，近傍の（多面的な）年齢-空間からの影響に晒されるため，ある程度の変化の大きさが必要とされるのである。

　別の言い方をすれば，小さな変化だと高次元であるゆえに希釈されてしまうのである。実態は，希釈に見合う大きさが反応項の係数として必要なのである。高次元と低次元の空間はやはり特性が大きく異なるのである。

反応項の解釈

　$1-14\mu$ がある程度大きい（0.1近く）とすれば，反応項の意味を改めて検討する必要も大きいと思われる。もともと筆者は，反応項は人口のうちの特異な行動をとる部分と想定してきた。晩婚化現象においては，低下に過剰反応する部分を想定している訳である。しかし，そのような人口が一割近くも存在するだろうか。

　反応項の部分は，具体的な人口と言うよりも，近傍の状況に依存せずに晩婚化が深化する確率を示していると解釈すべきではないだろうか。結婚は実態的には両性の合意が必要である。我々が本来遥かに近傍依存な存在として結婚を希望しても相手がその気にならなければ，結婚は生成しない。このような特性が反応項のウェイトを，個人が本来持つ近傍依存性より想定されるものより大きくしていると考えるべきではないだろうか。

不動点と係数の関連

　不動点を最終的に決めるのに大きく寄与するのは近傍依存係数（拡散係数）μ であるらしい。反応係数 α は，最終的な不動点の位置には僅かで限定的な影響力しか持ち得ない。その理由は，数式上 α は μ を介して間接的に作用するに過ぎないからである。つまり，近傍依存性がやはり圧倒的な影響力を有し

ているのである。

11.3 晩婚化はどのように起きるか

何を今更の問いだと感じられる方々も，おられるのではないだろうか。もちろん4次元超曲面の低下―陥没として晩婚化は生ずる筈なのである。しかし，実際にシミュレーションしてみて判ることは，どのように低下―陥没が生じるかで，その後の晩婚化の進行の状況が変化してくるのである。

晩婚化がある地点で全年齢aに渡って斉一的に始まったならば，その周辺の4次元超曲面は全てのaに関して時間経過に応じて低下が生ずる筈である。それに対して，ある地点の若年齢a_0で晩婚化が始まったなら，時間経過が$t<a$ならaでは超曲面の凹み―晩婚化は生じない筈である。つまり，晩婚化が若年齢においてのみ生じたなら，晩婚化は時差を有して高年齢へと伝わっていく観を呈する筈である。

空間次元でどのように起きたのかということも検討されるべき問題である。日本という空間での晩婚化は，239頁の表12.2が示すように，実はかなり早いころ（1930年以降）から空間全域的に起きていたらしい。それゆえ，ある一点からの晩婚化の始まりという仮説は実証的な理由から疑わしいものとなり，進行波による分析も不可能なことが判る。

晩婚化の生成及び進行は，その4次元空間での超曲面の形状変化を観察しなければ，本当のところは判らないのである。NDSMDIE は，誰も朧ろげにしか知り得ない晩婚化以前の状態を明らかにし，早婚化の極限の状態を理論的に示し得る点でも妥当な理論である。

11.3.1 国勢調査からの推測

国勢調査で，全日本というマクロデータを見ても，晩婚化は始めは若年齢から始まったと思われる。15-19歳の既婚率の低下が真っ先に起きて，それから

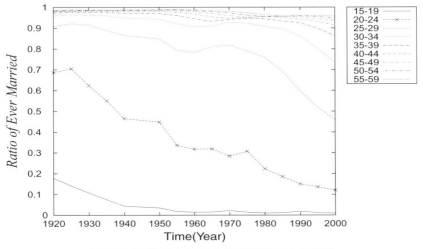

図11.15　国勢調査から見た年齢別既婚率の時系列推移

上の年齢に既婚率の低下が起きているのは明らかである．もし東京都心のようなある一点での既婚率の低下から晩婚化が始まったのなら，日本全体というマクロの変化を引き起こすには5年，10年では足りず，より時間がかかるはずである．それゆえ，晩婚化は，若年齢において日本全域で始まったと考えるのが妥当であろう．

それは4次元超曲面の α がかなり小さい値での初婚確率の低下が，晩婚化の始まりであることを意味する．それが晩婚化の始まりであるとは，誰にも判らなかったのである．しかも，高度経済成長期の一時的な回復もあって[4]，晩婚化の始まりには誰も気が付かなかったのである．初期の初婚確率の積分値の空間全域にわたる低下が，高齢期までにわたっての晩婚化をもたらすことは直感的には予想できないことであった．

11.3.2　晩婚化が開始される―上の不動点は存在するのか

先程，4次元超曲面の変化を観察してみなければ，晩婚化の本当の変化は判

らないと述べたのであった。晩婚化の下限としての不動点の存在は数値シミュレーションにより経験的には判っているが，では，どのような 4 次元超曲面の状態から晩婚化は始まったのであろうか。

　下限としての不動点に対して，上限としての不動点が存在するのではないだろうか。当初はそのように考えたのであった。長期的には 2 つの不動点の間を何らかの理由で行ったり来たりしていると考えられると都合がよい気が，筆者にはしたのである。しかしこの発想は誤っていた。

　また，定義上 $\int_0^a F(a)(da) \leq 1$ であるので，上部に自明な不動点が存在するような気がする。が，これは誤った感覚である。また，(7.1) 式に代入してみれば判るが，明らかに β も不動点にはならない。

　不動点の存在証明に，これから Banach の定理（縮小写像の原理（Banach fixed point theorem））を用いるのであるが，この定理は不動点がただ一つしかないことも証明している。そして，数値計算が示唆する事実もその通りであり，どのような $\int_0^a F(a)(da) \leq 1$ に対しても，不動点はただ一つしか存在しないのである。どんなに高く初期値として既婚率を設定しても，必ず不動点まで既婚率は低下するのである。当然であるが，まさに Banach の定理の通りなのである。

　問題は，初期の積分値が初期値としてどのように設定されるかが問題なのである。若年期の既婚率を大きく設定すれば，不動点の上昇も可能なのである。それは全年齢に渡って既婚率 $\int_0^a F(a)(da)$ を大きくすることに対応するのである。

不動点の存在証明

　これから，「縮小写像の原理」を用いて不動点の存在を証明しようと思う。
　時刻 t_1 の $\int_0^a F(x, y, a, t_1)(da)$ を想定する。写像 $T : \int_0^a F(x, y, a, t_1)(da) + F(x, y, a, t_1)$ を考える。これはすぐ次の時点の既婚率である。つまり，既婚率とそれに基づく次の時点での初婚生成が，時間変化により縮小するか否かを見る訳である。
　ここで，晩婚化が進行中の時刻 t_2，$t_1 < t_2$ のときの $\int_0^a F(x, y, a, t_2)(da)$ を

210　第11章　4次元のシミュレーション

考える。

$$\int_0^a F(x, y, a, t_1)(da) - \int_0^a F(x, y, a, t_2)(da) = \varepsilon \qquad ただし \ \varepsilon \geq 0 \qquad (11.1)$$

$\varepsilon \geq 0$ であるから，晩婚化している状況が想定されていることになる。ここで2つの写像の差を求めると，

$$\left(\int_0^a F(x, y, a, t_1)(da) + F(x, y, a, t_1)\right) - \left(\int_0^a F(x, y, a, t_2)(da) + F(x, y, a, t_2)\right)$$

$$= \int_0^a F(x, y, a, t_1)(da) - \int_0^a F(x, y, a, t_2)(da) + F(x, y, a, t_1) - F(x, y, a, t_2)$$

$$= \varepsilon + F(x, y, a, t_1) - F(x, y, a, t_2) \qquad (11.2)$$

つまり，写像が縮小写像となっているか否かは，$F(x, y, a, t_1)$ と $F(x, y, a, t_2)$ の大小関係によって決まる訳である。

縮小写像となっていれば，縮小写像の原理（Banach fixed point theorem）から，NDSMDIE の写像として構成される4次元超曲面の不動点の存在が証明される。

Theorem 11.3.1（縮小写像の定理（Banach fixed point theorem））
(X, d) を完備な距離空間とする。X 上の写像 T があって，ある定数 $0 < k < 1$ があって次の条件を満たすとする：
$$d(T(x), T(y)) \leq k d(x, y), \quad (x, y \in X) \qquad (11.3)$$
写像 T を縮小写像と呼ぶが，このとき T はただ1つの不動点 x をもつ。

晩婚化の場合は，ある年齢 a_* から区間 $[a_*, a_\infty]$ で，初婚生成が大きくなる。それゆえ，写像 T は縮小写像となる。この区間での初婚生成確率が一意に決まるということは，それ以前の初婚生成確率もそれに対応して一意であることになる。

$$F(x, y, a, t_1) - F(x, y, a, t_2) \leq 0 \rightarrow$$
$$\left(\int_0^a F(x, y, a, t_1) + F(x, y, a, t_1)\right) - \left(\int_0^a F(x, y, a, t_2) + F(x, y, a, t_2)\right) \leq \varepsilon$$

$$(11.4)$$

次に，早婚化の場合，既婚率は時間とともに増加しているのだから，

$$\int_0^a F(x, y, a, t_2)(da) - \int_0^a F(x, y, a, t_1)(da) = \varepsilon \qquad ただし \varepsilon \geq 0 \qquad (11.5)$$

となり，写像の差は晩婚化の時と同様に

$$\varepsilon + F(x, y, a, t_2) - F(x, y, a, t_1) \qquad (11.6)$$

であるから，この場合も晩婚化の時と同じく，初婚開始年齢の a_0 からある年齢 a_* までの区間 $[a_0, a_*]$ で，

$$F(x, y, a, t_2) < F(x, y, a, t_1)$$

となり，T は縮小写像となる。

積分値によって構成される 4 次元超曲面上では，数値の単純な差を距離と考えることができるので，区間 $[a_*, a_\infty]$ では

$$d\Big(\int_0^a F(x, y, a)(da) + F(x, y, a), \int_0^a F(x, y, \acute{a}) + F(x, y, \acute{a})\Big)$$
$$< d\Big(\int_0^a F(x, y, a)(da), \int_0^a F(x, y, \acute{a})(da)\Big) \qquad (11.7)$$

したがって，晩婚化が進行する「年齢-空間場」には「不動点」が存在する。不思議なことに比較的高年齢における不動点が予め決まっているような感じである。

とはいえ，初期条件としてどれだけ多くの初婚生成が与えられ得るかという問題は任意であり，任意の設定に対応して下限が構成される。初期条件としての 4 次元超曲面の状態に依存して不動点が決まるというのが数値シミュレーションの示すところである。それゆえ，筆者は少なからずそれを口に出すことが恐ろしくもあるのだが，「今日の晩婚化は，若年齢の初婚が低下した遠い過去に既に運命づけられていた。」という驚くべき推論へと導かれる。

早婚化過程においては，初期条件としての 4 次元超曲面の状態に依存して，どこまで早婚化が進行するかという限界点として「不動点」を考えることはできない。増加した初婚は，何時か必ず低下する必然性を有していると思われる。

212　第11章　4次元のシミュレーション

11.4　晩婚化の収束点としての不動点

11.4.1　4次元超曲面の解析的特性

　不動点の分析を通じて，どのような空間を考えるかが単なる数学的な問題を超えて，社会学的にも重要な問題であることを痛感する。我々が目下考えている3次元空間は，完備でもないし，距離の3公理を満たすこともできないような気もする。

　3次元空間自体は，主にa次元によりその解析的な特性は不明であるが，4次元超曲面は3次元の変数を独立変数とするルベーグ積分によって構成される故に，当然ルベーグ可測であり，Lebesgue spaces（おそらくL^2）である。つまり完備な距離空間（Banach space）である。それゆえ，縮小写像の原理が使えるのである。

　我々が当該の問題に，どのような空間を設定してモデルを組み立てていくかが決定的に重要なのである。初婚関数の場合，空間構造を考慮しないSDSMFが積分方程式として定式化され，確率を扱うことからルベーグ積分が要請され，それが（地理的な）空間へと拡張されたので，自然に完備な距離空間を考えることができたのである。そして，自然に「不動点」—晩婚化の極限—が出て来たのである。筆者の勘は，それゆえこの拡張が自然なものであると語っている。

11.4.2　不動点の実態的意味

　ここで不動点の実態的な意義を改めて考えてみたい。筆者は研究を始めて暫くはβ, γを生理的な限界と考えて設定していた。研究を進めていくと本当にそうなのか確信もなくなってきたのであるが，ともかくも，非線形項にある定数があると仮定して考察を進めていきたい。

　「不動点」は，表11.1から判るように，当初設定したγよりかなり大きい。そこでも不動点であるのは，NDSMDIEに$\left(1-\int_0^a F(a)(da)\right)^2$があるためで

ある。これは単一空間での定式化 SDSMF のときにもあったものである。これが差分方程式で因果的な支配力を発揮するのである。しかし 2 乗であるために，独特にマイルドな効果を与えている。

つまり，初婚生成が少なすぎると次時点の初婚生成にはプラスの作用を及ぼすのである。これは近傍空間からもその作用を間接的に受けることで強化される。我々は，（伝統的な比喩で表現すれば）社会的な相互作用で社会的な晩婚化の下限を構成するのだ。

11.4.3 早婚化という状態から晩婚化はいつ始まったのか？

早婚化という状態とは，いったいなんなのであろうかという問題が持ち上がる。早婚の状態がかなり長い間維持されたことは，理論体系との深刻な矛盾ではないだろうか。筆者の悩みは長く続いたのである。

若年期の初婚をかなり大きくすることができれば，早婚化状況を作り出すことができることは，不動点の存在証明からも明らかである。早婚状態が長く続くということは，若年期の早婚状態が長く持続したことを意味する。

では，早婚状態とはそもそもどのくらい長期的に持続したものなのであろうか。ヨーロッパは，中世を通じて相対的に晩婚であることが判っている。そこでは早婚化は産業革命以降の特異現象として出現し，経済の飛躍的な成長の終焉とともに早婚現象はある程度は弱くなったが，完全に元に戻ったわけではない。

我が国では，1920年代から晩婚化が開始されるとして，明治維新の1870年頃から50年程度の持続である。江戸末からと考えても長くて70年程度の持続である。江戸時代は人口が停滞した期間であるから，この時期は早婚化は起きていなかったと推測されるだろう。

ヨーロッパも日本も，産業化の影響により，若年労働力への需要を背景として若い結婚が増加したのであった。つまり，一時的な早婚化から常態としての晩婚化への回帰が起きたと考えるべきであろう。

なるほど，68頁の図3.8で見るように，アルジェリアのようなある社会では

214　第11章　4次元のシミュレーション

近代以前は，10歳ほどから初婚が始まり20歳以前に初婚年齢のモードがあった非常に早婚な状態があった。おそらく，非常に初期の初婚生成は，前時点に頻度依存して生成するので，ある社会ではたまたま早く始まり，またある社会では遅く始まることもあり得る。

　若年期の初婚が少なくなれば，晩婚化は必然的に生ずるし，多くなれば早婚化するとしか理論の範囲内では言えないのである。そこに物足りなさを感じるのは筆者だけではあるまい。

　我々は「発展段階論」の発想にいつしか囚われており，筆者も例外ではないが，なかなか自由な発想ができない。しかし現実はより多様なのである。たまたま初婚が早く始まった社会の先進国というケースもあり得るのであろう。たまたま経済発展による刺激で初婚が早く始まった近代の England-Wales のある村では，それに応じて子ども数も増えた。そしてそこでは諸条件の悪化とともに死亡率も上昇したのである[5]。出生を調節した気配はそこでは見られない。出生と死亡の間に，自然選択以外には，人間の意識を媒介とした調整はそもそもないのではないかと思われる。

　近世日本の状況を「発展段階論」の一つである「人口転換論」的に語ることは所詮無理なのである。4次元超曲面のシミュレーションは，その地域独自の特殊性への依存性を強く示唆しており，どのような可能性もあり得るものと覚悟すべきなのであろう。

　我々は異常なほどの高出生力を発揮した大正・昭和初期から何らかの理由で離脱し，それは若年期の初婚が減少し始めたことによるのであるが，晩婚化過程を歩み始めたのである。若年期の初婚は1960年頃にはすっかり低下しきっており，既に1960年の頃には現在の晩婚・低出生は既定の運命であったのである。

11.4.4　Undulations の定常性─非定常性

　超曲面が平坦な場合には，時間がたっても超曲面は平坦である。しかし実際は，超曲面の起伏は，様々な要因により或いは偶然により起伏がある。これらの起伏は時間とともにどのように変化することになるのであろうか。

11.4　晩婚化の収束点としての不動点　215

　拡散の力が強いと，時間とともに超曲面は平坦化していくことが予想される。しかし，A.M. Turing [36] が検討したように，反応拡散系では意外な構造が生成・保存されることがある。

　仮想的に乱数を利用して超曲面に起伏を与えて，それ以降の変化を観察してみた。図11.16のように初期値としてかなり過激な起伏が付いている。

　100理論時間後には次の図11.17のように平坦化している。下の年齢から平坦化が進行し，150，200理論時間後には，100理論年齢ではほぼ不動点に達している。250理論時間後には，図11.20のように同じ起伏が空間に保存されている。

平坦化の過程─その意外性

　驚くべきことに，平坦化は時間とともに進行していくというほど変化は単純ではない。理論年齢225歳は，175理論時間後までは初期状態のようなランダムな凹凸を維持しているが，200理論時間後には急速に平坦化し，250理論時間後には今度はなだらかなアンデュレーション を示し，かつそれ以降そのアンデュレーションが保存されるのである。

　超曲面は完全に平坦化することはない。1000時間後でも微妙な高低差は保存されている。またそれは，平坦な超曲面と非常に近い値であるが，空間の微妙な高低差が保存されて不動点となっている。しかも，積分方程式ゆえ当然であるが，各年齢で空間的な既婚率の高低差がそのまま保存されるのである。つまり，高既婚率な地点は全年齢に渡って高既婚率であり，それはそれゆえに（過

表 11.3　β, γ と推定された起伏のある不動点の値

a	Age	β	γ	$t=250$	$t=300$
25	18	.0030846345	.0000984817	.0002528176	.0002528176
50	23	.4297067490	.0010651430	.0061570364	.0061570364
100	33	.9226822444	.1023641137	.4820313745	.4820313745
150	43	.9613667198	.6850442112	.8542855645	.8542855645
200	53	.9744071132	.8610845964	.9231711003	.9231711003
225	58	.9781217792	.8938173711	.9383008878	.9383008878

*$t=250$ と $t=300$ は格子空間の同一座標の値である。

216　第11章　4次元のシミュレーション

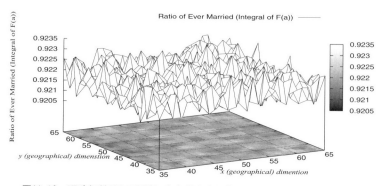

図11.16　理論年齢100の起伏に富んだ3次元曲面としての既婚率（初期値）

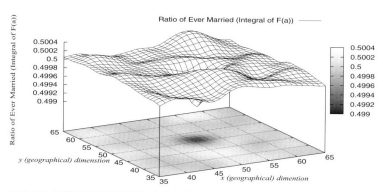

図11.17　理論年齢100の起伏のある3次元曲面としての既婚率（100理論時間後）

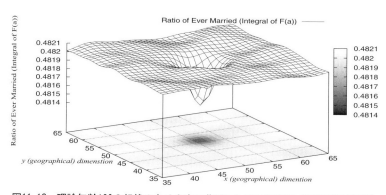

図11.18　理論年齢100の起伏のある3次元曲面としての既婚率（150理論時間後）

11.4 晩婚化の収束点としての不動点　217

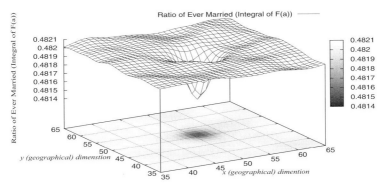

図11.19　理論年齢100の起伏のある3次元曲面としての既婚率（200理論時間後）

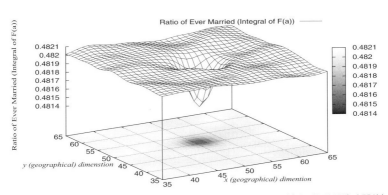

図11.20　理論年齢100の起伏が平坦化した3次曲面としての既婚率（250理論時間後）

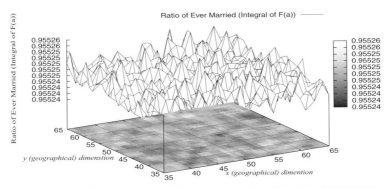

図11.21　理論年齢225の起伏のある3次元曲面としての既婚率（175理論時間後）

218　第11章　4次元のシミュレーション

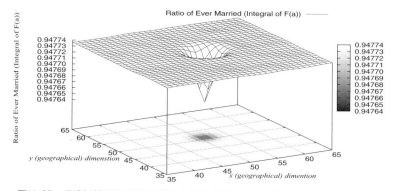

図11.22　理論年齢225の起伏のある3次元曲面としての既婚率（200理論時間後）

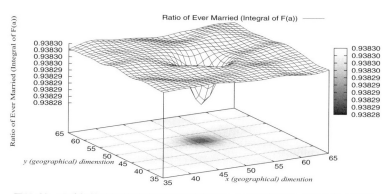

図11.23　理論年齢225の起伏のある3次元曲面としての既婚率（250理論時間後）

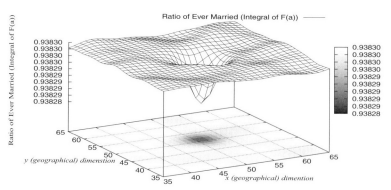

図11.24　理論年齢225の起伏のある3次元曲面としての既婚率（300理論時間後）

去にたまたま高かったということゆえに）そうなのであり得る。現在の理由な
く高既婚率であったり低既婚率であったりするのである。「年齢–空間場」の既
婚率の高低差に尤もらしい理屈は不要なのである（たまたまの高低差が保存さ
れ得るのだ）。

　空間の既婚率の微妙な差異は完全には無くならないのである。初婚生成のご
く初期の時の特異性や社会経済的な条件による撹乱（perturbation）を考慮す
れば，4次元超曲面には微妙なさざ波がいつも立っていると考えられるのでは
ないだろうか。しかもそれは強固である。

　子ども数の理論との関連で言えば，空間的にかなり均一な平均子ども数は，
空間的にかなり均一な初婚関数の帰結として出現するものと推測することがで
きる。もちろん，夫婦の子ども数自体も確率変数であるから，多少の平均子ど
も数の undulation はあり得るのではないだろうか。

11.4.5　不動点の変更

　不動点に近づくと，常識的には，小さな変化は全て不動点に引き寄せられて
いくと考えられる。しかし，積分方程式の場合，初期の初婚量を増加させるこ
とで，積分方程式の初期条件を変え，写像自体を変化させて不動点を変化させ
ることが可能である。NDSMDIE は，初期の積分量の設定は初期条件として
任意である。そしてそれに応じて不動点が決まる。

　数値シミュレーションとして，不動点状態に初期の増加という "刺激" を与
えて，どのような変化が4次元超曲面に起きるか観察してみよう。

低既婚率の穴を埋めてみると

　晩婚化が特に進行した低既婚率の「穴」の部分を埋めて（centre 部分を
1950年コウホートの値×1.5としている），どのような変化が起きるかをシミュ
レーションにより観察してみた。（図11.25，図11.26）

　これもかなり意外な結果であるが，穴は元に戻りいくらか周囲の既婚率の上
昇が起きる。この突起は高年齢へと若干成長する特性を有している。ただ，そ

220　第11章　4次元のシミュレーション

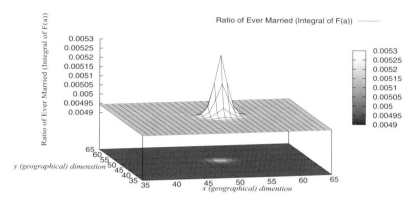

図11.25　理論年齢50までの不動点の穴を突起化した後の理論年齢50の3次元曲面としての既婚率（250理論時間後）

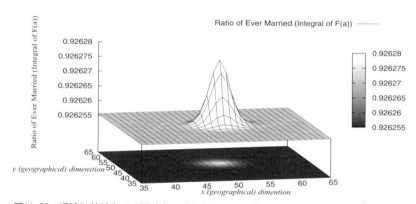

図11.26　理論年齢50までの不動点の穴を突起化した後の理論年齢225の3次元曲面としての既婚率（250理論時間後）

れ以外の空間の不動点は変化しないのである．つまり，いったん不動点に落ちた状況を，空間のある1点に変化を加えただけで，空間全域を変化させることは非常に困難なことであろう．つまり，ある地点だけに重点的に施策を行ってその波及効果を期待することはできない．

11.4 晩婚化の収束点としての不動点   221

表11.4 各年齢の嵩上げ前の不動点と上昇した不動点（既婚率）

a	Age	以前の不動点	上昇した不動点（全面）	上昇した不動点（3突起頂点）
5	15	.0000187147	.0000421075	.0000235423
50	23	.0061571686	.0135810687	.0063207388
100	33	.4820248873	.5846478198	.4839085775
150	43	.8542845233	.8692847189	.8545408433
200	53	.7231707856	.9278335691	.9232468238

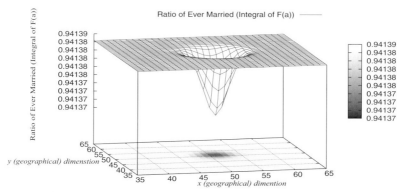

図11.27 全空間に渡り理論年齢5までの不動点を1.5倍に嵩上げした後の理論年齢225の3次元曲面としての既婚率（250理論時間後）

全空間的に若年期の既婚率 $\int_0^{a=5} F(a)(da)$ を少し上げてみる

そこで，空間全域に渡って理論年齢5歳（実年齢15〜16歳程度に相当する）までの既婚率を1.5倍に引き上げてみた．積分方程式の特性により穴があいたままの形状が保存されながらも，時間経過により全年齢での初婚生成の増加＝既婚率の上昇が観察された．

若年齢の既婚率はそもそも小さい（ある不動点では.0000187）ので，それを1.5倍にするのはそう難しいことではないだろう．社会的に抑圧されている若年のカップルを結婚へと導いてやることは決して不可能ではないであろう[6]．

222　第11章　4次元のシミュレーション

このシミュレーションでは，若年期の1/10万×1.5程度の結婚増で，これは10万人に一人を二人にするかしないかという意味であり，400万人の出生コウホートの15〜16歳の初婚者を40人から60人へと増加させることを意味する。この程度の初婚増により，33歳までに10％の既婚率増をもたらすことができることには大きな価値がある。また，データを注意深く見れば判るが，穴の部分も実は改善されている。

つまり，若年齢の初婚増により晩婚化を効率的に改善することが可能なのである。これにより，結婚持続期間が増加し，それゆえ子ども数の増加も期待でき，根本的な出生力増＝「少子化対策」が可能なのである。

30代，40代の結婚増は一時的効果しかなく，政策的な効果としては甚だしく非効率である。失われた時は二度と帰ってこないのである。冷酷なようだがこれらの世代に社会的に投資することは無駄である。

11.4.6　より効率的な方法の可能性の検討

空間に点々と突起をつける

空間全域に渡って若年齢の既婚率を引き上げることよりもより効率的な方法はないであろうか。空間の一点の突起（バルジ）は若干の波及効果を永続的にもたらし得る。それゆえ，空間に点々と既婚率の突起を付けることにより，全空間と同様の効果を期待できるかと思われた。

突起の空間密度が定量的に研究されなければならないのであるが，単純に中心と点対称に2つの計3つの突起を付けてみても（図11.28〜11.33），突起は空間に全面的に拡がらない。突起から離れた空間では不動点に回帰してしまう。やはり不動点は系全体の中で大きな力を有しているのである。

興味深いことに，突起は若年齢では極小さい範囲にしか拡がらない。時間が経過し高年齢に変化が伝わるにつれて，突起の体積は膨張していくがそれにも限度があるようである。グラフからはほとんど変化がないように見える突起の中間部 x，y 座標で（45，45）辺りも実は極僅かな上昇がある。しかし，突起

11.4 晩婚化の収束点としての不動点　223

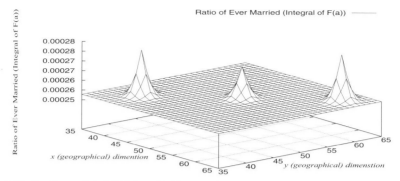

図11.28　3つの突起を付けた理論年齢25の3次元曲面としての既婚率（25理論時間後）

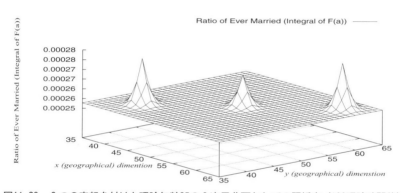

図11.29　3つの突起を付けた理論年齢25の3次元曲面としての既婚率（100理論時間後）

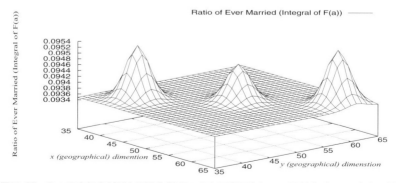

図11.30　3つの突起を付けた理論年齢75の3次元曲面としての既婚率（100理論時間後）

224 第11章 4次元のシミュレーション

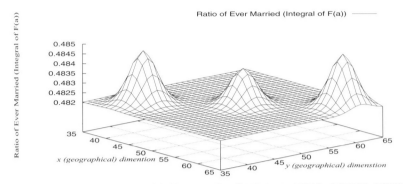

図11.31 3つの突起を付けた理論年齢100の3次元曲面としての既婚率（125理論時間後）

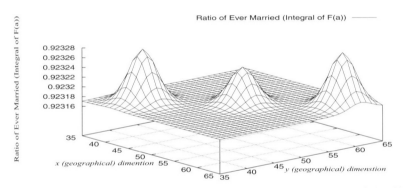

図11.32 3つの突起を付けた理論年齢200の3次元曲面としての既婚率（250理論時間後）

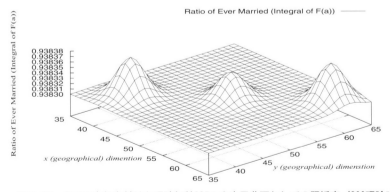

図11.33 3つの突起を付けた理論年齢225の3次元曲面としての既婚率（300理論時間後）
＊上2つとは俯瞰する角度を少し変更している

の対角線の反対側は不動点のままである。グラフを見れば，バルジはかなり成長しているように感じるが，これはスケールのとり方のせいで，数値でみると理論年齢100（実年齢33歳程度）で，高々0.2％程度の既婚率の増加でしかない。若年齢期の1/10万（0.001％）程度の増加からとしては，30代の0.2％は大きな増加かもしれないが，空間全域での増加に比べれば，非常に小さい増加でしかない。

どのようなバルジの付け方が効率的なのか数理的に追求されなければならないが，それは筆者の能力には過大なものであり，これからの課題としたい。ここでは若干の数値実験の結果を示したい。

バルジの付け方―その1―近接配置（図11.34，11.35）

では，突起を相互作用が働くように十分に近づけて配置してみてはどうであろうか。中心の陥没部分を取り囲むように4点の突起をつけてみた。予想通り，ある範囲での既婚率の上昇を観察できる。しかし，4点のバルジだけでは上昇分は微々たるものである。つまり拡散項の働きにより，空間の他の部分の低い既婚率の影響が大きいのである。空間の高既婚率は拡散するがその分平坦化するのである。

バルジの付け方―その2―突起面積拡大（図11.36，11.37）

晩婚化対策として真剣に検討されるべき問題は，最も効率的な初期バルジの付け方である。これまでは，格子空間の一点のみの既婚率の上昇がシミュレーションされた。ある程度の面積を与えてみると，プロセスと帰結は変わり得るものかもしれない。しかし，結果的には，ある程度の既婚率の高さを局所的には維持できても，拡散の smoothing effect が強力で，他はほとんど不動点に帰し，さほどの効率的な既婚率の上昇にはならないようである。

バルジの付け方―その3―1/4配置（図11.38，11.39）

非常に効率的な方法はないように予想される。バルジを空間の1/4に設定してみたらどうであろうか。これも，拡散項の強力な smoothing effect により，

226 第11章 4次元のシミュレーション

時間とともにバルジも平坦化してゆき，目に見える変化はほとんどなく，数値
的には100理論年齢時に僅かに１％程の既婚率の上昇しか観察されない。つま
り，晩婚化対策をやるなら，思い切ってできる限り広い空間で，若年齢の既婚
率をあげることをしないかぎり目に見える効果は望めないであろう。

バルジの付け方―その４―面積の1/4に矩形配置（図11.40，11.41）

　あきらめの悪い筆者は，その２の矩形5×5を空間の1/4に配置してみては
どうかと考えた。矩形部分は相対的には高い既婚率を維持しているから，空間
トータルでは，その３より遙かに効率的な既婚率の上昇が可能ではないかと考
えた。

　これもかなり無駄な努力であった。グラフの形状から大雑把に判ることは，
理論年齢100の時点で，頂点が0.53程度の山が100できるだけある。空間全域の
若年齢既婚率を上昇させた時が，不動点の0.48から0.58程度の上昇である。
0.05/0.1＝1/2 程度の上昇比である。しかし，空間の 3/4 は0.53以下の値でし
かない。結局空間全体の上昇は，山の上昇部分を 1/2 で評価すれば[7]，

$$\frac{1}{2}\frac{1}{4}+\frac{1}{2}\frac{1}{2}\frac{3}{4}=\frac{5}{16}>\frac{1}{4}$$

結局，1/4の上昇分を劇的に改善できないのである。もっとも，矩形でない
1/4 よりはずいぶんと効率的ではある。限定された資源制約下では，上昇の面
積が同じならお得ではある。

　これまでは初期増加量は一定の理論年齢５までを1.5倍してきたが，初期増
加量の効率性という問題も検討されるべきである。数理的かつ計量的に，これ
らの効率性はより精密に検討されるべき課題ではあろうが，より悪い方法はあ
るが，それほどお得な方法はないというのが筆者の感触である。

　晩婚化対策[8]は，予算制約の範囲内で「空間のどの地点でどの程度の既婚率
の上昇を目指して行われるべきか」ということを合理的に考慮する必要がある
だろう。

11.4 晩婚化の収束点としての不動点　227

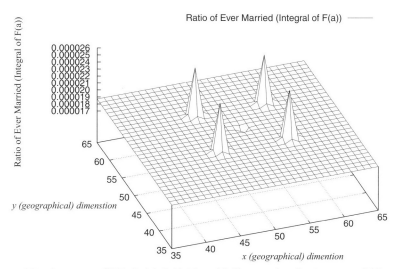

図11.34　4つの隣接した突起を付けた理論年齢5の3次元曲面としての既婚率（25理論時間後）

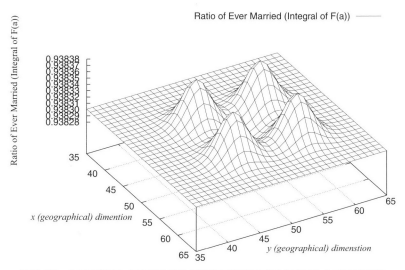

図11.35　4つの隣接した突起を付けた理論年齢225の3次元曲面としての既婚率（300理論時間後）

228　第11章　4次元のシミュレーション

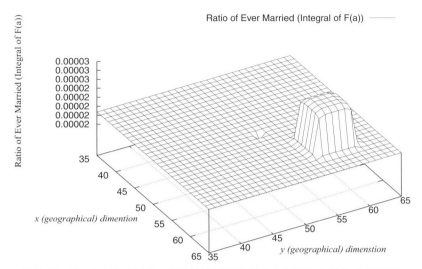

図11.36　6×6の格子空間に突起を付けた理論年齢5の3次元曲面としての既婚率（25理論時間後）

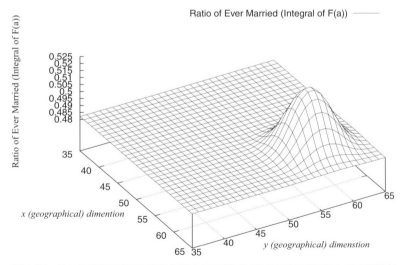

図11.37　6×6の格子空間に突起を付けた理論年齢100の3次元曲面としての既婚率（125理論時間後）

11.4 晩婚化の収束点としての不動点　229

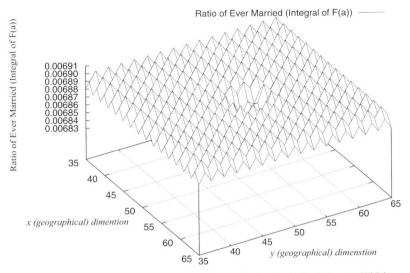

図11.38　格子空間の1/4に突起を付けた理論年齢50の3次元曲面としての既婚率（50理論時間後）

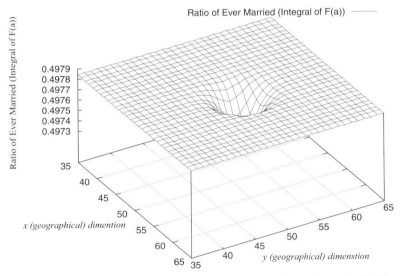

図11.39　格子空間の1/4に突起を付けた理論年齢100の3次元曲面としての既婚率（300理論時間後）

第11章 4次元のシミュレーション

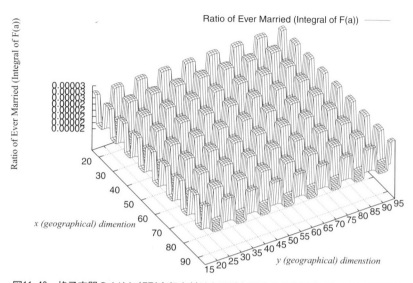

図11.40 格子空間の1/4に矩形突起を付けた理論年齢5の3次元曲面としての既婚率（1理論時間後）

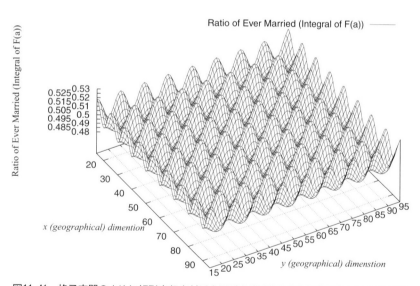

図11.41 格子空間の1/4に矩形突起を付けた理論年齢100の3次元曲面としての既婚率（150理論時間後）

11.5 NDSMDIE の未解決の課題と進行波の不在

11.5.1 未解決の課題とその展望

4次元のシミュレーションは，未だ定性的な状態に留まっている。λ, α, β, γ 等の係数のよい推定値を得ることができなければ，我々は我々の4次元超曲面の特性を定量的に理解することはできないのである。これまでは，単にそれらしい値を便宜的に使用してきたに過ぎない。

これらの未知の係数の良い推定値を求めることは今後の課題である。これらのよい推定値が得られれば，我々は，どれだけ若年齢での初婚を増やせば各年齢時にどのような既婚率を得られるかを計量的に予測可能なのである。

不動点を観測できれば，式 (7.1) の $F(x, y, a, t)$ の未知数を大幅に少なくすることができ，連立方程式をたてて λ, μ, α を推定することも可能ではないだろうか。といっても，β_k, γ_k が既知でなければならないが。

しかし，これらの係数が定数であるという保証は何処にもない[9]。であるから，その定常性も検討しなければならないのである。

つまり未知の課題は多いのである。けれども，NDSMDIE ― 4次元超曲面 ―「年齢-空間場」は我々人間の初婚生成を基本的には正しく定式化していると筆者は考える。その理由をここで繰り返しを恐れずにまとめてみたい。

1. 時系列変化は，空間での変化を定式化することなくしては，解決されないこと。
2. 初婚関数の生成を考えるためには，どうしても空間2次元と年齢1次元が必要であり，その3変数によって決まる4次元超曲面は必然的であるということ。
3. 差分積分方程式である NDSMDIE から，晩婚化の極限としての「不動点」が自然に出て来ること。
4. 晩婚化の不動点の形状が，現実と類似していること。

232　第11章　4次元のシミュレーション

　初婚関数の問題を4次元の空間で考えることは，必要以上に複雑なことに思えるかもしれない。しかし，ここでも「背景非依存」の思想が生きていることを思い起こして戴きたい。初婚生成は，「年齢-空間場」のみで決まる。基本的には4次元超曲面での初婚生成を考えるだけでよいのである。

　社会経済的な要因が結婚生成に影響を与えるのは，一時的なもので，それは，初婚生成に関しては，専ら4次元超曲面にどのような変化が生ずるかという点から検討されるべきなのである。

11.5.2　晩婚化の進行波は捉えられない

　筆者は，NDSMDIE を空間の既婚率の変化に関して書き下したことから，子ども数の理論のときと同じように進行波の分析ができるのではないかという見込みを持っていた。実際，式の変形により，NDSMDIE を反応拡散方程式のように見做すことができた。

　しかし，それは単なる形式的な類似性に過ぎなかった。NDSMDIE で進行波分析をすることができないことは，4次元のシミュレーションで明らかである。それは NDSMDIE が時間依存の積分方程式だからである。ある時点のある地点の変化は，次の時点と積分故に非常に因果的に密接に結びついている。

　単なる反応拡散系は，偏微分方程式であるから，直前にしか依存しないが，積分方程式である場合には，過去の履歴すべてに依存する。それゆえ「近傍の低下」だけでは完全に決定されない。それ自身の過去が高既婚率であれば，あるいは低既婚率であれば，その地点は近傍にそれ程依存せず高既婚率あるいは低既婚率であり得る。それ故に進行波の理論は使えないのである。

　それに代わり得るものとして NDSMDIE には何があるであろうか。自明でない不動点の存在は意義深い。よい理論というものは検証可能な予測を出さなければならない。そしてその予測が観測で確認されて理論の妥当性は高まるのである。NDSMDIE は，低既婚率の穴があいたままという一定パターンでの晩婚化の静止を予測する。これはほぼ観測と一致している。

　要は，晩婚化の静止と局所的に低既婚率の初婚関数と，その他の空間各所で

のほぼ近似した初婚関数が観測されれば，NDSMDIE はかなり確度の高い初婚関数の理論であると言えるであろう。そしてその静止はいつ頃起きるのか，或いは起きていたのかということが，また問題なのである。そして，4次元のシミュレーション以外の方法で，晩婚化の下限の問題を取り扱うことが可能である。その問題は後章で扱うが，まず次には晩婚化の始まりの時期を検討したい。

注

1) β, γ は，SDSMF の λ を変えて計算し，極端に高い値と低い値を採用している。巻末の係数に関する補弼を参照のこと。

2) このように書いた時点では，まだ上方にも不動点が存在するものと思っていたのである。本当は存在しないことが判っている。

3) β も上の不動点ではない。

4) 直観的な予想として，$100 < a < 200$ での $F(t)$ 低下は4次元超曲面に一時的な影響しか与えることができない。より若年の初婚生成が低下していない限り，元通りの軌跡に戻るはずである。

5) D. Levine［18］等を参照のこと。

6) 若年期の結婚が教育機会や就業機会を不利にしないような施策が併置されるべきである。しかし，我々はこれまで余りに表面上の教育上の機会均等という形骸化した平等性に拘ってきて，生物的な欲求を抑圧してきたのである。

7) この評価は非常に大雑把である。

8) 果して必要があるだろうか。地球の生態系にとって負荷以外の何ものでもない人間が消えてなくなるべきではないのか。我々は自問すべきであろう。

9) 筆者は楽観的なので，μ, α, β, γ は定数だと思っている。

第12章　晩婚化の起源と早婚化

　　—人間は一貫した自己を知覚するようにプログラムされているが，その実，
そこには変化があるだけで，プログラムに組み込まれた自己認識の幻想から
はついに脱却できないのである。

　　　　　　　　　　　　　　　　　　　　—ジョン・グレイ『わらの犬』より

12.1　晩婚化の始まりの時点

　既に101頁で考察したように，晩婚化は1920年以前に生じ，1930年代，40年
代には確かな足取りで全国的にも拡がっていたようである。その原因について
ここでは想像をめぐらすこととしたい。筆者は当初は，世界恐慌のショックと
それ以後長引いた昭和恐慌が原因なのではないかと思ったのである。しかし，
時期的にはそれ以前に始まった可能性がかなり大きい。

　コウホート・サイズの初婚確率に対する効果も無視できないことを悟り，問
題の深さにたじろいで，晩婚化の要因には，筆者は少なからず困惑したのであ
る。19世紀末から日本の人口は急速に増大し，出生コウホートも急速に膨張し
た。しかもその膨張はほぼ半世紀に渡って継続したのである。それでも，既に
検討したように，年平均3％程度のコウホート・サイズの増加では，それ程の
晩婚化効果は生じないであろう。

　国勢調査のデータ（表12.1）を注意深く観察すると判ることは，1920年〜25
年の間に前の世代と比べて晩婚化したと思われるのは，15-19歳だけだという
ことである。それ以前の世代は，図12.1が示すように，極僅かであるが既婚

表 12.1 1920〜1935年の国勢調査の各年齢別の既婚率

女性	1920	1925	1930	1935
15〜19	0.17732	0.14082	0.10744	0.07518
20〜24	0.68645	0.70435	0.62345	0.55127
25〜29	0.90844	0.92190	0.91547	0.88939
30〜34	0.95907	0.96463	0.96265	0.95998
35〜39	0.87309	0.97708	0.97592	0.97572

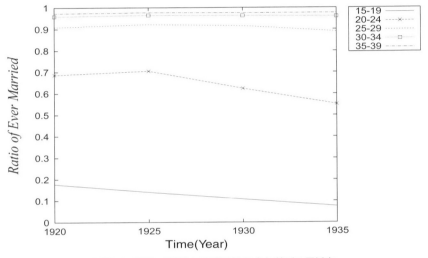

図12.1 1920〜1935年の国勢調査の各年齢別の既婚率

率を上昇させている．出生コウホートでは，1901〜1905年，1906〜1910年，つまり1900〜1910年の何処かが晩婚化の始まりだと推定できるのではないかと思われる．若年齢で既婚率の低下（＝初婚生成の低下）が生じ，それが時間経過とともに高年齢へと伝わっていく様は，4次元のシミュレーションの示す通りである．

12.1.1 晩婚という意識（イデア）が拡散するのではない

　初婚関数の変化は，「晩婚でもいい」とか「今すぐ結婚しなくてもいい」というような個々人の意識が原因ではない。意識は晩婚という現実の結果に過ぎない。初婚関数の変化は，各空間の初婚確率の変化であり，その変化は118頁から120頁までの図から観察されるような伝播・拡散という現象である。これはNDSMDIEという方程式が記述する「年齢–空間場」の必然的な現象である。

　伝播・拡散ではあっても，それは「晩婚でもいい」とか「今すぐ結婚しなくてもいい」というような意識の伝播・拡散ではない。『夫婦出生力の低下と拡散仮説』[14]でも，筆者は主張しているが，伝わるものは何もないのである。なぜそのように断言できるのかといえば，「その何か伝わるもの」を誰もきちんと定義できないからである。それ故，その存在を検証することは決してなされない[1]。晩婚という状態を以って，「何かが伝わった」とするしかないが，それは説明すべきことを既に前提としており，誤った論証である。

　筆者はこの問題には既に決着が付いていると思っている。意識や思いが空間を伝わるというのは，文学的な表現はさておき，まったく荒唐無稽である。しかし，多くの人は「伝わるものがない拡散とは自己矛盾している」などと考えるらしいが，これは余りに言語的な表現に依存して常識的に考えすぎているからである。

　まず，熱や波の空間への拡がりを理解すべきである。熱の拡散は，ある分子が熱核_{ヒートカーネル}からある地点へ移動するのではない。大きな分子の振動がそのまわりの分子の振動をもたらすというように，分子の振動が空間に順次生ずることが熱の拡散の本質である。波も同じである。津波は震源の海底からある特定の水の分子がそのまま海岸に打ち寄せるのではない。海水の高低差が周期を持って生じているだけである。

　晩婚化という現象も，ある地域で晩婚な人口が次第に増えて，それが周囲の人口に影響を与えて，それまで早婚だった人口を晩婚の人口に変化させていくというように進行しているのであり，晩婚化という考えが人々の頭から頭へ取

り憑いているのではない。

　我々の社会は伝言ゲームのようなものではない。実際，人々の意識は多様であり，ある一つの「晩婚化という意識」というものは，どこにも存在しない。意図的な意識が人間の行為を生じせしめるというのは妄想である。結婚しなければならないという意識が原因で結婚する人は，本当は何処にもいないのである。出会いがあり，無意識のうちに結婚へと事態が進行していくのだ。そしてその無意識の領域は近傍の結婚の生成に大きく影響されているのである。我々の自律性とはそういうものでしかない。

　近代以降，人間は「自律性」を至高の価値とし，持てはやし・追い求め，人間が自律的であることを前提としてきた。しかし，我々は一羽の鴬が鳴き始めると，それにつられて別の鴬が次々と鳴き始めるような他者依存の動物なのである。我々が有機体である以上，外界からの刺激に反応して行動するのは当然であり，何ら恥ずべきではない。我々は，我々のそうした行動が「正しい」のか「美しい」のかという，「自律性」に代わり得る別の評価基準を持ち得るのである。

規範・慣習―脳の単純化

　慣習の変化とか規範の変化などを，行為・行動の変化の原因と考える社会学者は多いが，社会学の常識に囚われているだけである。いったい如何なる規範・慣習が初婚関数の複雑な変化を記述できるというのだろうか。我々の行動は，規範・慣習という日常言語的（バーバル）な表現を遥に超えた複雑なものである。それは近傍の変化が複雑だからなのであるが，それを日常言語的に表現し尽すことはできない。それゆえ数式で表現すべき必然性があるのだ。我々は，初婚の生成が変化している時に，慣習の変化とか規範の変化とかの尤もらしい理由を，脳が事後的に空想して単純化して表現しているにすぎない。筆者の脳は実際に「慣習」や「規範」をそれほど想像しない。

　Benjamin Libet［19］の自発的な筋運動の際に観測される準備電位（readiness potential）の研究は決定的である。自発的意思決定の350ミリ秒前に脳が活動を開始していることが彼により発見されている。つまり実際の決定は潜在

238   第12章   晩婚化の起源と早婚化

意識が行って，意識は事後的にそれを受け取って自己の意識による決定と錯覚
しているに過ぎないのである。無意識的に脳は近傍の状況に反応して，人間の
行動を変化させているのである。しかし，意識はそれを自分が意識的に変化し
たと理解しているのである。

　近傍依存の因果性を仮定すれば，「伝わる意識」などを想定する必要はまっ
たくない。こういう［意識─具体化（行為）］というイデア論的な構図自体が
虚偽なのである。そもそも意識自体の妥当性は意識には判定できないのである。
いくらそれらしいと内省により思っても，それは論証にならない。伝わる意識
を仮定してどれだけのこともなし得ず，それらを仮定しないと如何に多くのこ
とを得るのかということで決着は付けられなければならない。

　「晩婚化という意識」を仮定することが致命的な失敗であるのは，そういう
ものがありながら，以前と変わらずに結婚する人や，いっそう若くして結婚す
る人が存在することである。どのような人が「意識」に囚われ，どのような人
が囚われないかを説明する理論が別途必要になる。そのような理論を立てるこ
とはできないであろう。意図的意識の植え付けである教育と晩婚化の因果関係
は実証的にもあやしいし，第一，教育はそれ程人間を変え得るものだろうか。

　或いは，感染症のように唯々感染しなかったと説明するのだろうか。しかし，
肝心の病原体は何処にも存在しないのである。その存在を実証することはでき
ない。

　初婚の状態が空間的に連続的に変化すれば，そこに伝播・拡散という現象が
観察され得るのである。「伝わる何もの」がなくても，脳の近傍依存性と確率
の事象依存性を仮定すれば，子ども数も変化し初婚確率も変化するのである。

12.2　晩婚化の始まり

　差分（微分）積分方程式である故に，晩婚化は思ったよりも拡散しないこと
が既に判っている。また，上に不動点がないことから何時でも晩婚化が始まり
得ることが示唆される。それゆえ，東京からの晩婚化の拡散という仮説を捨て

て，日本中でいつ頃に初婚確率が低下したかということを確認しておく必要があろう。

12.2.1 全国での斉一的な低下

　国勢調査の府県別のデータを時系列で追うと，驚くべきことに（拡散仮説の信奉者でなければ驚く必要はないか？），青森県，群馬県，新潟県でも1920年から1925年の間に，10〜14歳，15〜19歳では初婚確率の低下—未婚割合の増加が観察される。つまり，ほぼ斉一的に日本全体で初婚確率の低下が始まったようである。もちろん，地域的な低未婚率-高未婚率という差異が保存されながら，低下が始まっているようである。

　この低下は，「戦後恐慌」・「昭和恐慌」による低下なのか，それとも反応拡散の始まりなのかよく判別できない。データでは1940年まで（1945年の国勢調査が無いため）低下傾向が継続する。つまり，いつ頃の低下かは歴史的にはよ

表 12.2　1920〜1940年の青森県，群馬県，新潟県の未婚率の推移

青森県	1920	1925	1930	1935	1940
10〜14	0.994734	0.996283	0.999228	0.999946	0.999838
15〜19	0.590813	0.635141	0.700961	0.910498	0.862516
20〜24	0.138142	0.135919	0.178270	0.355502	0.298531
25〜29	0.050715	0.044512	0.048024	0.080692	0.088752
群馬県	1920	1925	1930	1935	1940
10〜14	0.999600	0.999881	0.999956	0.999973	0.999899
15〜19	0.936556	0.957651	0.968872	0.976369	0.984185
20〜24	0.500515	0.494212	0.580397	0.639613	0.700967
25〜29	0.121889	0.107159	0.103356	0.145167	0.172588
新潟県	1920	1925	1930	1935	1940
10〜14	0.998680	0.999385	0.999758	0.999804	0.999974
15〜19	0.849372	0.877994	0.914572	0.945074	0.970756
20〜24	0.327893	0.306929	0.400323	0.478756	0.601977
25〜29	0.086886	0.074167	0.074911	0.100764	0.130667

240　第12章　晩婚化の起源と早婚化

く判らないのである．しかし，1890年頃の始まりとしても，東京からの進行波の到達とするには明らかに各県の晩婚化の始まりが早すぎるので，解決にはならない．交通の発達による「飛び火的拡散」を想定すべきなのであろうか．全国的な初婚確率の低下が起きていることを考えると，一点からの拡散という考えは放棄しなければならないようである．

　或いは，1896（明治29）年の民法での婚姻の規定も大きな影響を与えているのではないかと推測される．女子の婚姻年齢の下限が16歳に設定されたことは，13，14，15歳の婚姻を減らし，それは晩婚化への引き金を引いた可能性も否定できない．

12.2.2　晩婚化の始まりの再推定

　実は，群馬県，新潟県，青森県では，1920年では20歳以上には初婚確率の低下が起きていない．1930年になって初めて20〜24，25〜29歳に初婚確率の低下が始まっていることが観察される．仮に，1915年に10〜14歳で低下が始まれば，5年後の1920年に15〜19歳で初婚確率の低下が起きるが，20〜24歳には低下は起きない．10年後の1925年には，20〜24歳で低下が起きる筈であり，25〜29歳では起きていない筈である．

　1910年に10〜14歳で低下が始まれば，10年後の1920年には，20〜24歳で低下が始まる．しかしデータでは始まっていない．

　データからは，1930年には20〜24歳の初婚確率の低下が初めて観察される．逆に遡っていくと，25年に15〜19歳で，20年には10〜14歳で低下したということになる．1930年には25〜29歳の初婚確率の低下も観察されるから，1915〜1920年の低下開始と推定されるのである．つまり，19世紀には遡れないと思われる．それゆえ，民法施行の影響云々を言うには，それから余りに時間が経過しすぎている．

　筆者は長く悩みぬいて以下の結論に達した．東京近郊の比較的近年の地理的な変化に対する NDSMDIE の説明力は捨てがたい．晩婚化の起源の問題で，NDSMDIE のすべてを放棄することは，初婚関数の理論をはじめとして失う

ものが多すぎる。それゆえ，筆者は此処に至って，晩婚化に関しては「（ただ一つの原点からの）進行波到達仮説」を完全に放棄しなければならないと結論するに至った。

1920年の頃にほぼ全国的に15〜19歳で晩婚化が始まり，それ以降，日本全体で反応拡散過程に入ったのだと解釈したい。また，東京都心では一層早く初婚確率の低下が生じていた可能性を排除しないが，それは統計資料からは判らないのである。

12.3　我が国における初婚確率の低下の始まり

初婚確率の低下の始まりは，人々の意識ではなく，意識にとって外在的な要因に求められるべきである。既に述べたように，初婚関数の理論は「背景非依存」な理論であるから，初婚の生成の変化は，実は初婚の生成が変化することによってしかもたらされない。初婚確率に大きな変化要因と想定されるものが，コウホート・サイズであった。

1920年頃が晩婚化の始まりだと推定できるのではないかと先に述べたが，実は，1903年から1906年のコウホート・サイズはその前後に比べて極端に小さくなっている（約90％程度の縮小である）。これは日露戦争の影響だと筆者は当初考えていた。

表 12.3　1900年から1915年までの出生数と出生率など

出生年	出生総数	粗出生率	増加率	出生年	出生総数	粗出生率	増加率
1900	1,420,534	32.4	1.0242	1908	1,662,815	34.7	1.0299
1901	1,501,591	33.9	1.0571	1909	1,693,850	34.9	1.0187
1902	1,510,835	33.6	1.0062	1910	1,712,857	34.8	1.0112
1903	**1,489,816**	32.7	0.9861	1911	1,747,803	35.1	1.0204
1904	**1,440,371**	31.2	0.9668	1912	1,737,674	34.4	0.9942
1905	**1,452,770**	31.2	1.0086	1913	1,757,441	34.3	1.0114
1906	**1,394,295**	29.6	0.9597	1914	1,808,402	34.8	1.0290
1907	1,614,472	34.0	1.1579	1915	1,799,326	34.1	0.9950

242　第12章　晩婚化の起源と早婚化

　日露戦争のクライマックスである日本海海戦のあった1905年の翌年1906年の出生数は1,394,295であり，戦雲立ちこめる1903年の1,489,816の93％であり，1902年の1,510,835に比べると92.3％である。1907年にコウホート・サイズは1,614,472と劇的な回復を遂げるが，1905年のポーツマス講和条約の締結を見て安堵し，それ以降1906年に出生行動が行われた結果である。当時の日本国民が如何に危機意識をもって戦争の成り行きを注視していたかがよく判る。

　結果として，1904〜1906年には小さいコウホートが生成したのである。それ以降は大きいコウホートが復活しているので，「小さいコウホート効果」がむしろ大規模に働いて，1907年出生コウホート以降の初婚確率の低下が起きたのであろう。国勢調査の年齢区分にはうまく当て嵌まらないが，1901〜1905年コウホートは早婚化と皆婚化が，1906〜1910年コウホートには晩婚化と未婚化が顕在化するのである。

　日露戦争では，我が国は人口学的には実は大きな損害を受けていたのである。日本の人口学的な増加傾向はロシアによって止められたのである。もちろん，長い目で見れば，出生力を低下させる契機という点では貴重なイベントであったのかもしれない。ロシアに感謝すべきなのであろう。帝国主義の戦争は思わぬ効果をもたらしたのであろう。このイベントで早婚化傾向が崩れ，晩婚化が始まり以降100年以上もこの傾向が持続することになるのである。

　と思っていたのであるが……

やはり「丙午」効果—筆者の見落とし

　日本人口学会で，神戸大学の中澤　港先生より1906年も「丙午」であるとのご指摘を受けた。筆者は迂闊にもそのことを見落としていたのである。1906年の出生数の減少は1966年の「丙午」による出生数の減少（80％以下の縮小）に比べるとかなりマイルドであるが，やはりこの「丙午」ショックによる「小さいコウホート効果」が晩婚化のきっかけとなったのであろうか。それとも日露戦争と丙午の複合効果で小さいコウホートができたのであろうか。

表 12.4　1906〜1910年出生コウホートとその前の既婚率

	1896〜1900	1901〜1905	1906〜1910	1911〜1915
15〜19	—	0.17732	0.14082	0.10744
20〜24	0.68645	0.70435	0.62345	0.55127
25〜29	0.92190	0.91547	0.88939	0.86472
30〜34	0.96265	0.95998	0.94748	—
35〜39	0.97572	0.97137	—	0.96994

12.3.1　小さいコウホート効果の痕跡

マクロ・データでの痕跡

この非常に大規模な「小さいコウホートの効果」の痕跡は，国勢調査のマクロ・データからは比較的簡単に見て取ることができる。1920年（大正9年）の国勢調査では，15-19歳が1901〜1905年出生コウホートである。1925年の15-19歳が1906〜1910年出生コウホートである。小さいコウホートを含む1901〜1905年出生コウホートは，初期には先行コウホート以上の既婚率を示している。それに対して，1906〜1910年出生コウホートは（1906年という小さいコウホートを含んでいるのであるが）大幅に晩婚化している。それ以降は晩婚化傾向が続くのである。

ミクロ・データでの痕跡

ミクロ的なデータから「小さいコウホートの効果」の痕跡を探すことは難しい。1900〜1910年に出生した女性を対象とした社会調査を筆者は知らないからである。既にほぼすべての人々が他界しているそれらの人々の初婚年齢を個別に知ることは極めて困難である。

しかし，間接的な推測は実は可能である。SSM95 では，対象者の母親の出生年を尋ねている。そして子どもである本人の出生年も判る。子どもの出生年を母親の初婚年齢の代替指標とする。母親が前のコウホートのように順調に初婚したならば，子どもの出生年もそれと線形に変化する筈である。母親の出生

244　第12章　晩婚化の起源と早婚化

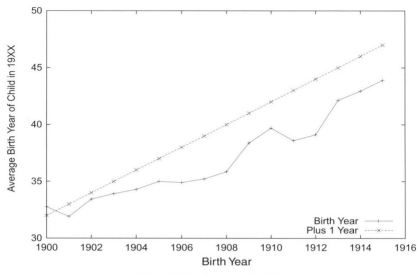

図12.2　母親の出生年と子どもの出生年

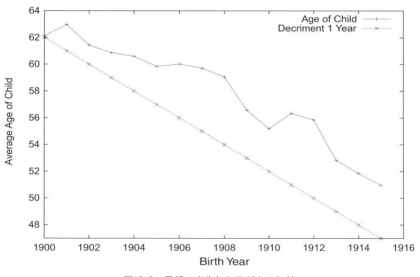

図12.3　母親の出生年と子どもの年齢

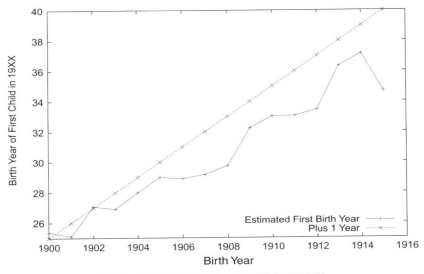

図12.4　母親の出生年と第一子の出生年（推定値）

年と単純に本人の出生年や本人が答えた年齢でグラフを書くと以下の図12.2のようになる。1905〜1906年出生の母親の子どもの出生年齢は相対的に低い。また子どもの年齢は相対的に高い。つまり早婚化したと推測できよう。1907年は僅かに晩婚化しただけである。理論から考えれば，もっと晩婚化すべきであるが，この標本の子どもの年齢という指標では，それはハッキリと現れない。何故なら，1907年出生コウホートの個々の初婚は，1906年コウホートに追随して行われているに過ぎないからである。コウホート全体の初婚率は，分母自体の大きさ故に低下するが，個々にはそれ程ダイレクトには現れないと思われるからである。

SSM95は本人の出生順位を尋ねているので，子どもの出生間隔が2年と想定して，母親の第一子出生年の平均を，

母親の第一子出生年の平均＝本人の出生年の平均−出生順位の平均×2

で推定して，出生コウホート別の第一子出生年の平均をグラフ化したのが図12.4のグラフである。第一子の出生年が上昇しないということは，通常なら

246   第12章　晩婚化の起源と早婚化

平均一年ずつ上昇すべきなのにそれが起きないのだから，それだけ早婚化が進んだということである．1908年，1909年の急速な晩婚化は理論通りである．1911年コウホートの早婚化の原因はよく判らない．

12.4　早婚化

　方程式 NDSMDIE や MMDE から考えると，人類は多くの場合，晩婚化することが必然的であるような感を覚える．しかし，19世紀末から20世紀初頭にかけてヨーロッパでは早婚化が起きたのは事実であるし，我が国でも江戸末から早婚化が起きたようなのである．

　初婚関数の理論は数式上では晩婚化が必然的であるように見える．これは早婚化という歴史的事実と対照すると矛盾のように感じられるかもしれない．しかし，自然に晩婚化するのは生物としては必要な傾向ではないだろうか．人間という生物が生物学的にその生殖力を Open にすれば，人類は潜在的な過剰人口の危機を常に抱えている．一旦増加という慣性が人口に働けば，それは容易に止まらないが，それを自然に抑制する装置が必要なのではないだろうか．人間の行動の「近傍依存性」と「両性の選択性」を基本にして人口増加を抑制する力が働くのではないだろうか．

　疫病・戦争等の人口学的な危機の後には，生物学的な生殖力は開放される．両性の選択は最高度までに高まりそれは「近傍依存性」とともに空間を適応放散のように占有するのである．それがいつまでも継続しないように我々は社会的に条件付けられていたのである[2]．

　我々人類が疫病・戦争等の人口学的な危機から開放されたことにより，こうした過剰人口を抑制するメカニズムだけが影響を与えるようになってしまった．謂わば，我々は新しい問題へと自ら辿り着くことになったのである．

　低出生力を脱するためには，限界近くまで晩婚化した初婚の状況を反転させなければならない．そのためにはどのような可能性があるのかを以降検討してみたい．

積分方程式の必然性として，初期の初婚生成が決定的である事実は，4次元超曲面—年齢-時間曲面でも変わらない。要するに，若年の初婚生成を空間で成長させることが必要なのである。

産業革命以降の18世紀の England-Wales の人口増は，家内制手工業が若いカップルの生成を促進したことにも原因を求めることができると指摘されているが，現在もなお早婚化のために必要なことは若年期の初婚を増やすことなのである。

12.4.1　ヨーロッパの早婚化

19世紀ヨーロッパでは，夫婦の子ども数の低下と併せて早婚化が生じた。これはヨーロッパ社会・経済にとって好ましいことであった。よりマイルドな出生力の低下となったからである。

近代以前のヨーロッパの場合，東アジアと比べると相対的に非常に晩婚であったことが知られており，それ故生涯未婚者も多かったのである。19世紀半ばのオランダの女性の40歳頃の既婚率が80％程度であったと推定されている。それは，農業（小麦）の生産性が，東アジアと比較すれば低いことにより説明されてきた。

NDSMDIE の最高既婚率 β は，そうした説明に対応して地域ごと・社会ごとに変化すべきなのであろうか。筆者も当初は地域ごとの変化を非自覚的に仮定していた。しかし，4次元のシミュレーションを経て，やはり β は，超歴史的・普遍的な定数であり，ただ「年齢-空間場」の形状が歴史的な要因により違うだけなのではないだろうかと考えが変わってきた。

まず，産業革命以来の経済的な効果により主に労働力需要から一時的にある地域に早婚化が起きた。それにより，「年齢-空間場」＝4次元超曲面が少しずつ変化し，産業化の進展とともに経済的に豊かな地方の高既婚率が次第に地理的に拡散して，全体的な早婚化へと繋がったのではないだろうか。

12.4.2 我が国における早婚化の可能性

晩婚化の進展は殆どの年齢層で限界に達しつつあるのだから，今後長期的に見れば期間出生率（TFR 等）は若干の回復が期待できる。とはいえ，我が国の場合は，不動点近くまでに低下した現状である。一旦，不動点までに低下した既婚率の水準を上に引き上げることは決して容易なことではない。

たまたまある地点で，ある程度の既婚率の上昇が起きても，方程式の性質上，反応項と拡散項両方の力がその地点の初婚生成確率を引き下げてしまう。

我々が為し得る数少ない重要なことは，ハイティーンの初婚を増やすことであり，ハイティーンの出産を増やすことである。「小さいコウホート効果」が自然にハイティーンの初婚を回復させる可能性がない訳でも無い。いずれにせよ，それらの効果が現れるまでには，数十年という時間も必要である。晩婚化は長い年月をかけて静かに進行したことを考えれば，そこからの回復には即効策がないことが類推されるのである。

多くの人々は，15, 16歳という若年齢での出産と結婚を，自分とは何ら関係のない一部の人々の非常識な行動と見做している。しかし，SDSMF が示すように，結婚はそのすぐ前の結婚の生成によって確率論的に支配されているために，実はそれ以降の結婚の生成を因果的に運命付けている。15-19歳の初婚確率が0.1％以下では，それ以降の初婚の時間的な発展は，どうしても遅すぎるのである。これを0.5％程度にまで引き上げることができないだろうか。

筆者は，γ も超歴史的かつ普遍的な定数と予測するから，「年齢–空間場」を変化させるしか無いと考える。これは結局，行動の集積によって変えるしか無い。

ハイティーンの初婚を増やすことは，初婚確率の増大と夫婦の子ども数の増大を確実に導く。それゆえ，高校生の結婚と出産を社会的に支援するべきである。道徳家は憤るかもしれないが，結婚したいもの，同棲したいものにはさせるべきである。そして出産もさせるべきである。

「若いのに無責任な」などという批判は無用である。若さとは後先考えない

ことであり若者の特権である。社会は若者を支援しなければならない。特に出生行動を行う若者を重点的に支援しなければならない。ある程度の数になればそれが普通となり，異常でも何でもなくなる。住居の提供や就学との両立支援が行われれば，早婚化への反転も夢ではない。責任はそれから担ってもらっても遅くない。

　明治民法が法定婚姻年齢を引き上げたことが晩婚化の始まりであるなら，我々は法定婚姻年齢を引き下げ早婚化を促すべきである。ハイティーンの堕胎は現在潜在的には多いが，これを出生へと結びつける努力こそが必要なのである。必要なものは，若い結婚と若者の出生行動である。

　同時に低既婚率のカーネルを除去することも必要であろう。都心の低既婚率の解消のために何が為し得るのであろうか。

注

1) E. Mach が原子論に対して犯した過ちを筆者も犯しているのだろうか。筆者は検証できないものを全て否定しているのではない。原子や分子が（その当時の技術で）検証できなくとも，それらがきちんと定義されて多くの現象を合理的に説明できるならば，それらを排除する必要はない。しかし，きちんと定義されないものを検証することはできないのである。意識は人其々に異なり，その主観的な因果性に関する認識も人其々でしかない。

2) あっという間に空間を占有して増殖する生物は結局長生きできないのではないだろうか。

第13章 初婚関数の予測

　よい科学的な理論というものは，理論体系から検証可能な予測を出さなければならない。最後の仕上げとして，初婚関数の予測という問題に取りかかろう。4次元超曲面という初婚関数の究極の実体を明らかにし，その様々な特性を明確に認識した上で，初めて，この問題に取り組むことができたと言うべきであろう。

　残念ながら，SDSMF が出す将来の初婚関数に関する予測は，現実のデータと照らし合わされて検証され，不十分な予測であることが判った。単一のコウホートの初婚関数という枠組みではよい予測が出せない。しかし，検証可能な予測を出すという点で SDSMF は科学的な理論なのである。単一のコウホートの初婚関数という SDSMF の枠組みでは，将来の予測には力不足であり，それ故に4次元超曲面のダイナミクスを記述する NDSMDIE が必要なのである。

　「背景非依存」という初婚生成の重要な特徴を仮定し，若年期の生成にある仮定値をおけば，NDSMDIE は何年でも先の初婚生成を予測可能なのである[1]。

　Swiss のデータの分析で明らかなように，4次元超曲面を考慮しても，ベビーブームのような大事件がこれから生ずれば，数十年に渡る長期的な予測には成功し得ない。また，若年期の初婚生成は，理論からは予測しようがなく，それらの値は仮定するしかない。

　繰り返しになるが，NDSMDIE の「背景非依存」と初期値依存性は完全ではない。ベビーブームや高度経済成長のような歴史的な大事件[2]—特異現象では後半の初婚確率が特に膨らみ，初期値依存性がある程度消失する場合も稀であるがあり得る。それらの特異現象がこれから起きないと仮定してこの章を読まれたい。

13.1 コウホートの初婚関数予測の失敗

13.1.1 SDSMF の枠内のみでの予測

当初は，SDSMF の枠内で単一コウホートについての予測を行うことを検討していた。基準年を決めてその基準年の理論時間間隔 Δt を固定し，ある程度若年齢の既婚率に初婚関数の積分値が一致するように λ を調整して，全年齢に渡る初婚確率を計算しようとしたのである。

2010年のデータで予測を試みる前に，1950〜60年代のデータで仮想的に予測計算を行ってみたが，これがうまくいかない。図13.1のように inflection point をかなり外してしまう。初期積分値を合わせてもそれ以降が合わないのである。初期（若年期）の積分量に対応する観測値は不安定であるから適合しないという理由もあり得ると考え，次なる方法での予測を試みてみた[3]。

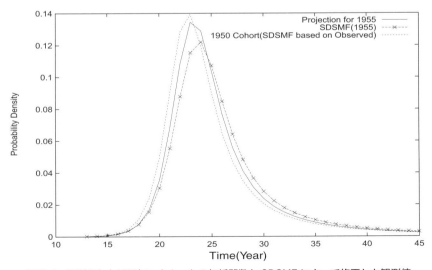

図13.1 予測された1955年コウホートの初婚関数と SDSMF によって修正した観測値

13.1.2 SDSMF と NDSMDIE の複合

初期の既婚率の観測値が当てにならないのであれば，5歳間隔でのNDSMDIE の予測値（15〜19歳の既婚率）と合致するように各コウホートの λ_i を調整すれば，各コウホートの初婚確率をうまく予測できるのではないかと考えた。

5歳間隔での予測は，下記の図13.2 で示すように，かなり信憑性のある予測値が得られている。この2015年の20〜24歳の予測値0.063945を，2010年の各コウホートの既婚率から，直前に述べた SDSMF の枠組みでコウホートとして単純に計算すると平均は0.08325158であるから，このままだとかなり大きい。これを適合させるためには λ_i をかなり小さくしなければならない。ところが，この NDSMDIE の5年間隔の予測値と適合させるように λ_i を変化させると，1歳刻みの初婚分布のモードが0.05程度になるというおよそあり得ない事態が生じてしまうのである。

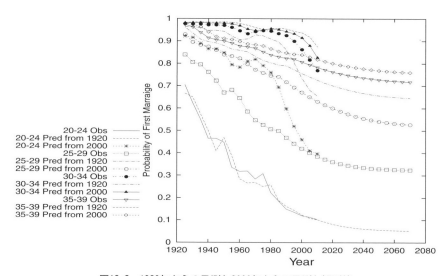

図13.2　1920年からの予測と2000年からの予測と観測値

何かがことごとく誤っている。SDSMF という単一コウホートの枠内では，刻々変化する初婚関数の予測は無理なのではないかということを筆者はやっと理解したのである。

13.2 NDSMDIE の枠組みからの予測

SDSMF の係数を調整してコウホートの初婚関数を予測しようとする徒労に疲れ，初婚関数のダイナミクスは NDSMDIE でしか捉えられないという自らの宣言を蔑ろにした愚かしさに漸く気付いた訳である[4]。根本的な方法の変更が必要とされたのである。

13.2.1 国勢調査―1歳刻み5年間隔期間データの利用

そこで期間の予測を NDSMDIE-MMDE から行ってみようと考えた。2000年，2005年，2010年の国勢調査は1歳毎の既婚率を集計表にしている。この5年間隔を1年間隔毎に計算して5年後を一致させるというように計算できないであろうか。13～15歳を除けば，これはそれほど難しくない。しかし，初婚の始まりだけは仮定値を放り込むしかないのである。

我々は若年期の初婚生成がどのようになるのかを予測することができないので，将来の初婚生成を予測することはできないのである。とはいえ，幾つかの仮定をおけば，ある程度の計算は可能である。

・ハイティーンの初婚生成は既に下限近くにあり，かなり下げ止まっているとして，その既婚率を γ の値近辺に固定する。

　なお，15歳の $\gamma = 0.0003899256$ として計算しているが，2010年の国勢調査の該当する値は0.0002061075と γ を下回っている。これは実態でない可能性が大きいだろうが，我が国の晩婚化は，若年齢ではもはや下限に達しているだろうことが推測される。

これで計算はできるが，計算すると5年間隔の計算による予測との整合性が

254 第13章 初婚関数の予測

失われる。若年齢の初婚の低下が5年間隔と比べると急速である。15〜19歳の既婚率を固定する5年間隔の計算の方がマイルドな低下である。これは考えてみれば当然の結果である。5年という時間変化にも拘わらず，15〜19歳では同じ既婚率が維持されているからである。

　1歳刻みの計算では2015年の20〜24歳の平均既婚率は0.056程度にまで低下する。

　結局，以下の結論に到達せざるを得ない。5年間隔の計算であろうと1年間隔の計算からであろうと，推測されることは，現在の4次元超曲面（年齢-空間場）には，若年齢の既婚率を低いままにしておく性質（勾配）がかなり大きいということなのである。ある程度の初期値で初婚が生成したとしても，暫くの間それが順調に成長しない性質が超曲面に存在するという結論である。それゆえ，コウホートのパラメータのみに依存したコウホートの初婚確率の予測という試みは破綻したことを漸く悟ったのである。

　結局，4次元超曲面の変化を考慮した予測をしなければならない。このような観点から考えれば，コウホートより期間の値がより本質的なことが判る。仮に正しく期間を予測できるなら，正しくコウホートの予測も可能なのである。その逆も論理的には可能なように感じられるかもしれないが，理論的にはそれは不可能なのである。コウホートは近傍の時空から独立した存在として決して取り出せないのだ。

筆者の固定観念

　筆者は，初婚関数の晩婚化は図13.3のような形状で起きるという固定観念からなかなか抜け出せなかったのである。ところが，4次元超曲面では多様な晩婚化という変化があり得るのである。NDSMDIE がコウホートの初婚確率を予測した図13.10で判るように，非常に顕著な初婚の先送りという傾向が生ずるのである。2000年以降の初婚関数の変化は，初婚関数が年齢軸上を平行して移動しているようである。

　このように予測される日本の初婚生成の変化は，実は特殊な変化ではない。予測される2015年出生コウホートの我が国の平均初婚年齢は，31.10である。

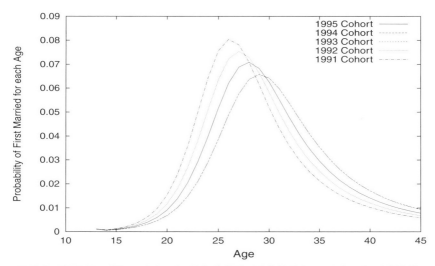

図13.3 SDSMF の(単一コウホートで閉じた世界の)初期値依存のコウホートの初婚関数の晩婚化

日本と同様に低出生力に喘ぐドイツの2005年の平均初婚年齢が31.0である。それはなんとも似通った値である。日本の2015年出生コウホートの初婚のモードは28歳が予測されている。

しかし，これらは主に事実婚に関する予測であり，出生力に関係する結婚に類する行動のすべてを捉えたものではないことには注意が必要であろう。

13.2.2 基準年ごとの予測の変化

話題は少し変わるが，2000年を基準年とするか，2005年を基準年とするか，それとも2010年を基準年とするかで，将来の予測はそのプロセスにかなり変化を見せる。(図13.4〜図13.6を参照)

2000年の初婚生成の状況だと速やかに下限に落ち込む筈であった。2005年を経て2010年の初婚の生成は一時的には回復しているようである。ただ，本来の意味での出生率の回復とはいえないようである。

第13章 初婚関数の予測

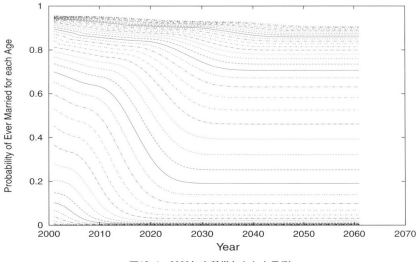

図13.4 2000年を基準年とした予測

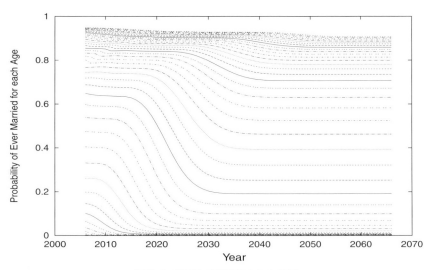

図13.5 2005年を基準年とした予測

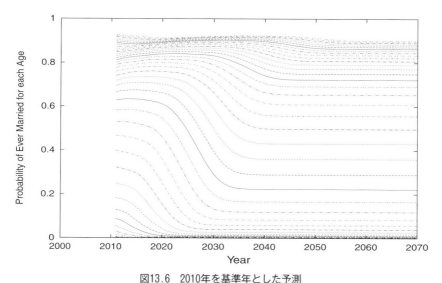

図13.6 2010年を基準年とした予測

13.2.3 初期値依存性と超曲面の低既婚率

MMDEによる計算では，1920年を初期値としても最終的にはかなり同じ値に辿り着くことは，何を示唆しているのであろうか．NDSMDIEでも詰まるところこの初期値依存性が消えていない．2010年の若年齢の初婚の動向を，1920年からの変化が経過して2010年になったときと同じように設定すれば，同じような未来へ辿り着くしかないのである．

また，β, γ の値が重要である．この値は直接的には観測できない．しかし，初婚の動向を決める決定的な値である．これらの値が同じ限り，同じ将来に向かうのである．

とはいえ，若年期の1％の既婚率の違いはかなり大きな将来の変化をもたらし得ると思われる．仮に13歳時の既婚率は0.0001575として計算しているが，この13歳時の既婚率がプラス0.0002であるなら，将来は以下の図13.7ように変化する．

グラフの形状はさほど劇的に変化はしていないような印象を与えるかもしれないが，既婚率が上昇していることは視覚的に理解できると思う．そして，実は数値的には大きな変化が生じている．2030年の時点での30歳時の既婚率は，13歳時既婚率が0.0001575では0.139となるが，0.0003575では0.247となり，1.77倍に増加している．35歳時の既婚率も0.462と0.578であるから，出産時期のこの差はかなり大きい．

高年齢になると差は縮小するが，生理的な出産限界に近い45歳時の既婚率は0.814と0.839であり，2％以上の既婚率の差である．13歳時の僅か0.02％の増加は100倍以上の効果を有していると言えよう．

この既婚率の差異は出生力に大きな差異をもたらすことであろう．図13.8は，2つの異なった初期値の不動点近くのコウホートの年齢別既婚率をグラフにしたものであるが，差異は歴然としている．

とはいえ，初期値を更に増加させても，コウホートの初婚関数はそれほど大きな変化を示さない．かつてのように年間初婚生成率のモードが0.1を超えるようなことは，簡単には起こらないのである．つまり，積分方程式の初期値を

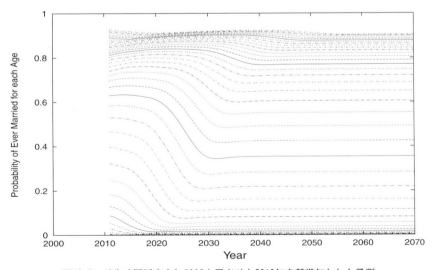

図13.7　13歳時既婚率を0.0002上昇させた2010年を基準年とした予測

13.2 NDSMDIE の枠組みからの予測　259

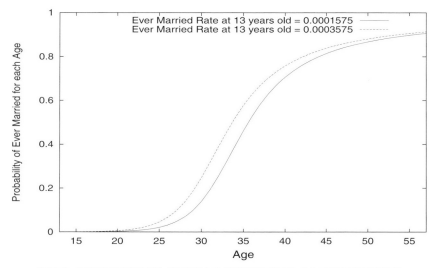

図13.8　13歳時の既婚率を0.0001575と0.0003575に設定したときの年齢別既婚率

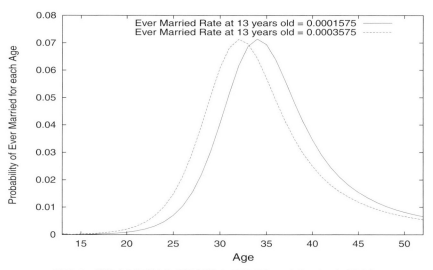

図13.9　13歳時の既婚率0.0001575と0.0003575のコウホートの初婚確率

260 第13章 初婚関数の予測

変えても，超曲面自体をそう簡単に大きくは変えられない。4次元超曲面の勾配に刻まれた初婚の低生成という特徴は簡単には変わらないのである。

もちろん，この特性は4次元のシミュレーションで明らかになった不動点の特性があるからである。しかし，この低生成率の特性は本当に実態なのであろうか。おそらく事実婚—同棲という新たな形態が低生成率を埋め合わせるように生成しているはずであり，それらの動向を把握しない限り，日本の出生力の動向を見極めることは困難なのである。

13.2.4 晩婚化・未婚化の収束

これらの期間に関する予測値をコウホートに関して再計算すると（図13.10参照），2050年コウホート周辺から初婚生成は全年齢に渡ってほぼ同じ確率を示すことが判る。つまり，晩婚化・未婚化は，若年期の初婚生成がこれ以上低下しない限り，それ以上進行しない。これは5年間隔の予測（図13.2）からも予想されることである。

この2070年までの予測は，それまでにかつての高度経済成長のような劇的な変化が起きることがなければという仮定が付いている。おそらく，今後10年から20年後までならこの計算も妥当だと思う。2015年の国勢調査との比較が楽しみである。

これらの予測は，全ての予測というものがそうであるように，ある仮定に基づく計算に過ぎない。若年齢の初婚率の低下が殆ど進行しなくなれば，別の可能性があり得るし，それは5年間隔での計算により近いものになるだろう。多くは若年期の初婚生成の動向に依存している。これらが，力強く回復すれば出生力の本格的な回復も可能なのである。

また，前述したように，事実婚による回復は既に胎動しており，出生力の回復は静かに始まっているかもしれないのである。将来の日本の人口を展望することは，要は，人口減少のテンポと回復のテンポがどのような組み合わせであり得るかという問題なのである。

高齢者の結婚増をいくら政策的に努力しても，4次元超平面の勾配を効率的

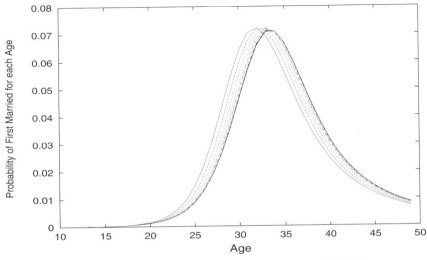

図13.10　NDSMDIEによる1994年–2015年コウホートの初婚関数

に変化させることはできないのである．若年期の初婚生成を静かにコントロールしていくことが可能ならば，日本人口の制御も可能であろう．

13.3　将来のTFRを予測する

2005年から2010年にかけて我が国のTFRは上昇している．これはどのように初婚関数の変化と関連するのであろうか．初婚生成率は高度経済成長期の一時的な反転が再び低下に転じて2005年までは低下していたが，2005年頃から20代後半から初婚生成が停滞または増加する傾向があったのである．この4次元超曲面に生じた傾向は，2020年頃まで出生力に影響を与え続けるであろう．

　この動向は，実は2002年頃の20代前半の初婚の膨らみが成長したものであるらしい．これらの4次元超曲面の変化と期間TFRの変化を関連付けることは容易いが，実は将来のTFRの計算は非常に困難な課題である．

262 第13章 初婚関数の予測

13.3.1 稲葉の方法——年齢別既婚率から Cohort TFR を計算する

数理人口学者の稲葉 寿は『数理人口学』[15]（pp. 81-84）で，初婚年齢を t として，死亡による中断がない場合の出生子ども数の期待値を $T(t)$ と定義し，TFR を以下のように定式化している。

$$\mathrm{TFR}=\int_0^\infty T(t)F(t)(dt) \tag{13.1}$$

＊オリジナルは時間を ζ と定義し $T(\zeta)\varphi(\zeta)d\zeta$ である。ここではコルモゴロフ流に (dt) と表記している。

稲葉は初婚の正規化された確率密度関数[5]を $F^*(a)$ として定義し，

$$F^*(a)=\frac{F(a)}{\int_0^\infty F(z)dz}=\frac{F(a)}{1-\Lambda(\infty)} \tag{13.2}$$

稲葉は TFR を，$F(a)=(1-\Lambda(\infty))F^*(a)$ より以下のように書き換える。

$$\mathrm{TFR}=(1-\Lambda(\infty))\int_0^\infty T(t)F^*(t)(dt) \tag{13.3}$$

上記 (13.3) 式は，TFR が，生涯既婚率 $(1-\Lambda(\infty))$ と初婚年齢分布と期待出生児数の積で表現されることを示している。

稲葉が指摘しているように，結婚持続期間と期待出生児数はかなり明確な線形関係がこれまで経験的に観察される。稲葉に倣って回帰式を以下のように置いてみる。

$$u+vt+wt \tag{13.4}$$

u は定数項であり，v は 1 次関数の係数で，wt は誤差項に相当する。

t_a を平均初婚年齢 $\int_0^\infty t\,F^*(t)(dt)$ とすれば，

$$\mathrm{TFR}=(1-\Lambda(\infty))(u+v\,t_a)+\int_0^\infty w(t)F(t)(dt) \tag{13.5}$$

誤差項の部分を評価すると，この部分の初婚確率が小さいから無視することができるとすれば，結局，TFR は

$$\mathrm{TFR} \approx (1 - \Lambda(\infty))(u + v\,t_a) \tag{13.6}$$

で近似的に計算できるとされている。この（13.6）式を用いて TFR を予測することができないであろうか。

13.3.2 平均初婚年齢を予測する

（13.6）式により将来の TFR を計算するためには，将来の平均初婚年齢 t_a を計算する必要がある。NDSMDIE は，期間の平均初婚年齢もコウホートの平均初婚年齢も計算できる。NDSMDIE が正しい理論なら，正しい平均初婚年齢を計算できるはずである。

初婚生成数の予測

NDSMDIE は，平均初婚年齢を計算するために，ある年の各コウホートの初婚確率を予測し，その初婚確率と出生コウホートのサイズ[6]と第21回生命表生残率 [43] により初婚生成数を計算している。期間の平均初婚年齢を計算するときには，コウホート・サイズの大きさの影響を正しく評価しなければならないので，この計算方法が不回避である。

その結果として（図13.11〜図13.14），年々動態統計から乖離していく実際の初婚がはっきりと明らかになった。

それとともに10代後半から20代にかけての初婚の減少―先送りという現象がこれまで以上に顕著に進行していくことが予想されるのである。

2001年の頃は図13.11からも判るように動態統計と実態の差異はそれほど大きなものではなかったが，近年の乖離は著しいものがあると推測される。晩婚化問題を議論するときには，その点に注意する必要もあるだろう。

NDSMDIE の計算する平均初婚年齢は動態統計より高い

何度も繰り返すが，科学的な理論は検証可能な予測を出さなければならない。NDSMDIE はその意味でよい科学的な理論である。ところが困ったことに，

第13章 初婚関数の予測

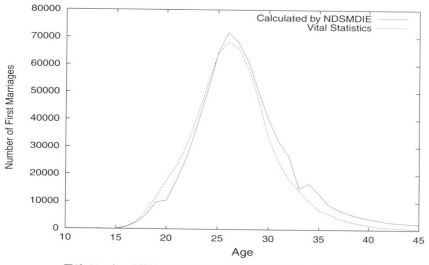

図13.11 人口動態統計とNDSMDIEの計算する2001年の初婚件数

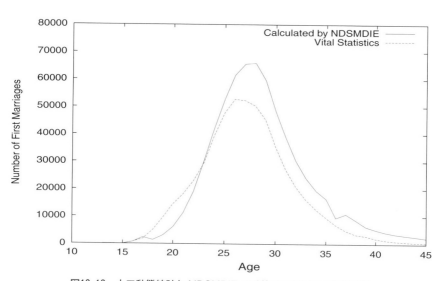

図13.12 人口動態統計とNDSMDIEの計算する2004年の初婚件数

13.3 将来のTFRを予測する　265

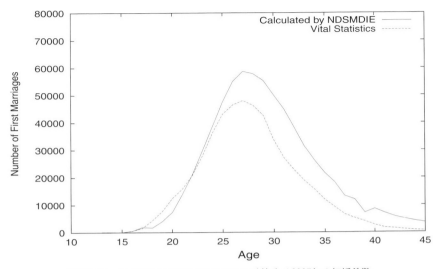

図13.13　人口動態統計とNDSMDIEの計算する2007年の初婚件数

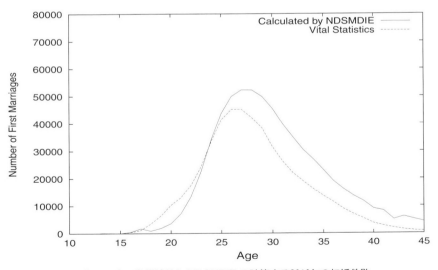

図13.14　人口動態統計とNDSMDIEの計算する2010年の初婚件数

266   第13章　初婚関数の予測

表 13.1　2000年から2010年の女性の平均初婚年齢

	2000	2005	2008	2009	2010
動態統計	27.0	28.0	28.5	28.6	28.8
NDSMDIE	27.6 *	28.7	29.5	29.7	29.9

出所：http://www.mhlw.go.jp/toukei/saikin/hw/jinkou/suii10/
＊NDSMDIE は2001年の平均初婚年齢

　正しい平均初婚年齢を実は誰も知らないのである。人口動態統計から計算される平均初婚年齢に我々はよく言及するが，届け出に基づく人口動態統計は，当然，平均初婚年齢を過少に計算する傾向を有している。

　出産力動向調査も，標本のサンプリングを「妻の年齢が50歳未満の夫婦」としているので，「夫婦」に標本を限定していること自体に問題がある。結婚して別れた女性や「夫婦」として行政に把握されていない結婚が落ちている。

　人口動態統計，もしくは出産力動向調査の妥当性には問題がある訳である。もちろんまったく当てにならないというものではなく，ある指標としては意味がある訳であるが，完全に正確で，理論の厳密な検証に使えるというものではないという意味である。

　NDSMDIE により，2000年から2011年までの平均初婚年齢を計算するが[7]，それらの値は動態統計の値よりもかなり高い。

　届け出に依存した動態統計より，NDSMDIE が計算する平均初婚年齢の方がより実態に近いし，把握する事実婚としての結婚の数は多いと筆者は考える。大規模な社会調査から該当年に初婚した標本がある程度とれれば，どちらがより正しいか決着を付けることもできよう。

　NDSMDIE は，4次元超曲面に大きな変化がなければ，平均初婚年齢は2050年頃にほぼ安定することを予測する。このときは，平均初婚年齢は35.079までに達する。45歳時の既婚率は81.51％である。あまり当たって欲しくない予測である。もっとも，届け出統計から計算される値は，それほど後ろには変化しないだろうし，若年期の事実婚—同棲婚の成長もあるのかもしれない。

13.4 将来の初婚生成を予測する

13.4.1 将来の TFR はうまく予測できない

(13.6) 式により将来の TFR を計算するためには，生涯既婚率と平均初婚年齢を計算する必要があるが，同時に係数 u, v を推定する必要がある。稲葉は，1985年の人口動態統計から計算された伊藤・坂東の結婚出生力表に基づいて，第一次ベビーブーム・コウホートの TFR を以下の式で計算して，その値 2.09 が標本調査と近似していると記している。

$$\mathrm{TFR} \approx (1 - \Lambda(\infty))(4.927 - 0.1136 t_a) \tag{13.7}$$

この1985年の人口動態統計をベースにした係数は，現在の初婚年齢と期待子ども数の関係としては適切ではない。これは DM-EC 法のときにも実感されたことである。では，初婚年齢と期待子ども数の関係はどのように変化したと考えられるのであろうか。

TFR が低下していることから，定数項 u の低下があったことは確かであろう。係数 v は絶対値が若干小さくなっただろうと——晩産化が進んだものと推測される。2010年に実施された第14回出産力動向調査の結婚持続期間と平均子ども数のデータを回帰分析すると，

$$4.1287 - 0.0836 t_a \tag{13.8}$$

が推定される。$R^2 = .8936$ である。例えば，この式に SDSMF の推定した1970年出生コウホートの生涯既婚率 $1 - \Lambda(\infty) \fallingdotseq .9055$ と $t_a \fallingdotseq 24.69$ を代入し，Cohort TFR $\fallingdotseq 1.87$ を得る。

これまでの計算は全てコウホートに関する計算であったことに注意してもらいたい。期間（Period）TFR とはずいぶんとかけ離れた値であるが，コウホート・サイズの急激な減少と出生行動の急激な変化があると，コウホートの TFR と期間の TFR は大きく異なることがある。

268 第13章　初婚関数の予測

　(13.8) 式が将来に渡ってもある程度妥当とするなら，将来の TFR を計算することができる。晩婚化と晩産化が現在かなり限界点に近いことを予想するなら，(13.8) 式がそれほど変化しないだろうと予想することができよう。しかし，NDSMDIE は晩婚化が更に進むことを予測しており，(13.8) 式の妥当性にも既に赤信号が点灯しているのである。

　危険を承知で，期間データを仮想コウホートとして，2000年から2001年までの45歳までの初婚率から計算した既婚率は0.734で，平均初婚年齢が27.62であるから，(13.8) 式に代入すると，TFR≒1.369 を得る。この値は動態統計に基づく1.33と近似しているとはいえない。

　それ以降2005年までの低下傾向はある程度一致するが，2005年以降は動態統計に基づく TFR とはまったく別の変化を示してしまう。つまり，NDSMDIE は (13.8) 式による期間 TFR の予測には失敗する。

　それには3つの理由があるだろう。

・コウホートの計算を期間指標の計算に適用したこと。

・(13.8) 式の係数が変化すること。及び，晩婚化の進行とともに，結婚持続時間と期待子ども数の関係の線形性に変化が生ずる可能性のあること。

・2004年から2006年にかけて18歳から25歳での初婚の相当数の増加があったこと。原因は不明である。この時期の一時的な好景気によると思われる。

　そこで，(13.8) 式のそもそもの適用対象であるコウホートに限定して予測を行ってみよう。晩婚化が不動点として静止したとき，若年期の初婚生成が現状のままであったら，13歳〜45歳までの生涯既婚率が0.8145で，平均初婚年齢が35.26である。これを (13.8) 式に代入すると，TFR≒0.999 程度が続くことになる。しかし，子ども数に関しては，周囲の子ども数への夫婦の適応[14] があるだろうと考えれば，TFR は現状維持 (1.3台) も可能かもしれない。

　結局，将来の TFR を予測するという試みは可能ではなかった。初婚生成のことはある程度判っても，初婚から出産という過程が現在では余りにも未知だからである。ある期間でどのように子どもが生れているかというモデルが必要なのである。

13.4.2 将来の初婚生成

けれども，NDSMDIEの妥当性は平均初婚年齢や初婚生成数により十分検証可能である。TFRは2005年から回復しているという変化からみても，動態統計は，図13.15で明らかなように，2005年以降も単調かつ急激に初婚生成が減少しており，TFRの回復と矛盾する。それゆえ，NDSMDIEの計算する値の方が正しい可能性が大きいと思われる。

図13.15の動態統計の初婚数の激減には眩暈を覚えるが，これは「出生コウホート自体の縮小」と「届け出率の減少」と「初婚確率分布の変化」という3つの要因が複合的に作用して引き起こした現象である。各期間の初婚確率自体は，右へシフトする傾向は顕著であるものの，初婚確率密度全体はそれほどの低下ではない。図13.15を注意深く見ると，若年期の初婚の生成の変化は図13.16と類似している。

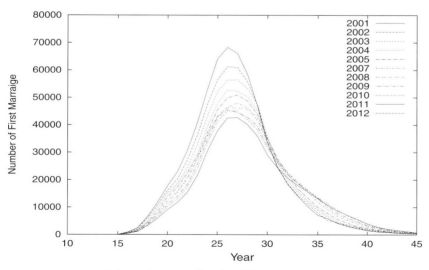

図13.15　2001〜2012年の人口動態統計の初婚件数

270　第13章　初婚関数の予測

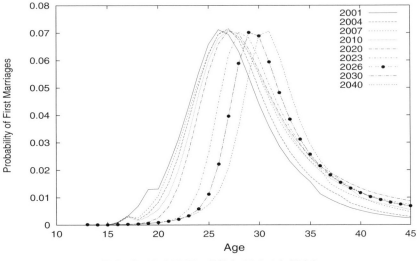

図13.16　NDSMDIEの計算する各年の初婚確率

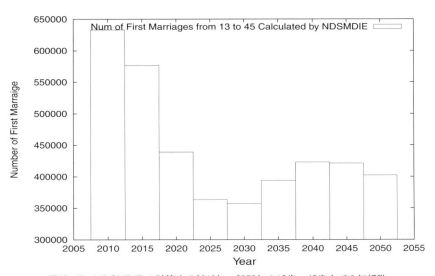

図13.17　NDSMDIEの計算する2010年〜2050年の13歳〜45歳までの初婚数

2020〜2030年の特異現象

図13.16からは判りにくいが，2020年〜2030年にかけて右へ平行移動するような変化がかなり急速に生ずることが予測される（初婚分布自体が一時的に"ほっそりとした"ものに変貌する！）。このような現象が観察されれば，NDSMDIE が妥当な初婚関数の理論であると言うことができよう。

生成初婚数もこの2020年から2030年が最も少ない時となり，その後若干の回復があるはずである。これらの特異な現象が2020年代に観察されれば，NDSMDIE は初婚関数に関する確かな理論といえるであろう。

動態統計ではこの変化は検証できないから，国勢調査の変化を追うしかないだろう（国勢調査の妥当性も十分にチェックしなければならないが）。もちろん，ベビーブームのような大きな社会変動が生ずれば話は別である。社会変動は出生力にプラスのものばかりとは限らない。急激な景気後退などの状況下では，不動点への到達が早くなる可能性もあるし，一層の低下の可能性すらあるだろう。

2010年以降出来する初婚生成の変化は，以下の図13.18が予測される。実に急激な20代の初婚数の減少が生じていくことになる。それとともに2020年頃までは，期間の45歳以下の初婚数全体の低下も著しい。これはコウホート・サイズの低下が加速度的な効果を有しているからである。

13.5　出生力の回復について

かなり激烈に進行するこの我が国の出生力の低下を止めることは，当面不可能であるだろう。だが，低下をよりマイルドにすることは可能であろう。出生力を上げるには，晩婚化を抑制することが効果的である。繰り返し主張しているように，最も効率的かつ永続的な晩婚化に対する対策は，若年期の初婚の増大である。超曲面には晩婚化への勾配（傾き）がついているので，それを容易に取り除くことはできない。

13歳の初婚確率を0.0002増加させれば，不動点近くでは45歳既婚率が0.839

272　第13章　初婚関数の予測

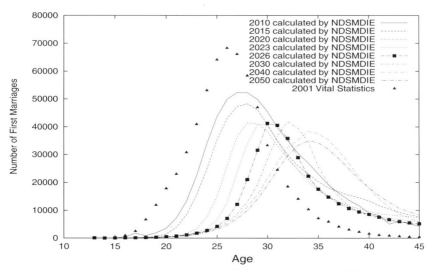

図13.18　NDSMDIE の計算する2010年以降の各年の初婚生成数

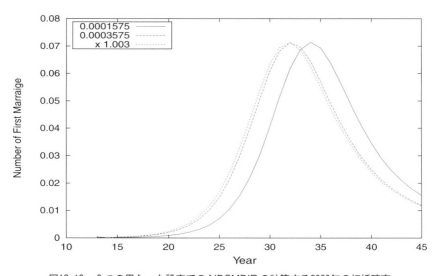

図13.19　3つの異なった設定での NDSMDIE の計算する2060年の初婚確率

となり，平均初婚年齢が33.59へと改善される。13歳時の初婚確率が0.0001575
であったときは，生涯既婚率が0.814で，平均初婚年齢が35.13であるから，13
歳の一万人の内2名の増加の割には劇的な改善といえるだろう。最終的には
TFRを優に0.1は増加できるであろう。

この微小な初婚確率の上昇の効果は，2011年から始まったとして，2015年で
は最初はほとんど判らない。しかし，次第に違いが大きく成長していく。

出生力の僅かな上昇もコウホート・サイズの増加をもたらすので，その相乗
効果により，人口減少はよりマイルドな減少となる筈であろう。

もちろん，その時点のTFRは置き換え水準には遥かに遠い値である。
NDSMDIEは事実婚を含んでいたりするが，完全に抱合している訳ではない。
それゆえ，考慮の外にある事実婚による出生がどの程度進行するかによって
TFRはもう少し上昇する可能性もあると思われる。

若年期の初婚を増加させることは，端的に言って，結婚の状況を昔に戻すこ
とである。誰にも中等教育や高等教育が必要なわけではあるまい。ハイティー
ンで結婚しても必要な職業教育をきちんと受けられる社会であればよい。早く
結婚して家業を継ぐのもひとつの素晴しい人生である。教育は必要なときに受
けられる社会であればよいのではないだろうか。

若者の「性」に寛容な社会は，出生力が回復しつつある社会であろう。我々
が寛容になるのではない。事実として，若い結婚が少しずつ増加していけば，
我々はそうなるのに過ぎない。ちょうど今，我々が高齢期の結婚に違和感を感
じず，「できちゃった婚」を祝福するのと同じように。

13.5.1 自然な回復の可能性

93頁で指摘したように，ごく初期の初婚生成は現在依存の絶対数 ＋ 確率論
的な変動としての生成が予想される。したがって，出生コウホート・サイズが
縮小すると，若年期の初婚確率は極微小であるが大きくなる可能性がある。

この可能性を考慮して，例えば13歳の初婚確率は0.3%程度増大すると想定
して，シミュレーションしてみよう。こう設定すると不動点はなくなるので，

274　第13章　初婚関数の予測

2050年の初婚生成を計算してみる。その結果，13歳初婚率を0.0002上昇させたときを僅かに上回る程度に初婚率が回復することが判った。ある程度人口減少が進むと自然な復元力が働く気もしないではない。

注
1) もっとも，初期値が固定されれば，不動点があるために，ある年から先はほとんど変化しなくなるのであるが。
2) これからの日本に飛躍的な成長はまずあり得ない。
3) 弁解を取って付けて，一度そうかなと思ったものをなかなか捨てられなかった自分の愚かしさが悲しい。初婚生成が初期積分量だけではなく，「年齢-空間場」の特性で決まることが筆者はよく理解できていなかった。
4) 理論的な思考の重要性とその場凌ぎの方法はよくないものだと改めて感じ入った次第である。
5) 生成確率の総和を分母としたときの生成率という意味で正規化としているのであろう。
6) 2012年より先の出生コウホート・サイズは当然未知であるので，線形補外した値が使用されている。つまりここには正確な予測としては不適切な仮定がある訳である。しかし，将来の出生数を理論的に予測することが可能ではない現状では，このようなアバウトな処理も止むを得ない。
7) 2006年は2005年の実測値と2006年の計算値の整合性の問題のため計算ができない。

第14章　結　論

　　自意識とは絶えざる他者の隠蔽である。主観的意識とは外界からの刺激の
　隠蔽である。

$-$ S. I.

14.1　NDSMDIE ─差分積分方程式とその解の4次元超曲面としての初婚生成が正しいという証拠（Evidences）

14.1.1　SDSMF（空間依存確率論的結婚関数）が最もよい結婚関数であること

　SDSMF（空間依存確率論的結婚関数）は，既存の結婚関数の中で最もよい
当て嵌まりを発揮するだけではなく，最もよい平均初婚年齢を数値として予測
し得る科学的な理論である。また，若年期や高齢期の初婚生成に関して本当に
生じている量を予測し得る理論でもある。

　そして，その初婚生成は積分方程式で定式化されているが，その基本的なモ
デルは極めてシンプルであり，初婚生成は初婚生成のみで決まるという「背景
非依存」な理論である。それが高度な予測可能性をもたらしているのである。

　NDSMDIE は，この SDSMF（空間依存確率論的結婚関数）を更に一般的に
「空間−年齢場」へと拡張したもので，そのよい性質をすべて受け継いでいる。

14.1.2 NDSMDIE は SDSMF の動態化であり，その変化を定式化する

一つのコウホートの初婚確率に関する理論である SDSMF は，その形状変化についての説明能力を持っていない。何度も繰り返すが，空間-年齢次元より構成される場への拡張— NDSMDIE（Neighbouring Dependent Stochastic Marriage Difference-Integral Equation）が形状変化をより高い視点から説明する。

それ故に NDSMDIE は，初婚関数の将来の変化を定量的に予測することができる。このような科学的な理論は，結婚生成の理論においてはこれまでまったく存在しなかった。たとえ NDSMDIE の予測が外れるとしても，その意義は極めて大きい。

14.1.3 NDSMDIE は地域の初婚生成を正しくトレースする

NDSMDIE はこの「空間-年齢場」への拡張により，空間と世代間の初婚生成の相互作用をモデル化している為に，各地域の年齢別の初婚生成を理論的に予測することができる。実際，東京都の初婚生成をかなりよく記述することができる。それゆえに，地域の出生子ども数も，婦人子ども比による計算と比較すれば，かなり正確に予測することができる。

NDSMDIE は初婚生成の地域差も説明する

当然，各地域の初婚生成の差も説明することができる。ここで重要なのは，初期条件の差により，不動点にかなり近似しても若干の振幅が保存されることである。実際，観察される初婚過程の地域差は大きい。例えば，東京の千代田区・中央区の東側は晩婚化も遅いし，それ故に出生率の低下も遅かった。この理由は，なかなか判らなかったのである。

しかし，積分方程式が強力な初期値依存性を持っており，反応拡散過程でもその性質が保存されることが，この特殊性を説明するのである。日常言語で説

明すれば,「元々初婚率が高かったから,高かっただけだ」という説明なのであるが,個人の主観的意識に基づく説明が不要なことに意義がある。

14.1.4 NDSMDIE は晩婚化の下限を,NDSMDIE という写像の不動点として理論化する

NDSMDIE は,初婚生成を幾何学的な空間において考えることを提案している。NDSMDIE は,時間による変化を加えると,5 次元時空における写像として考えることができる。そして,初婚生成を幾何学的な空間で考えると,「縮小写像の原理」から,まったく自然に晩婚化の下限を導き出す。

14.1.5 NDSMDIE は将来の平均初婚年齢を予測する

SDSMF はあるコウホートの平均初婚年齢を計算する能力を有している。その拡張である NDSMDIE は,「年齢−空間場」で生成する初婚の全てを理論化している為に,期間の平均初婚年齢もコウホートの平均初婚年齢も計算できる。そして,その時間経過による変化も予測可能なのである。このような理論は他にない。

14.2 NDSMDIE の認識利得

差分(微分)積分方程式と 4 次元超曲面という社会学には分不相応ともいえる大仰な舞台装置を用いて,どのような認識利得があるかまとめておきたい。

14.2.1 発展段階論からの決別

教育というものは恐ろしいもので,発展段階論を批判して止まない筆者自身にしても,依然としてその発想に囚われていることがある。発展段階論とは脳

が認識するある意味最も一般的な単純化とも言えるのかもしれない。

進化論を経て，我々は単線的な発展的進化という発想からなかなか脱却できない。R. Malthus の『人口論』がダーウィンにいかに大きな影響を与えたとはいえ，また，H. Spencer の社会進化論が進化論に先行して大きな影響を与えた事実はあったとしても，現代の生物学における進化論では，進化の方向性は完全に否定されている。

つまり，その時々の環境の状況に依存してどのような変異が起きるかが決まるだけである。初婚生成も同じなのである。初期条件としての若年期の初婚生成がどのように生じ，それが NDSMDIE にしたがってどのように変化するかを先入観なしに捉えなければならない。このような変化が主流となるという超歴史的変化傾向はほんとうは存在しない。NDSMDIE は，近代化論—発展段階論を超えて科学的な初婚生成の認識を可能にする。

初婚生成の地域差も初期条件に依存し，かつ世代差とも複合した複雑なバリエーションがあり得ることを理論は示している。我々は，我々の僅かばかりの体験から一般化をし過ぎているのであろう。

14.2.2　背景非依存性の認識

我々は，これまで，我々の行動・行為が社会経済的な要因に依存して変化することをごく当然のこととして信じてきた。けれども，これは信仰でありけっして検証された事実ではない。

産業革命以来，我々は経済的な要因を過大に評価する傾向があった。経済が社会を決定するという一元的な決定論が，K. マルクス & F. エンゲルス以前から幅を利かせてきたのであった。しかし，初婚生成は，初期条件に経済社会的な要因が関与するとはいえ，基本的には初婚生成は初婚生成のみで決まるという「背景非依存性」を有している。

初婚生成は背景として生起するさまざまな社会経済的な事象の影響をほとんど受けない。そのことを確認することは極めて重要である。何でも何がしかの影響を与えるかのようにモデルを書き下すことは実は誰にでもできる。本当に

必要なことは，何が影響がないかを見極めることなのである。初婚生成は，バイオロジカルな基礎をもつと想定することができ，それが周囲の初婚生成に専ら依存していると考えることは実は十分な理由のあることである。

我々は生物として特別な存在ではない。我々は同種同世代の初婚の状態に依存して初婚のタイミングが変化するのである。個人的に自分にとって最適なタイミングを捉えて結婚していると思うのは個人の勝手であるが，集団として観察した場合には，この事実は揺るがない。

「自由な意志を持つ個人の選択」というのは，検証された科学的な事実ではない。この場合，デカルト的な内省はまったく検証となり得ない。観測された事実との適合と理論の論理性において，その妥当性は評価されなければならない。

確かに社会経済的な変数は，それがかなり過激な変化であれば，4次元超曲面に一時的にある程度の変化をもたらし得る。しかしそれは持続的ではないし，4次元超曲面にどのような変化をもたらすのかという観点があって，はじめてその定量的な効果がつかめるのである。ひとたび4次元超曲面の変化として把握するなら，高次元幾何学の利用の可能性が開かれる。

我々の行動の変化の要因は社会経済的な変化であるという固定観念を打破し，初婚生成は専ら初婚生成のみに依存して自律的な変化を遂げるという「背景非依存性」を認識したことは，本書の最大の成果であろう。

14.2.3 定量的な認識

NDSMDIE は諸係数 λ, α, β, γ のよい推定値が得られない限り，本当の意味での定量的な研究はできないと既に述べた。しかし，それにもかかわらず NDSMDIE の定量的な意義は極めて大きい。

何故なら，どれだけある地点の既婚率 $\int_0^a F(a)(da)$ を上昇させると，どのような変化がもたらされるかを記述できるからである。このような理論は他にない。初期条件の設定に大きな困難があるが，これは宇宙論でも不回避である。むしろ，この初期条件の設定の任意性にこそ，我々の選択可能性があるのであ

280　第14章　結　論

る。

14.2.4　統一したこと

　優れた理論は，これまで別個に捉えられていたものを統一して扱うことを可能にするものである。NDSMDIE は，初婚生成に関するさまざまな現象を，4次元超曲面として初婚関数を捉えることで統一している。統一は即ち認識利得と言えるであろう。

各世代の初婚過程の統一

　SDSMF は単一世代の初婚生成しか対象とすることができなかった（個人の初婚生成しか定式化できないモデルよりずいぶんと優れてはいるけれども[1]）。しかし，NDSMDIE は，連続する各世代の初婚生成を統一してモデル化している。

　我々は，ある時間区間に出生した集団の $[0, a]$ 歳の初婚確率を4次元超曲面上で各 t において計算して予測していくことができる。つまり，コウホートとしての把握と期間としての把握（cohort and period）が統一されている訳である。

　時間次元をプラスした5次元超曲面上では，コウホートと期間は別のものではない。我々が観測対象としてその5次元超曲面のどの部分を取り出して見ているかだけの違いである。不動点では，コウホートと期間の数値はまったく同じものとなるので，形式人口学の理論通りの世界がそこでは実現されている。

各地域の初婚プロセスの統一

　初婚確率の空間的な変化を把握する枠組みはほとんど存在しなかったと言っていいだろうが，NDSMDIE は連続的な空間での初婚確率の変化を定式化し統一的な扱いを可能にしている。

　NDSMDIE は，空間 $[x_1, x_2]$，$[y_1, y_2]$ の初婚確率を $[0, a]$ 歳に関して4次元超曲面として計算して予測していくことができる。これは地域の出生力の予

測への重要な一歩である。

初婚確率の動態的な変化の統一

NDSMDIE は差分（微分）積分方程式として定式化されている。それ故に，変化をそれ自体として記述していくことができる。ここで重要なことは，差分（微分）積分方程式の解は，幾何学的には 4 次元超曲面であり，この 4 次元超曲面が人々の初婚生成の集積としてどのような変化をしていくかが，初婚確率の変化の真の姿であるということである。

初婚確率の変化は，専らある時点の 4 次元超曲面の形状に依存して次の 4 次元超曲面の形状（変化）が決まるという「背景非依存」なものである。それゆえ計算-予測可能である。我々人間の自発的な行動—結婚は，否も応もなく 4 次元超曲面に依存して生成する。

Principle 4.0.1（確率の事象依存性） が主張するように，初婚生成が変化しなければ，如何なる変化も 4 次元超曲面に生じない。初婚の生成が因果的に結びついているだけであり，そこで行為者各々の胸に何が去来するかは些細な問題である。つまり，事象から事象への因果性を構想することが初婚生成の理論には可能なのである。初婚関数の理論は「観測可能」な因果性を論じた理論なのである。

75 頁で引用しているが，『脳の計算理論』で川人光男が語るように，「外界からの刺激に適切に反応」して行動を起こすか否かが問題なのである。外界の刺激は，この場合，4 次元超曲面の変化なのである。これ即ち近傍の既婚率の変化なのである。

生物の初婚プロセスの統一

これはオマケの統一の予感であるが，人間の初婚生成のモデルは，実は生物全般にとって普遍的なものと感じられる。もちろん，生物により時間の相対的な長短はあるだろうが，本質は同一だと筆者は強く予想する。各生物自体は意外と人間と同じような時間感覚で感じている可能性もあると思われる。

282 第14章 結 論

　　近代化という大きな物語がないこと。それこそが大きな物語である。

　　　　　　　　　　　　　　　　　　　　　　　　　　　　　— S. I.

注
　1)　しかもその定式化は，独立変数を明確に示せないし，したがって予測も出せない。

あとがき

　初婚関数の研究を始めたのはいつ頃からであっただろうか。『夫婦出生力の低下と拡散仮説』の出版準備をし，博士論文の修正に苦闘していたころであると記憶しているから，2008年の終わりの頃ではないだろうか。日記をつける習慣のない私の，過去に対する記憶はその程度のものでしかない。

　晩婚化も拡散しているのではないかという東京大学の赤川先生のご質問・ご指摘に応えての研究の始まりでもあったようにも思われる。晩婚化は視覚的には拡散していることがすぐに判った（実はそれほど拡散してはいないことが後で判ったのであるが）。その数理的なモデル化はなかなかの難問であった。今も未知の点は幾つか残っている。しかし，モデルはある程度以上のレベルで成功し，科学的な理論として発表すべき内容を持つと自負している。

　晩婚化プロセスを解明するためには，初婚過程をモデル化しなければならないということに，いつしか気が付いたのである。幸い筆者は大学院生の頃に，初婚関数についての研究の蓄積があったので，この問題に取り組むことができたのである。これも偶然の賜物であるが，若い頃の研究はどこで役に立つかわからないから不思議だ。

　同時に，並行して研究していた問題であるが，子ども数のランダム性に確信を得て，確率論的な（確率変数としての）定式化が問題を解く鍵であるという予感のようなものが沸いていたのである。初婚関数を確率として定式化する着想を Hernes 関数を復習している時に得て，後は，直積を用いた定式化がうまくいくという感触を得てからは，取り憑かれたように研究に没頭したように思う。

　しかし，直積を用いた定式化は，見掛け上は初婚関数にかなりよくフィットするのではあるが，結局は間違っていたのである。その間違いに決定的に気付くのは，4次元のシミュレーションで，直積の値が思ったより低下しないこと

に気が付いたことによる。高次元の計算は真の問題を炙り出してくれたのである。直積を用いた定式化は，実は自分でも論理的にいまいち説明がうまくないなと思いながら，データとは適合的である為になかなか根本的に考え直すことができなかった。研究者は自分をも欺く存在であることを自戒の意味で指摘しておきたい。また，Hernes の指数関数 b^t の存在に強く影響されていたと感じる。先行研究の検討は有意義で―研究の早道でもあるのだが，先行研究に引っ張られる危険も大きいのである。

　時空モデルへと拡張する際には，過去の経験が役に立った。子ども数の理論より初婚関数の理論は格段に複雑で難しくなった。完結子ども数の変化は，差分方程式・偏微分方程式として定式化すれば何とかなったが，初婚関数は積分・和分が組み込まれた差分方程式・偏微分方程式へと成長を遂げた。それは不可避な展開だったと思う。過去からの因果性が問題となるケースについて，マルコフ性からの定式化としては成功したものであると思う。

　モデルは複雑にはなったが，その数理的・理論的な定式化は多くの発見をもたらしたと思う。届け出のない晩婚はもっと多いこと。標本調査の精度はかなりよいのではないかという筆者の希望と抱き合わせの発見。そして，晩婚化の始まりの意外な早期性，晩婚化の拡散の様相，丙午コウホートのような小さいコウホートの初婚確率に対する効果，不動点としての晩婚化の収束，初期の初婚の重要性など，とても意外で面白い発見であると思われる。結局，初婚関数の問題は 5 次元時空パターンの問題であると悟りを開くまでが楽しい冒険であった。

　初婚生成は，社会的経済的な変化を敏感に受けて変化しない。初婚関数の理論は社会経済の変化という背景に対して，「背景非依存」な理論として立てられなければならない。初婚生成は，周囲のこれまでの初婚生成 "のみ" に依存した理論として本書では立てられている。

　この背景非依存性は，個人の意識に依存した説明を本書が採用しないことと表裏一体をなしている。通例，我々は個人の意志・動機を行為の変化要因として設定する。それが「本当に納得がいく説明ではない」ことは実は誰もが心の底で判っているもので，個人の意志・動機の変化をもたらす要因が他に求めら

れるものである。そしてそれは常に曖昧な社会・経済という「背景」に解消されている。

そういう説明には驚きも感動もない。つまりどんなに飾り立ててもただの常識である。常識は数式で表現してもただの常識に過ぎない。常識の上に幾ら研究を積み重ねても，検証可能な予測は出せない。それは百年以上の社会学の研究が物語っている。社会学は検証可能な予測を出す科学でなくてよいと考える社会学者の方が大多数であろうが，筆者は科学としての社会学を追求したい。それが一人でも。

我々の初婚生成は，周囲の初婚生成に依存して変化する。その変化の過程の中で，意志・動機・欲望などが事後的に生成しているのである。我々は意図と欲望があって存在し行為するのではない。デカルト的な明証性を有する我々の意識が，行為の科学的かつ因果的な説明には無用だということにこそ感動すべきである。背景非依存性は，背景の変化を受けて変化するという人間の意図や動機を，因果的な説明原因から駆逐するのである。

空間における人々の行動は，その人々の行動が周囲の行動の微妙な揺らぎによって揺らぐ故に，生成し，それ故に変化が伝わるのである。行為自体の変化が確率論的に行為を生成変化させるのである。これが背景非依存の理論の本質であり，我々人間の生物としての特性である。

我々は，近代以来，ブルジョアのイデオロギーに浸かってきた。それは内発的・自律的な個人の自己決定とそれらによって構成される社会という神話である[1]。社会は個人が自律的に構成するものでは断じてない。多くの人々が時空に存在する生態が即ち社会なのである。その点で，蟻の社会と我々の社会に基本的な差異はない。我々の社会は猿の一派の営む生態に過ぎない。

時空に生きる我々猿の一派にとって純粋な因果性はごく短期的にしかあり得ない。長期的な因果性は空想の産物である。因果性は，空間で事象の連鎖がどのように生成するかを検討しなれば意味はない。動機理解などは探偵小説以外では無用なのである。

そのような連鎖の中でも，実際に我々にとって予想外の様々な事件が起きるものだ。「愛と死」。「出会いと発見」。計画できる研究とはなんと陳腐なもので

あろうか。我々の人生において10年前に予想されていたことが果たしてあるだろうか。いつか起こると判っていても，それが何時かを我々は知らない。東北の大震災のように。

このように，個人の人生は予測することができない。それでも，科学としての社会学は，集団の初婚生成を予測できるものになってほしいと筆者は願っている。筆者は，社会学創世期のA. Comte等の社会学を噴飯ものの誇大妄想と全く評価しないが，その科学への熱情は先祖返り的に共有している。本書は，初婚生成の法則性に関する探求の結果である。

本書は筆者の妄執ともいうべきものの結果かもしれないが，幸いにも平成26年度科学研究費補助金研究成果公開促進費（課題番号265181）を受けて刊行されることとなった。審査の労をとられた方々に感謝申し上げたい。刊行にあたってご尽力をいただいた方々にもあらためて感謝申し上げる。

池　周一郎

注
1)　そういうデモクラシーは一種の神話である。むしろ歴史主義的な理解にこそ真の姿があるだろう。

補弼—係数等

α	β	γ	α	β	γ
1	0.0000100000	0.0000100000	24	0.0024313514	0.0000895303
2	0.0000127000	0.0000110000	25	0.0030846345	0.0000984817
3	0.0000161289	0.0000121000	26	0.0039123640	0.0001083279
4	0.0000204836	0.0000133100	27	0.0049604634	0.0001191583
5	0.0000260140	0.0000146410	28	0.0062865475	0.0001310713
6	0.0000330375	0.0000161050	29	0.0079626581	0.0001441750
7	0.0000419571	0.0000177154	30	0.0100784953	0.0001585883
8	0.0000532847	0.0000194869	31	0.0127451413	0.0001744421
9	0.0000676702	0.0000214355	32	0.0160992056	0.0001918802
10	0.0000859389	0.0000235790	33	0.0203072010	0.0002110608
11	0.0001091387	0.0000259368	34	0.0255697736	0.0002321580
12	0.0001386000	0.0000285303	35	0.0321251344	0.0002553630
13	0.0001760120	0.0000313832	36	0.0402506631	0.0002808862
14	0.0002235190	0.0000345213	37	0.0502611908	0.0003089590
15	0.0002838427	0.0000379732	38	0.0625019818	0.0003398358
16	0.0003604375	0.0000417702	39	0.0773340906	0.0003737963
17	0.0004576864	0.0000459469	40	0.0951098598	0.0004111480
18	0.0005811499	0.0000505412	41	0.1161372715	0.0004522290
19	0.0007378796	0.0000555948	42	0.1406341043	0.0004974110
20	0.0009368152	0.0000611536	43	0.1686765378	0.0005471026
21	0.0011892841	0.0000672682	44	0.2001513931	0.0006017530
22	0.0015096307	0.0000739941	45	0.2347248971	0.0006618559
23	0.0019160053	0.0000813924	46	0.2718411192	0.0007279539

288   補弼—係数等

α	β	γ	α	β	γ
47	0.3107579243	0.0008006433	75	0.8517816072	0.0113252135
48	0.3506177909	0.0008805794	76	0.8568343305	0.0124322280
49	0.3905391367	0.0009684823	77	0.8615764089	0.0136447309
50	0.4297067490	0.0010651430	78	0.8660340917	0.0149722223
51	0.4674413722	0.0011714305	79	0.8702309060	0.0164249467
52	0.5032373242	0.0012882992	80	0.8741879809	0.0180139287
53	0.5367680741	0.0014167973	81	0.8779243294	0.0197510058
54	0.5678678159	0.0015580758	82	0.8814570937	0.0216488564
55	0.5964999879	0.0017133982	83	0.8848017594	0.0237210221
56	0.6227223657	0.0018841513	84	0.8879723424	0.0259819217
57	0.6466550747	0.0020718571	85	0.8909815523	0.0284468557
58	0.6684545711	0.0022781851	86	0.8938409351	0.0311319985
59	0.6882942596	0.0025049667	87	0.8965609988	0.0340543754
60	0.7063510869	0.0027542099	88	0.8991513236	0.0372318221
61	0.7227969233	0.0030281158	89	0.9016206586	0.0406829237
62	0.7377934891	0.0033290962	90	0.9039770074	0.0444269294
63	0.7514897521	0.0036597929	91	0.9062277034	0.0484836407
64	0.7640209592	0.0040230982	92	0.9083794767	0.0528732690
65	0.7755086914	0.0044221774	93	0.9104385130	0.0576162605
66	0.7860615190	0.0048604926	94	0.9124105064	0.0627330863
67	0.7957759734	0.0053418284	95	0.9143007059	0.0682439951
68	0.8047376552	0.0058703194	96	0.9161139571	0.0741687289
69	0.8130223655	0.0064504794	97	0.9178547393	0.0805262019
70	0.8206971962	0.0070872324	98	0.9195271988	0.0873341452
71	0.8278215437	0.0077859455	99	0.9211351784	0.0946087211
72	0.8344480304	0.0085524630	100	0.9226822444	0.1023641137
73	0.8406233294	0.0093931429	101	0.9241717103	0.1106121041
74	0.8463888954	0.0103148938	102	0.9256066585	0.1193616413

補弼—係数等　289

α	β	γ	α	β	γ
103	0.9269899596	0.1286184221	131	0.9521971475	0.5027185055
104	0.9283242902	0.1383844942	132	0.9527847574	0.5151501754
105	0.9296121484	0.1486579000	133	0.9533583651	0.5272602924
106	0.9308558685	0.1594323774	134	0.9539184586	0.5390436547
107	0.9320576338	0.1706971347	135	0.9544655038	0.5504972948
108	0.9332194884	0.1824367148	136	0.9549999456	0.5616202403
109	0.9343433480	0.1946309622	137	0.9555222091	0.5724132791
110	0.9354310098	0.2072551018	138	0.9560327007	0.5828787342
111	0.9364841611	0.2202799341	139	0.9565318091	0.5930202501
112	0.9375043877	0.2336721475	140	0.9570199062	0.6028425938
113	0.9384931812	0.2473947401	141	0.9574973480	0.6123514715
114	0.9394519458	0.2614075413	142	0.9579644756	0.6215533617
115	0.9403820046	0.2756678146	143	0.9584216158	0.6304553644
116	0.9412846053	0.2901309226	144	0.9588690818	0.6390650670
117	0.9421609251	0.3047510291	145	0.9593071739	0.6473904249
118	0.9430120761	0.3194818141	146	0.9597361804	0.6554396574
119	0.9438391092	0.3342771767	147	0.9601563778	0.6632211569
120	0.9446430184	0.3490919025	148	0.9605680318	0.6707434105
121	0.9454247447	0.3638822754	149	0.9609713974	0.6780149332
122	0.9461851793	0.3786066174	150	0.9613667198	0.6850442112
123	0.9469251668	0.3932257447	151	0.9617542347	0.6918396545
124	0.9476455084	0.4077033334	152	0.9621341687	0.6984095575
125	0.9483469645	0.4220061918	153	0.9625067397	0.7047620670
126	0.9490302572	0.4361044414	154	0.9628721575	0.7109051564
127	0.9496960727	0.4499716120	155	0.9632306241	0.7168466052
128	0.9503450634	0.4635846584	156	0.9635823340	0.7225939834
129	0.9509778502	0.4769239091	157	0.9639274746	0.7281546402
130	0.9515950239	0.4899729573	158	0.9642662264	0.7335356957

290　補弼—係数等

α	β	γ	α	β	γ
159	0.9645987634	0.7387440357	187	0.9719354492	0.8355760984
160	0.9649252535	0.7437863094	188	0.9721422118	0.8378350967
161	0.9652458585	0.7486689285	189	0.9723459829	0.8400383898
162	0.9655607346	0.7533980685	190	0.9725468265	0.8421878562
163	0.9658700327	0.7579796715	191	0.9727448048	0.8442852975
164	0.9661738982	0.7624194495	192	0.9729399782	0.8463324418
165	0.9664724717	0.7667228893	193	0.9731324054	0.8483309474
166	0.9667658891	0.7708952581	194	0.9733221436	0.8502824056
167	0.9670542815	0.7749416089	195	0.9735092484	0.8521883441
168	0.9673377758	0.7788667873	196	0.9736937739	0.8540502295
169	0.9676164947	0.7826754379	197	0.9738757726	0.8558694705
170	0.9678905567	0.7863720113	198	0.9740552957	0.8576474203
171	0.9681600766	0.7899607708	199	0.9742323931	0.8593853791
172	0.9684251654	0.7934457995	200	0.9744071132	0.8610845964
173	0.9686859305	0.7968310073	201	0.9745795033	0.8627462735
174	0.9689424760	0.8001201376	202	0.9747496094	0.8643715654
175	0.9691949027	0.8033167743	203	0.9749174763	0.8659615831
176	0.9694433081	0.8064243483	204	0.9750831476	0.8675173954
177	0.9696877867	0.8094461440	205	0.9752466658	0.8690400307
178	0.9699284302	0.8123853054	206	0.9754080723	0.8705304790
179	0.9701653275	0.8152448427	207	0.9755674075	0.8719896933
180	0.9703985646	0.8180276376	208	0.9757247108	0.8734185913
181	0.9706282250	0.8207364495	209	0.9758800206	0.8748180571
182	0.9708543897	0.8233739206	210	0.9760333742	0.8761889424
183	0.9710771373	0.8259425814	211	0.9761848082	0.8775320680
184	0.9712965441	0.8284448558	212	0.9763343581	0.8788482252
185	0.9715126841	0.8308830657	213	0.9764820587	0.8801381769
186	0.9717256292	0.8332594359	214	0.9766279439	0.8814026588

補弼—係数等　291

α	β	γ	α	β	γ
215	0.9767720467	0.8826423807	243	0.9801960017	0.9095448837
216	0.9769143994	0.8838580274	244	0.9802998505	0.9102890850
217	0.9770550335	0.8850502598	245	0.9804026242	0.9110216900
218	0.9771939798	0.8862197159	246	0.9805043393	0.9117429586
219	0.9773312682	0.8873670118	247	0.9806050120	0.9124531430
220	0.9774669281	0.8884927425	248	0.9807046582	0.9131524883
221	0.9776009881	0.8895974827	249	0.9808032934	0.9138412327
222	0.9777334762	0.8906817878	250	0.9809009328	0.9145196075
223	0.9778644197	0.8917461945			
224	0.9779938453	0.8927912217			
225	0.9781217792	0.8938173711			
226	0.9782482468	0.8948251279			
227	0.9783732730	0.8958149614			
228	0.9784968822	0.8967873257			
229	0.9786190982	0.8977426603			
230	0.9787399443	0.8986813906			
231	0.9788594432	0.8996039284			
232	0.9789776173	0.9005106726			
233	0.9790944883	0.9014020094			
234	0.9792100776	0.9022783131			
235	0.9793244060	0.9031399463			
236	0.9794374939	0.9039872605			
237	0.9795493613	0.9048205963			
238	0.9796600278	0.9056402840			
239	0.9797695125	0.9064466440			
240	0.9798778341	0.9072399870			
241	0.9799850109	0.9080206144			
242	0.9800910609	0.9087888187			

関連図書

[1] D. S. Aker. On Measuring the Marriage squeeze. *Demography*, Vol. 4, No. 2, pp. 907-924, 1967.

[2] Shinji Anzo. Measurement of the Marriage Squeeze and its Application. 『人口学研究』, No. 8, pp. 1-10, 1985.

[3] Gérard Calot. *Two centuries of Swiss demographic history — Graphic album of the 1860-2050 period.* Swiss Federal Statistical Office / Observatoire démographque européen, Paris, 1998. with assistance from Alan Confession and Jean-Paul Sardon (Observatoire démographque européen, Paris), Erminio Baranzini, Stephane Cotter and Philippe Wanner (Swiss Federal Statistical Office), ISBN3-303-01095-1.

[4] Gregory J. Chaitin. *Conversation with a Mathematician — Math, Art, Science and The Limits of Reason.* Springer-Verlag London Limited, 2002. 『セクシーな数学—ゲーデルから芸術・科学まで』, 黒川利明訳, 岩波書店, 2003.

[5] A. J. Coale and D. R. McNeil. The Distribution by Age of the Frequency of First Marriage in a Female Cohort. *Journal of the American Statistical Association*, Vol. 67, No. 340, pp. 743-749, 1972.

[6] Ansley J. Coale. Age Patterns of Marriage. *Population Studies*, Vol. 25, No. 2, pp. 193-214, 1971.

[7] Richard Dawkins. *The Selfish Gene.* Oxford University Press, 1989. 『利己的な遺伝子』, 日高他訳, 紀伊國屋書店, 1991.

[8] Josef Ehmer. 『近代ドイツ人口史—人口学研究の傾向と基本問題』. 昭和堂, 2008. 原題：*Bevölkerungsgeshichite und historishe Demographie 1800-2000*, 邦訳：若尾祐司・魚住明代.

[9] Ramon E. Henkel. *Tests of Significance.* Quantitative Applications in the Social Sciences. SAGE, Beverly Hills / London, 1979.

[10] Louis Henry. *Population: Analysis and Models.* Edward Arnold, London,1976. Démographie: analysis et modèles, translated by Etienne van de Walle and Elise F. Jones.

関連図書　293

[11]　Gudmund Hernes. The Process of Entry into First Marriage. *Americal Sociological Review*, Vol. 37, pp. 173-182, April 1972.

[12]　David Hume. *A Treatise of Human Nature*. Dover Philosophical Classics. Dover, Oxford, 2003, 1888, (1739-40). 岩波文庫，デイヴィド・ヒューム，『人性論』(一)〜(四)，岩波書店，大槻晴彦訳.

[13]　伏見正則.『乱数』. UP 応用数学選書，No. 12. 東京大学出版会，1989.

[14]　池　周一郎.『夫婦出生力の低下と拡散仮説―有配偶完結出生力低下の反応拡散モデル』. 古今書院，2009.

[15]　稲葉　寿.『数理人口学』. 東京大学出版会，2002.

[16]　A.N. Kolmogorov.『確率論の基礎概念』. ちくま学芸文庫. 筑摩書房，2010. 坂本　實訳.

[17]　河野敬雄.『確率概論』. 京都大学出版会，1999.

[18]　D. Levine. *Family Formation in an Age of Nascent Capitalism*. Academic Press, Inc., 1977.

[19]　Benjamin Libet. *MIND TIME — The Temporal Factor in Consciousness*. Harvard University Press, 2004.『マインド・タイム―脳と意識の時間』，下條信輔訳，岩波書店，2005年.

[20]　松下　貢.『生物に見られるパターンとその起源』. 非線形・非平衡現象の数理，No. 2. 東京大学出版会，2005.

[21]　三村昌泰.『パターン形成とダイナミクス』. 非線形・非平衡現象の数理，No. 4. 東京大学出版会，2006.

[22]　南條善治，吉永一彦.『日本の世代生命表―1891〜2000年期間生命表に基づく―』. 日本大学人口研究所，2002.

[23]　Tor Nørretranders. *The User Illusion: Cutting Consciousness Down to Size*. Viking Adult; illustrated editionedition (Aprill, 1998), 1998. トール・ノーレットランダーシュ著，『ユーザーイルージョン―意識という幻想』，紀伊國屋書店，2002年，柴田裕之訳.

[24]　Swiss Federal Statistical Office, 2014. http://www.bfs.admin.ch/bfs/portal/en/index/themen/01/0

[25]　大谷憲司. 初婚確率と第 1 子出生確率の Proportional Hazards Model 分析.『人口問題研究』，Vol. 45，No. 2，pp. 46-50，1989.

[26]　大谷憲司.「コウホート初婚年齢分布に対する曲線の当てはめ」.『人口学研究』，No. 14，pp. 67-73，1991.

[27]　Rinaldo B. Schinazi. *Classical and Spatial Stochastic Processes*. Birkhäuser, 1999.

294　関連図書

『マルコフ連鎖から格子確率モデルへ—現代確率論の基礎と応用』，今野紀雄／
林俊一訳 Springer-Verlag Tokyo, 2001.

[28] Robert Schoen. The harmonic mean as the basis of a realistic two-sex marriage model. *Demography*, Vol. 18, No. 2, pp. 201-216, 1981.

[29] Robert Schoen. Measuring the tightness of a marriage squeeze. *Demography*, Vol. 20, No. 1, pp. 61-78, 1983.

[30] Ya. G. Sinai. *Kurs Teorii Veroyatnostej*. Springer-Verlag Tokyo, 1995. 『シナイ確率論入門コース』，森　真訳.

[31] Lee Smolin. 『迷走する物理学』. ランダムハウス講談社，2007. *The Trouble with Physics — The Rise of String Theory, the Fall of a Science, and What comes Next*, 2006, Spin Networks, Ltd.

[32] 田中尚夫. 『選択公理と数学【増訂版】発生と論争，そして確立への道』. 遊星社，2005.

[33] M.S. Teitelbaum and J. M. Winter. *The Fear of Population Decline*. Academic Press, Inc., 1985. 邦訳『人口減少—西欧文明衰退への不安—』，黒田河野監訳，古今書院，1989年.

[34] 戸田貞三. 『家族と婚姻』. 中文館書店，1934.

[35] 戸田貞三. 『家族構成』. 弘文堂書房，1937.

[36] Alan Mathison Turing. The chemical basis of morphogenesis. *Philosophical Trans-actions of the Royal Society of London*, Vol. 237, No. 641, pp. 37-72, 1952.

[37] 上江洲忠弘. 『集合論・入門無限への誘い』. 遊星社，2004.

[38] 脇本和昌. 『乱数の知識』. 初等情報処理講座，No. 5. 森北出版株式会社，1970.

[39] 柳田英二. 『爆発と凝集』，「非線形熱方程式の解の爆発」，pp. 1-50. 非線形・非平衡現象の数理，No. 3. 東京大学出版会，2006.

[40] ポール・ビントン. 『スイス人のまっかなホント』. まっかなホントシリーズ，No. 12. マクミランランゲージハウス，2001. 北條元子訳.

[41] 増田久弥. 『非線型数学』. 新数学講座，No. 15. 朝倉書店，1985.

[42] 川人光男. 『脳の計算理論』. 産業図書，1996.

[43] 厚生労働省. 第21回生命表（完全生命表）の概況. http://www.mhlw.go.jp/toukei/saikin/hw/life/21th/.

[44] 原　純輔，片瀬一男他. 『「若者の性」白書—第5回青少年の性行動全国調査報告』. 小学館，2001.

[45] 俣野　博. 『現代解析学への誘い』. 現代数学への入門. 岩波書店，2004.

[46] 前野隆司，『脳はなぜ「心」を作ったのか――「私」の謎を解く受動意識仮説』．
ちくま文庫．筑摩書房，2010年．

[47] 矢野和男．『データの見えざる手――ウェアラブルセンサが明かす人間・組織・
社会の法則』．草思社，2014.

索　引

[ギリシャ文字]

α　127, 192, 205

β_k　127, 140, 185, 190, 195

Δt　27, 32, 102

γ_k　127, 140, 185, 190, 195

κ_i　139

λ　24-27, 74, 126

μ　126, 139, 190, 203, 205

$\nabla \int_0^a F(x, y, a)(da)$　128, 133

[数字]

1920年の国勢調査　112

　―の未婚率　101, 239

1957年コウホート　80

1966年コウホート　80, 83

　―の初婚年齢　86

1967年コウホート　83

2020～2030年の特異現象　271

2次元勾配　155

2重指数分布　9, 14, 26, 45

3次元曲面　155

3次元格子空間　120, 124

3次元の曲面　136, 155, 156

3次元の空間　120

4次元超曲面　124, 126, 129, 130, 191,
　194, 212, 219, 231, 254, 260, 279,
　280, 281

[A]

Aker　98

Anzo　98

[B]

Banacha space　212

Banach の定理　209, 210

Brouwer の不動点定理　201

[C]

Gérard Calot　54

A.J. Coale　7, 8, 9, 13

Coale & McNeil　9

Coale-McNeil 分布　8, 9, 13, 15, 19

[D]

R. Dawkins　133

DM-EC 法（Duration of Marriage-
　Expected Children Method）　158,
　160, 161, 165

[E]

Evidences　275

[F]

G. Feeny　9

[G]

grad　128

索　引　297

GSS　65

[H]
G. Hernes　17, 35
　—の微分方程式　17, 23
　— Hernes 関数　17, 20, 63, 68, 102
L. Henry　67
D. Hume　20, 121

[J]
JGSS　38, 40, 63, 86, 93
　—2000-2002　40, 47, 93
　—2006　47

[K]
Kormogrov　2, 70

[L]
Lebesgue spaces　212
D. Levine　233
Benjamin Libet　237

[M]
Marriage Squeeze　81, 98
MMDE: Macro Marriage Difference
　Equation　169
MMDE による初婚過程のシミュレーシ
　ョン　173

[N]
NDSMDIE　3, 58, 125-127, 131, 134,
　136, 144, 157, 167, 231, 250, 275
NFR01　41, 47
NFR03　41, 47
NFR98　41, 47

[S]
SDSMF　2, 24, 57, 63, 67, 90, 102,
　108, 110, 122, 124, 134, 248, 251,
　275
SDSMF の数値解　27
smoothing effect　204
SSM95　47, 243
Swiss　54-58, 176, 181

[T]
A.M. Turing　127, 192, 215

[U]
undulations　214, 215-219

[V]
Vital Resistration Data of Swiss　181

[W]
Weibull 分布　14

[ア行]
青森県　239
昭島市　137, 141, 152
あきるの市　152
悪魔の階段　72, 73, 91
アメリカの若年期の初婚確率　66
アルジェリア　67, 68, 213
　—のムスリム人口　34, 67, 68
石井 太　98
一時的な逆転　101
移動を考慮していない理論　157
稲葉 寿　262
イベント・ヒストリー分析　108
因果関係を記述する方程式　128

298　索　引

因果則　122
大きなコウホートの効果　96
大きな変域　141
大谷憲司　9, 15, 17

[カ行]
皆婚規範　97
解の同型性（isomorphism）　204
各年齢の最小既婚率 γ_k　127
各年齢の最大既婚率 β_k　127
過去の履歴全てに依存　232
加算空間 Ω　70
仮想的な4次元空間　194
家族構成　111
家族と婚姻　44
川人光男　75, 281
観測可能主義　78, 200
完備な距離空間　210, 212
既婚率依存係数 λ　24, 74
　—の定常性　33
キャッチアップ　106
極値統計　14, 15
空間依存確率論的初婚関数（SDSMF）
　24
国立市　152
クロス・セクショナル調査　108
群馬県　239
ゲームの背景となる時空　76
結婚持続時間期待子ども数法　158
結婚への「社会的圧力（social pressure）」
　22
検証可能な予測　131, 250
検定力　39, 41, 43, 48, 87
高学歴化＝晩婚化仮説　106
格子空間　121, 125, 152

高度経済成長　93
　—による一時的なふくらみ　171
高度経済成長下での一時的な早婚化
　103
コウホート・サイズの初婚確率に対する
　効果　234
コウホートより期間の値がより本質的な
　こと　254
高齢期の初婚生成　51
小金井市　137, 141-143, 152-154, 159-
　161, 164, 166
国勢調査　36, 207
国分寺市　137, 141-143, 152-154
小平市　152
個別訪問面接法　37, 41
コルモゴロフ　70

[サ行]
相模原市　152
差分積分方程式　128, 231
時間間隔 Δt　27, 32, 102
　—の伸縮　32
時間発展自体の変化則　114
時空　23, 123
時空スケール　138
事実婚　55, 59, 67
自然な回復の可能性　273
「したくてもできない」貧困化仮説　109
自発的意思決定の350ミリ秒前　237
渋谷区　152, 162, 164, 165
社会的な相互作用　213
社会的な晩婚化の下限　213
若年期の初婚生成　62-66
若年齢の初婚増により晩婚化を改善する
　222

若年齢の既婚率を低いままにしておく性
　質（勾配）　254,（271）
若干の波及効果　222
縮小写像の原理（Banach fixed point
　theorem）　209, 210
出産力動向調査　160
出生コウホート自体の縮小　269
生涯未婚率　45, 46
初期値 $F(0)$　27
初婚確率の事象依存性　74
初婚確率分布の変化　269
初婚関数　7, 19, 54
　—の真の姿　71
　—の時間発展　24
　—のダイナミクス　114, 253
　—の背景非依存性　19
　—の変曲点　28
　—の予測　250
初婚の空間既婚率依存性　22
初婚率に関する差分積分方程式
　（NDSMDIE）　125, 126
女子中学生でセックスの経験有と答えた
　者　67
女性の社会進出仮説　109
女性の就労化　107
自律性　237
人口転換論　214
進行波　207, 232
進行波到達仮説　241
新宿区　137, 141-145, 149, 150, 152-
　156, 159, 162, 165
　—の期間 TFR　159
真の初婚年齢　38
スイス　54
　—若年期の初婚生成　59

　—事実婚　55
　—ベビーブーム　58
杉並区　137, 141-143, 152-156
スプライン補間　145-150, 156
性教育協会　59
青少年の性行動全国調査　59
積分可能性　70
積分方程式　23, 24, 70, 74
世田谷区　152
絶対数としての前時点の継承　91
全国での斉一的な低下　239
尖度　16, 26
早婚化　95, 213
測定系　189

［タ行］
第11回出産力動向調査　160
第21回生命表生残率　263
第二次世界大戦後の小規模なベビーブー
　ム　173
第5回青少年の性行動全国調査　59, 67
第8回出産力動向調査　159
対応原理　130
第二種の過誤　39, 41, 43, 87
対立仮説が意味のある点仮説　39
他者依存の動物　237
立川市　137, 141-143, 148, 151-153
男性年長規範　81
単調減少な要素　20
地域人口の出生数　157
小さいコウホート　80
　—効果　88, 242
超曲面の起伏　214
超曲面の変化 ＝ 意図の変化　130
超長期的な現象　101

300　索　引

千代田区　137, 141, 152, 162, 165
地理的なパターン変化　117
地理的な依存性　117
伝わるものは何もない　236
低既婚率の穴　219, 232
点仮説　39
東京都心部の晩婚化　151
統計的仮説検定の問題　39
等方性　121
等方性原理　134
特異点　30
　　―の定常性　91
豊島区　152
戸田貞三　44, 82, 101, 110, 132
　　―『家族構成』　111, 132
　　―『家族と婚姻』　112
　　―晩婚化　112
届け出　36
届け出のない事実婚　36
届け出率の減少　269
留め置き法　36

[ナ行]
内縁関係　45
中澤　港　242
中野区　137, 141-144, 146, 152-156
なべぞこ不況　80, 85
新潟県　239
西東京市　152
日露戦争　242
日本海海戦　242
練馬区　152
年齢‐空間場（Age-Space field）　126, 275
年齢次元　120, 121, 126

脳の近傍依存性　238
脳の計算理論　75
脳の単純化　237

[ハ行]
媒介婚（見合い婚）　82
背景依存の理論　77
背景非依存（background independence）　77, 232, 241
背景非依存性　127, 128, 278, 279
背景非依存な理論　108, 132
ハイティーンの集団　84
八王子市　137, 141, 152
発展段階論　214
　　―からの決別　277
パネル調査　108
バブルが4次元超曲面に与えた効果　151
バブル期の出生力低下傾向からの逸脱　103
バブル期の初婚増　144
原　俊彦　69
晩婚化対策　95
晩婚化という意識　236, 237
晩婚化による初婚確率の平坦化　81
晩婚化の拡散　117
晩婚化の下限　203
晩婚化の始まり　111
晩婚化の始まりの時点　234
反証可能　79, 132
反応拡散過程　241
反応拡散方程式　128
反応項　126
反応速度を決める係数（α）　127
東大和市　152

丙午　80, 242

　　—効果　242

　　—コウホート　86

　　—周辺の既婚率　85, 86

日野市　152

微分不可能でかつ単調非減少な関数　72

微分不可能な確率関数　71

廣嶋清志　98

複数のコウホートの初婚関数への自然な
　　拡張　128

婦人子ども比　160

府中市　152, 161, 164

福生市　152

不動点　201, 203, 206, 209, 212, 215

　　—の変更　219

文京区　152, 162, 165

ベビーブーム　128, 131, 184

変曲点　28, 43

変曲点法　28, 68

[マ行]

ミーム（meme）　133

三鷹市　152

港区　152, 162, 165

無意識の領域　237

武蔵野市　137, 141-144, 147, 152-156

メトリックな理論　110

[ラ行]

ラプラシアン（Δ）　129

リアプノフ　203

累積初婚確率（既婚率）
　　$\int_0^a F(x, y, a)(da)$ の 3 次元勾配
　　（gradient）$\nabla \int_0^a F(x, y, a)(da)$　128

ルベーグ測度　70

連鎖反応効果　172

連続写像　201

ロジット・モデル　108

ロマンチック・ラブ・イデオロギー　82

池 周一郎 いけ しゅういちろう

1961年 新潟生まれ
早稲田大学一文学部卒業，同大学博士課程単位取得，
日本学術振興会特別研究員
博士（社）
現在，帝学文学部社会学科教授
主要著書
『危機と社会理論』（共著）マルジュ社，1993
『市民社判的公共性』（共著）文眞堂，2003
『SASプ ングの基礎』（共著）ハーベスト社，2004
『社会をル でみる』（共著）勁草書房，2004
『社会のた構造」を発見する──データ解析入門』学文社，2008
『夫婦出低下と拡散仮説──有配偶完結出生力低下の反応拡散モデル──』古今書
　　院，2

書　名関数の数理
　　　　分方程式としての定式化・その動態化と初婚生成の予測──
コー ド978-4-7722-4181-6 C3036
発行日 2月20日　初版第1刷発行
著　者　周一郎
　　right ©2015　Shuuichirou IKE
発行者 社古今書院　橋本寿資
印刷所 社太平印刷社
発行所 書院
　 -0062　東京都千代田区神田駿河台2-10
電　話 01-2757
ＦＡＸ 33-0303
振　替 8-35340
ＵＲＬ www.kokon.co.jp/
　　　略・Printed in Japan

いろんな本をご覧ください
古今書院のホームページ

http://www.kokon.co.jp/

★ 700点以上の**新刊・既刊書**の内容・目次を写真入りでくわしく紹介
★ 地球科学やGIS，教育など**ジャンル別**のおすすめ本をリストアップ
★ **月刊『地理』**最新号・バックナンバーの特集概要と目次を掲載
★ 書名・著者・目次・内容紹介などあらゆる語句に対応した**検索**

古 今 書 院

〒101-0062　東京都千代田区神田駿河台 2-10

TEL 03-3291-2757　　FAX 03-3233-0303

☆メールでのご注文は order@kokon.co.jp へ